Library of
Davidson College

Василий АКСЕНОВ

АРИСТОФАНИАНА С ЛЯГУШКАМИ

Василий АКСЕНОВ

АРИСТОФАНИАНА
С
ЛЯГУШКАМИ

СОБРАНИЕ ПЬЕС

ЭРМИТАЖ

1981

Василий Аксенов

АРИСТОФАНИАНА С ЛЯГУШКАМИ
(Полное собрание пьес)

Vasilij Aksenov
ARISTOFANIANA S LJAGUSHKAMI
(Aristophaniana and the Frogs.
Complete collection of plays.)

Copiright (C) 1981 by Vasilij Aksenov
All rights reserved

Library of Congress Cataloging in Publication Data

Aksenov, Vasilii Pavlovich, 1932-
   Aristofaniana s liagushkami.

   Title on verso t.p.: Aristofaniana s ljagushkami
(Aristofaniana and the frogs.
   Contents: Vsegda v prodazhe — Potselui, orkestr, skripka, kolbasa — Chetyre temperamenta — [etc.]
   I. Title. II. Title: Aristofaniana s ljagushkami.
III. Title: Aristophaniana and the frogs.
PG3478.K7A19 1981   891.72'44   81-7000
ISBN 0-938920-06-5   AACR2
ISBN 0-938920-07-3 (pbk.)

Иллюстрации в тексте и на обложке Эрнста Неизвестного.
Illustrations by Ernst Neizvestny.

Published by HERMITAGE
2269 Shadowood
Ann Arbor, Michigan 48104, USA

МОЕЙ МАТЕРИ

ЕВГЕНИИ АКСЕНОВОЙ-ГИНЗБУРГ

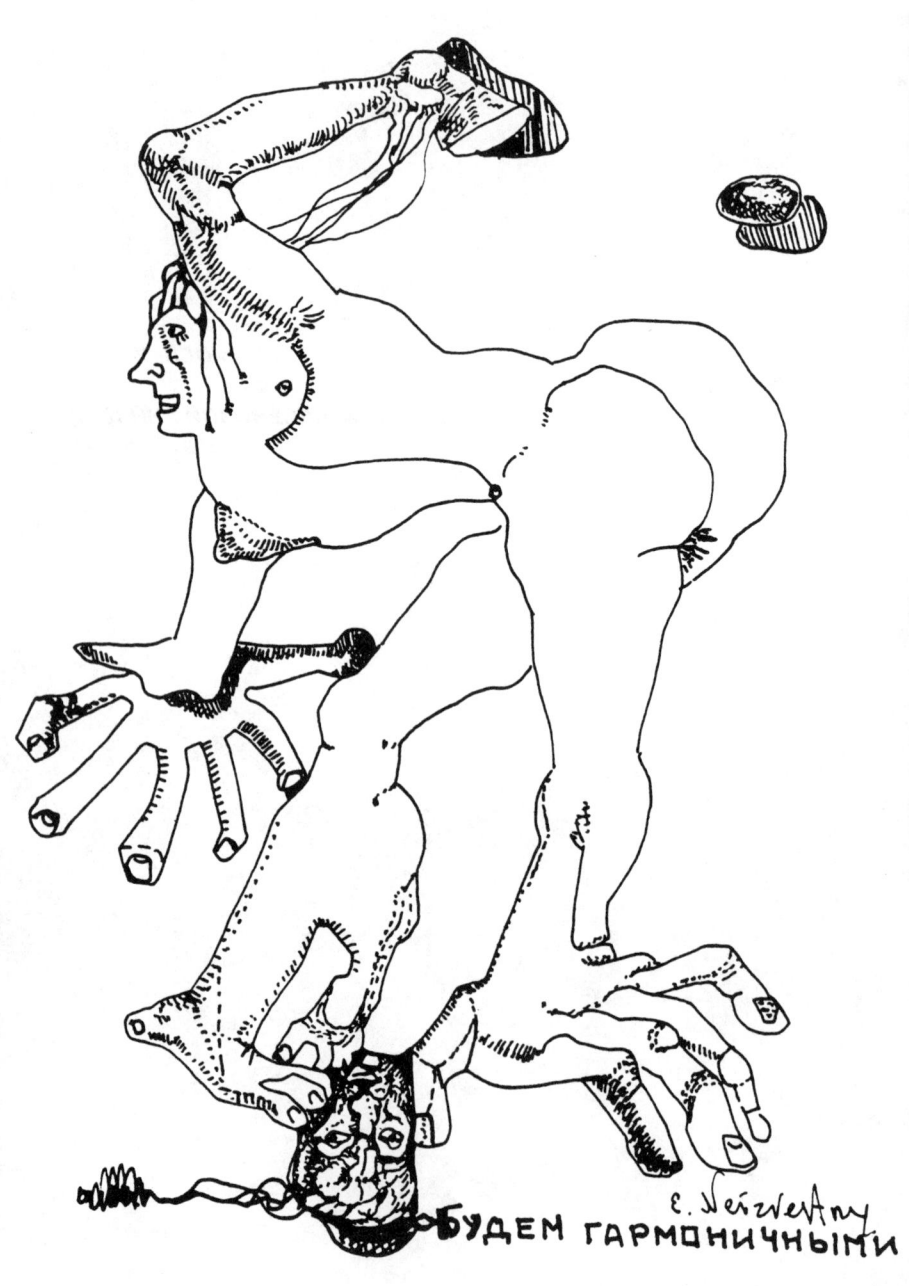

ОТ АВТОРА

Принято думать, что, эмигрируя, писатель катастрофически теряет свои тиражи. К счастью, бывают все-таки исключения. В мае 1977 года в Москве я выпустил сборник своих пьес тиражом четыре экземпляра. Сейчас в Америке выпускаю этот сборник, дополненный одной новой пьесой, тиражом 1000 экземпляров. Фантастическое увеличение!

Вот краткие истории этих сочинений, из коих лишь одно пока увидело, сентиментально выражаясь, "свет рампы".

1) "Всегда в продаже" написана в 1963, поставлена в Москве театром "Современник" в 1965, игралась восемь сезонов. К распространению не была допущена. Нигде не напечатана. В начале чугунного десятилетия, после ряда скандалов, связанных с актерскими вольностями, снята с репертуара.

2) "Поцелуй, Оркестр, Рыба, Колбаса" — первоначальное название "Твой убийца", еще один вариант названия "Жалобы турка". Пьеса написана под влиянием идей, высказанных на исторической встрече Партии и Правительства с представителями творческой интеллигенции в марте 1963 в Кремле. Смешно, но готовилась к постановке в Московском театре им. Ленинского комсомола. Увы, главреж Эфрос в тот сезон чем-то прогневал могущественного товарища Егорычева, а посему можно было бы и посвятить пьесу этому товарищу, ныне живущему в Копенгагене в качестве посла СССР.

3) "Четыре темперамента" была написана в 1967 году для "Современника", так как автора и главрежа Ефремова увлек проект спектакля с постепенно разрушающимися декорациями. Увы, два года спустя после премьеры "Всегда в продаже" театр вступил скорее в созидательный, чем в разрушительный период, и потому проект рухнул.

4) "Аристофаниана с лягушками" была написана по заказу соседей "Современника" — Театра Сатиры — для новой огромной сцены весной 1968 года. Согласитесь, не очень удачное было выбрано время для разыгрывания античных бурлесков.

Удрученный провалом своего театра автор одиннадцать лет не писал пьес, хотя довольно часто его посещала идея цапли как парафразы к Чеховской чайке.

5) "Цапля" была написана весной того года, когда усилиями Союза писателей СССР и всех других карательных организаций был разгромлен альманах "Метрополь". Забавно то, что точка в пьесе была поставлена за полтора года до нынешних польских событий.

Все пьесы этого сборника адресованы не только зрителю, но и читателю. Надежда на будущий театр слаба, но и слабая, она существует, и видятся порой будущие бурлески и карнавалы. В общем, друг-читатель, откупори шампанского бутылку и...

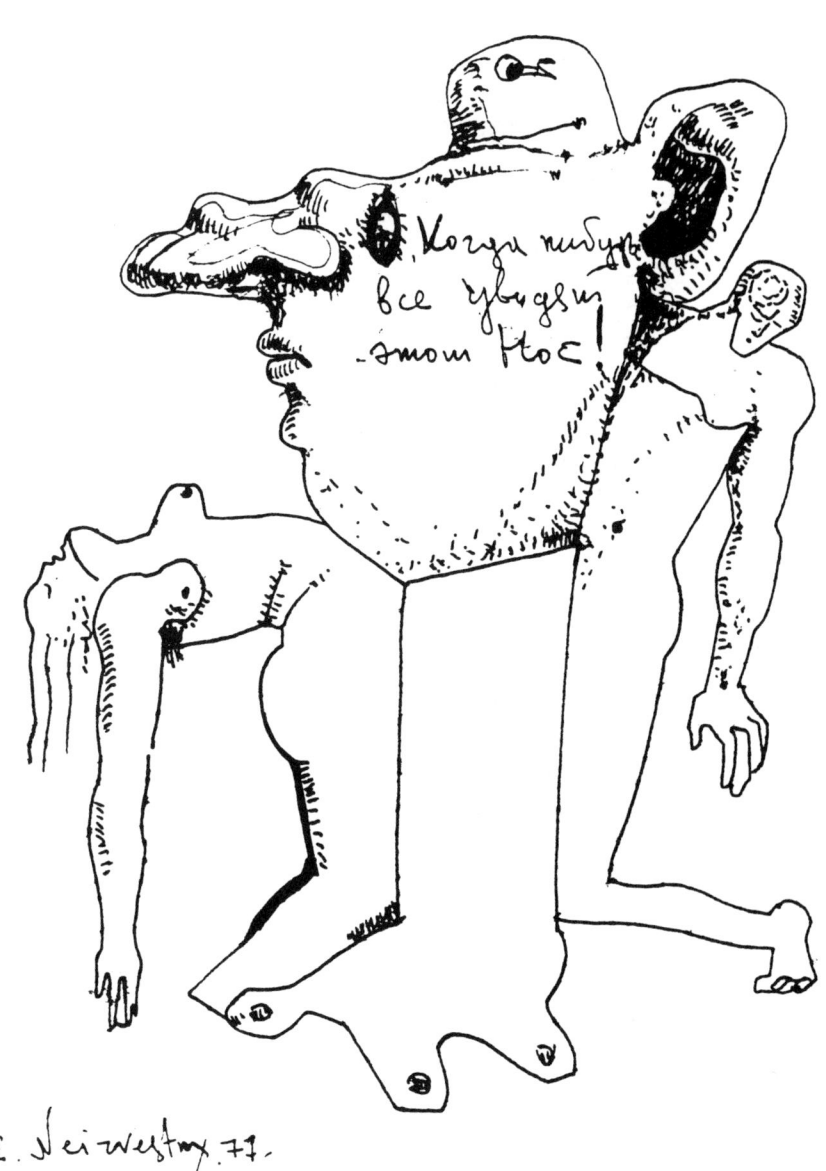

ВСЕГДА В ПРОДАЖЕ

САТИРИЧЕСКАЯ ФАНТАЗИЯ

с двумя прологами и двумя эпилогами

Москва 1963-1977

ДЕЙСТВУЮЩИЕ ЛИЦА:

Евгений КИСТОЧКИН, 30 лет
Петр ТРЕУГОЛЬНИКОВ, 30 лет
Профессор АБРОСКИН, пожилой человек
СВЕТЛАНА, его дочь, 20 лет
ПРИНЦКЕР, 50 лет
МАМА ПРИНЦКЕР, его жена, 45 лет
БАБУШКА, очень стара
ОЛЯ, дочь Принцкеров, 17 лет
ФУТБОЛИСТ, молодой — прогрессирующий
ИГОРЬ, 23 года
ЭЛЛА, его жена, 25 лет
ЗДОРОВЯК, вечно молод душой
НЫТИК, без возраста
БУФЕТЧИЦА
АЛИК ⎫
ВИТАЛИК ⎬ сотрудники редакции
СЕРЕЖА ⎭
БУРКАЛЛО, художник
СУРОВЫЙ В ЛИЛОВОМ

Прологи и действие происходят в Москве в наши дни.
Эпилоги — путешествия на НЛО.

ПРОЛОГ ПЕРВЫЙ

На сцене праздничный стол, вокруг стола очень тесно сидят люди. Это семейство Принцкеров и их гости. Пирушка, как видно, уже перешла в завершающую фазу. Слышны вялые вспышки смеха.

ГОЛОС БАБУШКИ. Может быть, еще рыбы?

В просцениуме пара танцующих, Кисточкин и Светлана Абрамовна. Танцуют лихо.

КИСТОЧКИН. Сразу чувствуешь, когда у тебя под рукой спортсменка.
СВЕТЛАНА. Хорошо, что ты принес свои пластинки, а то можно было бы обалдеть от жратвы и сдохнуть от скуки.
КИСТОЧКИН *(поглаживая девушку по спине)*. Ну и спина у тебя, Светка!
СВЕТЛАНА *(иронически)*. Хоть бы раз сказал мне нежное слово.
КИСТОЧКИН. Если за этим дело...

За столом оживление. Поднимается папа Принцкер, толстый смешной человек.

ГОЛОСА. — Последний тост!
Сейчас Марк нас посмешит!
Ой, у меня уже животики болят!
Марк Борисович, просим!
Света! Женя! Идите сюда!
КИСТОЧКИН. Сейчас Марк опять начнет про пожары...
СВЕТЛАНА. Не может быть, он говорил про них в прошлом году.
ПРИНЦКЕР. Дорогие гости, желаю вам пожаров, наводнений, болезней...
МАМА ПРИНЦКЕР *(явно подыгрывая мужу)*. Марк, ты с ума сошел!
ПРИНЦКЕР. Разводов, увольнений... *(Ликующе.)* Избежать!

Громовой хохот семейства и гостей. Все чокаются, выпивают, закусывают.

БАБУШКА. Женя, возьмите к селедке масло.

КИСТОЧКИН. Спасибо, я не ем масла.
БАБУШКА. Как? Селедку без масла?
КИСТОЧКИН. *(Светлане).* Третий год у них столуюсь и каждый день бабка меня доводит с этим маслом к селедке.
СВЕТЛАНА. Милые люди.
КИСТОЧКИН *(задыхаясь от смеха).* Еще какие милые!

Гости прощаются с хозяевами. Светлана и Кисточкин медленно танцуют. Аброскин смотрит на них, потом выключает радиолу, но молодые люди еще несколько секунд танцуют без музыки.

АБРОСКИН. Светлана! Идешь домой?
СВЕТЛАНА. Нет, папа, я погуляю немного с Кисточкиным.

Аброскин целует руки маме Принцкер, бабушке, дочке (комически), обнимает Марка Борисовича.
На просцениум развинченной фатоватой походкой выходит Игорь и его жена Элла.

ИГОРЬ *(Кисточкину и Свете).* Кирянства было мало. Что это за именины?
СВЕТЛАНА. Зато жратва какая!
КИСТОЧКИН. Одна рыба-фиш чего стоит.
ИГОРЬ. Точно. Давно я так не ел!
ЭЛЛА. Бедный мой муж, голодом его морят.
СВЕТЛАНА. Погуляем немного, ребята?
ЭЛЛА. Мне надо Нинку кормить.
КИСТОЧКИН. Ну, пока!

Парочки уходят в разные стороны.
Проходят трое мужчин — Аброскин, Нытик и Здоровяк.

ЗДОРОВЯК. Ни капли алкоголя, ни капли никотина, упорядоченная половая жизнь — вот мой секрет. Вот почему я Никогда Ничем НЕ БОЛЕЛ.
НЫТИК. Надо же, такая воля...
АБРОСКИН. А крылышки у вас не растут?

Уходят.
Семейство Принцкеров и Футболист дружно убирают со стола, перетирают посуду.

ОЛЯ *(со вздохом).* Какая Света стала красивая!

ПРИНЦКЕР. Кажется, все было прилично. У гостей хорошее настроение, у меня тоже. *(Напевает.)* Еду домой я в трамвае-е-е...
БАБУШКА. Гостям понравилась моя рыба?
ДОЧКА. Ты же слышала, все хвалили, только и говорили о твоей рыбе.
БАБУШКА. А тебе понравилась?
ОЛЯ. Ничего.
МАМА *(строго)*. Ничего — это дохлая лошадь.
БАБУШКА. Что она сказала?
ОЛЯ. Я сказала — ничего, рыба ничего.

Марк Борисович все время напевает, он в отличном настроении.

БАБУШКА. Мой муж, а твой дедушка говорил: ничего — это дохлая лошадь...
ОЛЯ (футболисту). Буль, а тебе понравилась Света?
ФУТБОЛИСТ. Ничего.

Все смеются.

МАМА ПРИНЦКЕР. Дочь профессора, а такие вызывающие манеры, такие ужасные слова...
ФУТБОЛИСТ. Студентки все так говорят.
ОЛЯ. А ты откуда знаешь?
МАМА. И потом эта походка... А мордочка у нее какая-то птичья.
БАБУШКА *(авторитетно)*. Зато у нее хорошее тело, это факт, а не реклама.
МАМА. Если бы она вела себя прилично, никто и не заметил бы, что у нее хорошее тело. Буль, вам пора спать.
ФУТБОЛИСТ. Вы не правы.
ПРИНЦКЕР. Спать, Буль, спать, ведь вы же режимный спортсмен.
ФУТБОЛИСТ *(глядя на Олю)*. Вы не правы.
ОЛЯ. Иди спать.
ФУТБОЛИСТ. Ты не права.
БАБУШКА. Спать! Спать!

Футболист, угрюмо ворча, уходит. За ним уходят Бабушка и Оля. Возле стола остаются супруги Принцкер.

ПРИНЦКЕР. Ну, слава богу, все прошло прилично. Скромно, но прилично.

МАМА *(обнимает его)*. Ну вот, Марк, тебе уже и пятьдесят.
ПРИНЦКЕР. Полвека! Это же ужас!
МАМА. И все мы живы и здоровы, и Оля уже большая, а помнишь, боялись, что не будет детей. Может быть, стоило устроить именины более пышно, в ресторане "Будапешт"?
ПРИНЦКЕР. Все было вполне прилично...
МАМА. Но в ресторане никогда не сделают такой рыбы. И вообще, в ресторане никогда не знаешь, чем тебя накормят.
ПРИНЦКЕР. Конечно. Можно, я тебя поцелую?
МАМА. Марк, какой ты стал толстый... А ведь был футболистом, как Буль, офсайдом...
ПРИНЦКЕР. Инсайдом...
МАМА. Ты был таким мощным, мускулы у тебя так и катались, ты носил меня на руках и в буквальном и в переносном, а сейчас никак.
ПРИНЦКЕР. Вот как? *(Легко подхватывает ее на руки.)*

Свет гаснет. В глубине сцены возникают огни большого дома. На просцениуме освещаются фигуры Светланы и Кисточкина. Они стоят, облокотившись на прилавок продпалатки, курят, молчат.

КИСТОЧКИН *(начинает петь)*. Эту женщину увижу и немею, потому-то все никак не подхожу, ах, ни кукушкам, ни ромашкам я не верю и к гадалкам, понимаешь, не хожу... Хочешь, я выведу сейчас машину и мы с тобой помчимся, помчимся, будут мелькать огни и скорость все изменит, и мы будем не при чем, техника будет в ответе, хочешь?
СВЕТЛАНА. Дешевые номера. Куда помчимся?
КИСТОЧКИН. Нет в тебе романтики ни капли. Ну, помчимся во Внуково, в Голицыно, в Сочи, куда хочешь...
СВЕТЛАНА. Отпадает.

Они остаются в тени, а прожектор вдруг освещает комнату Игоря и Эллы. На кровати в ночной рубашке сидит Элла, расчесывает волосы и ногой подкачивает детскую колясочку. Игорь с тихим ожесточением разворачивает раскладушку.

ИГОРЬ *(свистящим шепотом)*. Всю свою сознательную жизнь веду борьбу с этим предметом. Когда же у меня будет своя постель?
ЭЛЛА. Когда поумнеешь, тогда и будет.
ИГОРЬ. Значит, никогда. *(Снимает брюки, садится на раскладушку и молча начинает иммитировать движения джазиста, отрываясь от трубы, шепчет.)* Майлз Дэвис. Импровизация в миноре.

ЭЛЛА. Ложись. Проспишь на завод.
ИГОРЬ. Ты забыла? Завтра я в вечернюю.
ЭЛЛА. Тогда пойдешь утром в молочную кухню.
ИГОРЬ *(со вздохом откладывает трубу, гасит свет).* Эх, какая лажа...

В темноте начинает пищать ребенок. Фигура Эллы в белой длинной рубашке маячит возле кроватки.

ЭЛЛА *(поет).* Засыпай, мой милый чудный бэби, исчезай, печали след...

Игорь, импровизируя, подпевает ей, ребенок затихает. Элла ложится.

ИГОРЬ *(шепчет).* Элка, помнишь, как мы встретились с тобой в "Шестиграннике"? Я солировал и вдруг увидел, что ты стоишь прямо возле эстрады и смотришь на меня и отказываешь всем чувакам. И в тот же год мы поехали с тобой на Юг, на халтуру. Помнишь, как было на Юге?
ЭЛЛА. А сейчас я какая стала противная, правда? Гадкая стала и некрасивая, не тот кадр...
ИГОРЬ. Ты все такая же, только время — стало другое. Все тогда было просто — дуй в трубу и кирай, вот и вся забота, а сейчас думать надо обо всем, и мы уже стали не такими веселыми...

Освещается кабинет профессора Аброскина. Аброскин вдвоем с Нытиком за бутылкой коньяка.

АБРОСКИН. Вы хоть немного знаете этого Кисточкина? Что он за человек?
НЫТИК. Женю Кисточкина? Прекрасно знаю. Здоровый молодой человек, еще два года назад выступал в соревнованиях по самбо, сейчас весь в журналистике. Типичный представитель родившихся в сорочке, знаете ли, не то, что я; 30 лет, прекрасная внешность, чудная должность, заработок, перспектива, своя автомашина, девушки, какие девушки... Ах, профессор, я сегодня откровенничаю — всю жизнь мечтаю о таких девушках, хотя бы об одной, а у него их столько! *(Замечает выражение лица Аброскина.)* Ой, простите, я хотел сказать, что Кисточкин очень искренний человек, но знаете, современная молодежь... Ну, конечно, ему пора уже остепениться.
АБРОСКИН. Да мне-то что? Думаете, меня волнуют его отношения

с моей дочерью? Ничуть. Меня научили относиться ко всему философски.

НЫТИК. Правильно, я тоже только в этом нахожу утешение.

АБРОСКИН. В чем?

НЫТИК. В философии.

АБРОСКИН *(хмелея)*. Вы вообще знаете, кто вы? Вы — паста!

НЫТИК *(потрясен)*. Паста?

АБРОСКИН. Вас намазывает всяк кому не лень. Идите от меня, пить не умеете.

НЫТИК. Простите.

АБРОСКИН. Какую философию вы исповедуете? Махизм, монизм, буддизм? Может, вы ницшеанец?

НЫТИК. Нет-нет, вы не думайте, я ничего плохого... Я правильно исповедую... Вы меня неправильно поняли.

АБРОСКИН. Вы мне не компания. Я и один проживу. Проваливайте, паста! Мне надо подумать, у меня завтра доклад.

Нытик уходит.

АБРОСКИН *(кружит по комнате с бутылкой в руке)*. Надо подумать, надо подумать обо всем — и о пасте, и об ее потребителях, о девушках и об их друзьях... Что это за судьба — обо всем думать?

Затемняется комната Аброскина и освещается кровать, на которой ворочается, отходя ко сну, Здоровяк.

ЗДОРОВЯК *(напевая сквозь сон)*. Не нужен мне берег турецкий и Африка мне не нужна... *(Глубоко дышит, бормочет.)* Вдох, выдох, вдох, выдох. Глубокое и размеренное дыхание — вот мой секрет. *(Засыпает.)*

Затемняется кровать Здоровяка и освещается кровать Бабушки Принцкер. Бабушка лежит и задумчиво смотрит на Олю. Оля возле туалетного столика расчесывает волосы.

БАБУШКА. Дедушка любил ходить по ресторанам. В мирное время в Вильне был Клуб людей интеллигентных профессий. Мы начинали там свой вечер при свечах, а потом ехали на извозчике в залитые светом рестораны и часто встречали утро в каком-нибудь кафе-шантане. *(Поет.)* Владеть кинжалом я умею, я близ Кавказа рождена... Оля, почему у меня сегодня какое-то интимно-лирическое настроение?

ОЛЯ. В воскресенье после игры мы едем с Булем в кафе "Аэлита".
БАБУШКА. Правильно, а маме скажи что идешь в гости к школьной подруге. У мамы странные взгляды на молодежь.
ОЛЯ. А думаешь, я хочу идти с Булем?
БАБУШКА. Это что, намек?
ОЛЯ *(с лихорадочной быстротой).* Бабушка, а правда Света очень очень красивая?
БАБУШКА. Это что, намек?
ОЛЯ *(странно возбужденная, ходит вокруг кровати, поет).* Еду домой я в трамвае-е-е-е...

Бабушка следит за ней, покачивая головой. Затемнение.
Слышен смех Светланы. Она по-прежнему на авансцене вместе с Кисточкиным.

КИСТОЧКИН. Можешь смеяться, но ты для меня, как ветер, я без тебя скоро увяну, у меня ведь августовский срок, а ты — это ветер с теплым дождем... *(Светлана уже не смеется, он обнимает ее и привлекает к себе.)* Без меня тебе тоже туго, потому что ветру нельзя без листьев, а я — тяжелые августовские листья...

СВЕТЛАНА *(хрипло).* Нет, не могу, пусти!
КИСТОЧКИН *(сорвавшись).* Мещанка, тебе что, штамп нужен в паспорте?
СВЕТЛАНА *(взяв себя в руки).* Ну-ка пусти, поэт!

Вырывается и уходит четким деловым шагом.

КИСТОЧКИН. Такая лирика пропала зря!

Медленно бредет по просцениуму, насвистывает, останавливается в центре, поворачивается спиной к залу, освобожденно потягивается. За ним окна большого дома. Одно за другим окна гаснут, дом выплывает из ночи мрачным романтическим силуэтом. Слышен чей-то храп, писк ребенка, стук будильника, обрывки уже слышанных нами разговоров.

КИСТОЧКИН. Засыпает жил-массив, кооператив, и коллектив. Спят мои пупсики, а в них идут необратимые процессы, облысение и склероз. Накушались, подсчитали, сколько дней до получки, прочли мой фельетон и бай-бай... Спите, пупсики, спите, труженики, светики-пересветики...

По просцениуму проходит Суровый в Лиловом, останавливается, глядит на Кисточкина. Тот медленно к нему поворачивается и смотрит на него выжидательно.

СУРОВЫЙ. Тра-та-та, тра-та-та, мы возьмем с собой...
КИСТОЧКИН. Кота.
СУРОВЫЙ. Чижика...
КИСТОЧКИН. Собаку.
СУРОВЫЙ. Петьку...
КИСТОЧКИН. Забияку.
СУРОВЫЙ. Обезьяну...
КИСТОЧКИН. Попугая.
СУРОВЫЙ. Вот компания какая!

Раскланивается с Кисточкиным, уходит. Тот смотрит ему вслед.

ЗАНАВЕС

ПРОЛОГ ВТОРОЙ

Та же площадка перед домом, что и в прологе. Слева на авансцене закрытая еще продпалатка — стеклянный ларек. Справа — столик летнего кафе с поставленными на него ножками вверх стульями. Рассвет. Огибая продпалатку, выходит человек в старой кожаной куртке, в протертых джинсах, тяжелых ботинках. Это Треугольников.

ТРЕУГОЛЬНИКОВ (*останавливается, смотрит на дом*). А вдруг он женился? Это здорово усложнит мою задачу. В квартире у него, конечно, полный модерн, и жена-красавица крутит хула-хуп. А может быть, сейчас уже не крутят хула-хуп?... А в Москве многое переменилось — милиция теперь в белых портупеях! (*Подходит к столику, снимает с него стул, садится.*) Все еще спят, я мог бы подождать во Внуково. Не терпится покончить... Что там рассусоливать и мямлить? В моем возрасте нужно уже уметь а-на-ли-зи-ро-вать воспоминания. Тем не менее сейчас я могу позволить себе роскошь еще раз вспомнить его юность и его геттингентскую душу, потому что его юность — это моя юность, и вспомнить то, что было позже, весь тот запал и хриплые споры о нашей молодости, о эти взбалмошные споры, и то, какими мы стали в результате, молчунами и усмешниками, все это я могу вспомнить. И даже можно вспомнить прошлогодние тридцать минут в Певеке, коктейль "Северное сияние", который мы успели выпить, его поразительную говорливость, и то, как он откладывал в памяти разные жизненные наблюдения, и как радовался по поводу будущих очерков, и как засыпал меня заграничными впечатлениями, будто дразнил... Подонок Кисточкин!

Он замолкает и остается на своем стульчике в правом углу авансцены, курит, безучастно смотрит в зал.

Слышится резкий звонок будильника, за ним другой, третий, звуки утренней гимнастики, джаз, тема Игоря. Неожиданно на сцене оказываются все знакомые нам жильцы этого дома. Все они делают утреннюю гимнастику, каждый как бы находится в собственной комнате, но все на виду. Здоровяк выполняет упражнения точно по приказам радиотренера. Аброскин с саркастической миной растягивает эспандер. Светлана крутит хула-хуп. Оля тоже крутит хула-хуп. Бабушка рассыпала спички и собирает их по одной. Супруги Принцкер синхронно делают приседания. Нытик производит вялые движения, как бы глядя на себя в зеркало и переходя от отчаяния к надежде. Футболист отжимает стойку. Элла вытирает лужу на полу. Игорь задумчиво прислушивается к звукам джаза, притоптывает ногой, прикидывает что-то, потом берет свою трубу, начинает импровизацию.

Кисточкин упражняется по системе йогов.

Импровизация Игоря замысловата и печальна. Постепенно все наши знакомые как бы прислушиваются к ней, задумываются, все, за исключением Здоровяка — тот упражняется.

Треугольников в задумчивости сидит на своем стуле, повернувшись лицом к залу.

ТРЕУГОЛЬНИКОВ. Может быть, я во власти каких-то гнусных чувств? Я могу говорить о чем угодно и даже о предательстве идеалов юности, но... Были ли идеалы у нашей юности? Что в конце концов произошло? Никто другой не придал бы этому ни малейшего значения. Подумаешь, он написал очерки о своем героическом путешествии в "край скупого солнца и скупых улыбок", выставил там меня в виде какого-то жизнерадостного кретина, пример для подражания нашему юношеству, вышли в жизнь романтики и так далее, насочинял всякую чушь про ребят, такую чушь, что ребятам проходу потом не было на прииске — ну и что? Кто нас знает, кто запомнил эти чудные очерки? Может быть, причина моей злости в нашем вечном злополучном соперничестве? И в школе, и на стадионе, и с девушками... Бегал он всегда немного быстрее меня и в высоту брал на сантиметр выше, и всегда был лучше меня одет. И никогда мне не забыть истории с той шлюхой из Риги. И когда нас всех выперли из Университета, он все-таки удержался... Вот и сейчас — я торчу на прииске уже шестой год, а он так и сыплет словами: Эр Франс, Панамерикан... Вдруг я просто всю жизнь ему завидую, а сейчас сорвался? Нет, дело не в этом. Главное то, что его гнусную муть прочли те немногие люди, которых я люблю, и подумали, конечно, — ну вот и все, вот так на этом все и кончается: один бунтарь получает гонорар, другой — продвижение по службе. И хоть никогда мы и не были бунтарями, все-таки он у меня за предательство получит!

На сцене теперь завтрак в семействе Принцкер. За столом папа, мама, Оля. Входит Бабушка.

БАБУШКА. Я не имею на чем сидеть.

Оля подвигает ей стул, она величественно садится во главе стола, берет газеты, просматривает их.

ПРИНЦКЕР. Что нового в газетах?
БАБУШКА. А ничего. Все, что вчера было по телевизору. *(Передает ему газеты.)*
ПРИНЦКЕР. Пишут, что летающие тарелки — это оптический обман.
МАМА. Конечно, обман, я никогда иначе и не думала.
ОЛЯ. А по-моему, не обман, по-моему, они действительно существуют, эти замечательные летающие тарелочки.
МАМА. Опять ты противоречишь! Марк, покажи ей — черным по белому написано, что это обман.
ОЛЯ. Это еще ничего не значит.
ПРИНЦКЕР. Оленька, в газете ведь лучше знают.
ОЛЯ. И все-таки я — за тарелки!
МАМА. А я против!
ОЛЯ. А ты, бабушка?
БАБУШКА *(уклончиво).* Я за прогресс.

Входит Кисточкин, энергичный, бодрый, иронически улыбающийся. Садится.

КИСТОЧКИН. Доброе утро. Ох, и выспался замечательно.
ОЛЯ *(ядовито).* Так уж и замечательно?
КИСТОЧКИН *(посмотрев на нее, весело).* Замечательно!
БУБУШКА. Женя, возьмите к селедке масло.
КИСТОЧКИН. Благодарю, я не ем масла, тем более с селедкой.
БАБУШКА. Как? Селедку без масла? Это что-то новое!
МАМА. Вот, Женя, вы, как работник печати, разъясните, пожалуйста нашему несмышленышу...

ОЛЯ. Правда, Женя, расскажите про летающие тарелочки. Ведь вы, наверное, все про них знаете.

КИСТОЧКИН *(отбрасывает вилку и бледнеет).* Кажется, я не давал вам повода для таких нехороших намеков!

ПРИНЦКЕР. Что с вами, Женя?

КИСТОЧКИН *(вконец потерял власть над собой).* Мне это нравится — приходишь завтракать, а тебе вместо завтрака подкладывают живую крысу! Что это за разговоры с утра, что все это значит? *(Кричит почти истерически.)* Дудки! Ничего у вас из этого не получится!

МАМА. Женя, успокойтесь, никто не хотел вас обидеть, все это произошло совершенно случайно.

КИСТОЧКИН *(сразу успокаивается).* Правда? Тогда пардон. *(Улыбается.)* Итак, о чем вы спрашивали, о летающих тарелках? На этот счет есть любопытная гипотеза. Понимаете, вот мы с вами, вся наша земля, весь наш видимый мир находится в одном измерении. Но существует еще другое измерение, миры и, возможно, существа иного измерения. Мы их не видим, они не видят нас, возможно, они пронизывают нас, возможно, что за этим столом сейчас сидит не пять человек, а значительно больше. Возможно, некто из иного измерения пересекает сейчас мой контур и частично контур Оленьки.

ОЛЯ *(грубо).* Ну, это вы уж бросьте!

КИСТОЧКИН *(улыбаясь).* Есть гипотеза, что летающие тарелки — это первые попытки существ из иного измерения установить с нами связь. Конечно, пока это все голая фантастика.

ПРИНЦКЕР. Это не официальная точка зрения?

КИСТОЧКИН *(улыбаясь).* Нет-нет, это все выдумки, фантастика...

Входит Светлана

СВЕТЛАНА. Марк Борисович, вы обещали папе бутылку Ессентуки № 4.

ПРИНЦКЕР. Светочка, возьмите на окне.

БАБУШКА *(Светлане).* Может, стаканчик чаю?

СВЕТЛАНА. Спасибо — извините. *(Уходит, даже не взглянув на Кисточкина.)*

Кисточкин и Оля встают и смотрят вслед Светлане. Проходит несколько секунд молчания.

КИСТОЧКИН *(Оле).* Ну, ты довольна? Убедилась, что у меня крепкие нервы?

ОЛЯ. Вы вчера долго гуляли со Светланой?
КИСТОЧКИН. Значит, ты не заметила, что я прошел прямо по острию ножа?
ОЛЯ. Долго или нет?
КИСТОЧКИН. Не заметила. *(Весело.)* Спасибо за завтрак. Надо мчаться! Оревуар! *(В легком комическом танце проходит вокруг стола, целует руки дамам и исчезает.)*
МАМА. Ох уж эта Светлана! Ну что вы на нее скажете?
ОЛЯ. Она чудная, чудная!
БАБУШКА. Она легко берет жизнь.
ПРИНЦКЕР. А Женя сегодня какой-то странный.
МАМА. То вспыльчивый, то веселый, как и раньше.
ОЛЯ. Да, странный.
БАБУШКА. Он легко берет жизнь.
ОЛЯ *(вспыхивает).* Все это глупости, глупости! Вы ничего не понимаете в жизни! Ровно ничего, ни вот столечко! *(Убегает.)*

Принцкеры переглядываются, пожимают плечами. Завтрак продолжается. Во время завтрака на авансцене произошло следующее: открылся буфет и в нем поместилась надменная, сверкающая белизной буфетчица. Треугольников приблизился к ней.

БУФЕТЧИЦА. Ну, что вам?
ТРЕУГОЛЬНИКОВ. Шампанского.
БУФЕТЧИЦА. Не смешно.
ТРЕУГОЛЬНИКОВ *(читает меню).* Сосиски. Сосиски можно?
БУФЕТЧИЦА. Нет сосисок.
ТРЕУГОЛЬНИКОВ. А что есть?
БУФЕТЧИЦА. Читать умеете? *(Уходит.)*
ТРЕУГОЛЬНИКОВ. Сигареты есть?
БУФЕТЧИЦА. Есть. *(Кладет перед ним пачку сигарет.)*

Треугольников протягивает ей деньги.

БУФЕТЧИЦА. Сдачи нет! *(неожиданно быстрым движением цепкой лапкой убирает с прилавка сигареты.)*

Треугольников в полной растерянности отходит от палатки.

Проходит Кисточкин. Они сталкиваются.

З А Н А В Е С

ДЕЙСТВИЕ ПЕРВОЕ

ТРЕУГОЛЬНИКОВ. Вы не разменяете пятьдесят копеек?
КИСТОЧКИН *(шарахнувшись было от него, узнает и бросается).* Петька! *(Обнимает Треугольникова.)* Старик! Ой, как я рад тебе! Откуда ты взялся, старый башмак? Чудеса! Прямо чудеса! Треуголка собственной персоной! Гипотенуза приплелась! Пара катетов заявилась! Из глубины сибирских руд! Батюшки мои, герой семилетки появился! Фу ты — ну ты! Здорово выглядишь! Романтичен, как всегда! Наш простой скромный волевой разведчик недр Петр Треугольников среди нас! Ну, рассказывай, рассказывай, старикашка! Фу, я просто неприлично тебе рад!

Затянувшаяся возня с объятиями скорее похожа на борьбу, Треугольников пытается вырваться, но Кисточкин сильнее и искреннее в данный момент. Оба падают на стулья возле буфета и смотрят друг на друга. Кисточкин сияюще, Треугольникав растерянно. Кисточкин что-то Буфетчице — мгновенно стол покрывается тарелками и бутылками.

КИСТОЧКИН *(хлопает Треугольникова по плечу).* Старый хрыч!
ТРЕУГОЛЬНИКОВ *(медленно).* У меня путевка в Сочи.
КИСТОЧКИН. Ну, нет, сначала мы с тобой здесь побесимся. Учти, что рядом с тобой хозяин Москвы. А потом уж поедешь в Сочи зализывать раны.
ТРЕУГОЛЬНИКОВ *(безуспешно скрывая волнение).* Я нарочно в Москве задержался, из-за тебя, не из-за каких-то там дурацких воспоминаний, а из-за тебя лично, понял?
КИСТОЧКИН. А из-за кого же тебе еще здесь задерживаться? Как-никак мы с тобой... Не люблю, Петька, сантиментов.
ТРЕУГОЛЬНИКОВ. Я задержался здесь для того, чтобы дать тебе по роже.
КИСТОЧКИН. Вас понял. *(Хохочет.)* Бей!
ТРЕУГОЛЬНИКОВ. Я пришел, чтобы дать тебе по роже!
КИСТОЧКИН. В кафе сидел один семит и ел, что подороже, вошел туда антисемит и дал ему по роже. Или наоборот, да?
ТРЕУГОЛЬНИКОВ. Ну-ка, встань — я дам тебе по роже!

Оба встают. Треугольников сильно бьет Кисточкина, но тот ловким боксерским приемом уходит от удара. Треугольников снова бьет, но Кисточкин опять уходит, наносит Треугольникову шутливый, но точный удар и быстро превращает все в дружескую шутливую потасовку. Оба садятся на свои места.

КИСТОЧКИН *(разливая вино).* Трудно начинать в такую рань, но хорошо, что повод такой серьезный. Эх, старик, так я рад тебе! Ешь! Небось, соскучился по цыплятам-табака. Ну, вздрогнем!
ТРЕУГОЛЬНИКОВ *(недоуменно и печально смотрит на него).* Вздрогнем! *(Поднимает рюмку.)*

На сцене продолжается чаепитие в семействе Принцкеров. Кроме того, неподалеку появился столик, за которым сидят Аброскин и Светлана.

АБРОСКИН. Что-то мне хочется сделать, сам не пойму что. Куда-то меня вечно тянет по утрам.
СВЕТЛАНА. Шел бы в институт, папка. Иди и поработай, старый лентяй. *(Она пьет чай и смотрит прямо перед собой в одну точку.)*
АБРОСКИН. Ты знаешь, Светка, я не могу работать. Странно. Там, в тех нечеловеческих условиях, я все время работал над своей темой. Не было никакой надежды, а я работал. Пилил лес и думал, лежал на нарах и писал. Наверное, это была защитная реакция. Мне приходили в голову замечательные мысли, будь у меня тогда нынешние условия... Сейчас есть все, а хватает меня только на то, чтобы читать лекции студентам третьего курса, и тема стоит, а я хожу вокруг да около, и голова у меня пустая и словно оклеена изнутри листками стенного календаря...
СВЕТЛАНА *(не меняя позы, ровным голосом).* Мобилизуйся, папка, ведь ты — старый боец.
АБРОСКИН *(долго смотрит на нее, потом, хватив кулаком по столу, вскакивает).* К черту! Когда люди избавятся от этого проклятия? Ведь ты же вся в пружину сжата, вокруг тебя прочерчен круг. Дочка, над тобой зло подшучивают! Когда это кончится?
СВЕТЛАНА *(глухо).* Лучше этого нет ничего на свете.
АБРОСКИН. А общество, а история, а наука? А жизнь? Все, что было с тобой раньше, ты забываешь, когда над тобой прочерчивают круг? Ты становишься гладкой и закрытой, к тебе не подступишь! Или ты забыла, как вы жили с мамой без меня?
СВЕТЛАНА. Это давно было.
АБРОСКИН. Ой, конечно, давно! Без меня вы жили давно, Сталин умер очень давно, война была сто лет назад, а революция вообще бог знает когда... Все для вас было давно!
СВЕТЛАНА. Не нервничай.

АБРОСКИН. А как же мне не нервничать? Магические круги чертили и надо мной, но я хотел бы попытаться пробиться к разуму, представить — вот этот человек такой, а этот другой, мне не было безразлично.
СВЕТЛАНА. А мне безразлично, какой он, важно, что он — это то самое.
АБРОСКИН *(решительно)*. Это не любовь!
СВЕТЛАНА. А кто тебе сказал, что это любовь?
АБРОСКИН *(с жалкой иронией)*. Благодарю за содержательную беседу. *(Уходит.)*
СВЕТЛАНА. Ты в интситут?
АБРОСКИН. Да-да, в институт. *(Выходит на авансцену к стеклянному киоску, замечает в другом углу Кисточкина и Треугольникова, весело беседующих и выпивающих)*. Вот он сидит, герой дня. Это деятель новой формации, а что я знаю о нем? Крутит у себя в комнате модернистский джаз, а статьи пишет вполне на уровне, даже более того. Впрочем: что я понимаю в статьях? Только в одной статье я разобрался досконально, да и то на это потребовалось семь лет. Ой, тошно как! Я все еще не чувствую себя стариком. Старик может подойти к молодому человеку и предложить ему побеседовать по душам, а мне хочется либо выпить с молодым человеком, либо дать ему по роже. Чем мне заняться? Может быть, и вправду поехать в интситут? *(Подходит к киоску.)* Три пачки чаю, пожалуйста!
БУФЕТЧИЦА. Какого?
АБРОСКИН. Цейлонского.
БУФЕТЧИЦА. Цейлонского нету.
АБРОСКИН. А какой есть?
БУФЕТЧИЦА. Какой вам надо?
АБРОСКИН. Если нет цейлонского, тогда грузинский.
БУФЕТЧИЦА. Так какой все же вам надо — цейлонский или грузинский?
АБРОСКИН. Цейлонского ведь нет?
БУФЕТЧИЦА. Нету.
АБРОСКИН. Тогда грузинский.
БУФЕТЧИЦА. Грузинского нет.
АБРОСКИН. Какой-нибудь есть?
БУФЕТЧИЦА. Есть.
АБРОСКИН. Так дайте.
БУФЕТЧИЦА. Какой вам надо?
АБРОСКИН. А какой у вас есть?
БУФЕТЧИЦА *(теряя терпение)*. Какой у меня есть, это мое дело.

Вы скажите, какой вам надо — цейлонский, грузинский или еще какой? Сами не знаете, гражданин, чего хотите.

Аброскин в растерянности отходит от продпалатки и стоит на авансцене какой-то отрешенный.

ТРЕУГОЛЬНИКОВ. Живешь, значит, в этом доме?...
КИСТОЧКИН. Я тебе лучше расскажу про наш дом — лопнешь! Такие жмурики тут у нас живут, ты себе не представляешь. *(Смотрит на часы.)* Сейчас начнут выползать. Смотри — цирк!

На просцениум выходят Нытик и здоровяк.

КИСТОЧКИН. Два пенсионера — Нытик и Здоровяк, так их у нас называют. Первый всю жизнь продрожал в своей комнатенке в страхе перед историческими событиями и в борьбе с собственными пороками, а сейчас хнычет и мечтает о бабах. Наверное, скоро помрет от истощения сил. Второй, наоборот, существо вечное, никогда ничем не болел, оплот общества...
ТРЕУГОЛЬНИКОВ. Знакомый тип. Кузнец своего счастья?
КИСТОЧКИН. Правильно подсказывает товарищ.

Нытик и Здоровяк подходят к Аброскину.

ЗДОРОВЯК. Привет!
НЫТИК. Доброе утро, профессор.
АБРОСКИН. Слушайте, я вчера был груб, извините меня.
НЫТИК. Что вы, что вы! Мне было только приятно. Мне всегда приятно, когда вы со мной беседуете. Ведь я жалкий недалекий человек...
АБРОСКИН. Поедемте на рыбную ловлю.
НЫТИК. Профессор, вы понимаете, какая это для меня честь, но, к сожалению, я иду записываться на абонемент, цикл лекций "Эстетика в быту". Рекомендую и вам. Впрочем, что я? Это ведь для таких неразвитых натур, как я, у вас, конечно, свои оригинальные концепции...
АБРОСКИН *(Здоровяку).* А вы, друг мой? Куда вы ходите по утрам?
ЗДОРОВЯК. В Лужники на занятия группы здоровья. Читали в "Огоньке"? Записывайтесь к нам, профессор! В нашей группе есть такие же, как вы, люди сложной судьбы. Занятия спортом помогают им

сохранять исторический оптимизм.

АБРОСКИН. У вас его, небось, полно.

ЗДОРОВЯК. Хватает.

АБРОСКИН. Вы, небось, до ста лет хотите прожить?

ЗДОРОВЯК. До двухсот.

АБРОСКИН. А потом все же помрете?

ЗДОРОВЯК. Там видно будет.

Здоровяк и Нытик проходят по просцениуму, останавливаются, раскланиваются с Кисточкиным.

КИСТОЧКИН *(Нытику)*. У меня для вас хорошая новость.

НЫТИК. Не шутите, Женя. Какие для меня могут быть хорошие новости?

КИСТОЧКИН. Кроме шуток. В цирке новый аттракцион — "Купальщицы и морские львы".

НЫТИК. Что вы?

КИСТОЧКИН. Представляете? Морские львы и купальщицы плавают вместе...

НЫТИК. Должно быть, это прелестно — юные гибкие купальщицы и тяжелые морские львы.

ТРЕУГОЛЬНИКОВ. У вас просто художественное воображение.

КИСТОЧКИН. Бегите за билетами!

НЫТИК. Бегу, бегу! Спасибо, Женя!

АБРОСКИН *(через сцену)*. А как же "Эстетика в быту"?

НЫТИК. Профессор, вы даже не представляете себе, как взаимосвязаны две эти вещи! *(Убегает.)*

КИСТОЧКИН *(Здоровяку)*. А вы прекрасно выглядите. Откройте нам ваш секрет.

ЗДОРОВЯК. Секрет прост — режим, умеренность во всем...

ТРЕУГОЛЬНИКОВ. Устойчивость к историческим событиям, не правда ли? Ведь прошли небось через все бури в таком вот виде?

ЗДОРОВЯК. Правильно. И вот результат: склероз — ноль, давление — ноль, бессонница — ноль! *(Уходит.)*

АБРОСКИН *(вслед ему)*. Умственная деятельность — ноль!

ТРЕУГОЛЬНИКОВ. А это кто там голос подает?

КИСТОЧКИН. Идеалист из невинно пострадавших, тоже любопытный экземпляр.

ТРЕУГОЛЬНИКОВ. А что он там стоит?

КИСТОЧКИН. Совесть ему не позволяет выпить с утра, а хочется. Отсюда — все терзания духа. Старик-чудила, но дочка у него, скажу тебе, первый класс.

ТРЕУГОЛЬНИКОВ. Познакомь.

КИСТОЧКИН. Я сам на нее точу. Не волнуйся, Петяша, и тебя обеспечим.

Появляется Игорь, в руках у него авоська с детскими бутылочками и большая сумка, из которой торчит труба. Он подходит к буфету, высматривает, что бы там купить.

ИГОРЬ. Килограмм пряников, пожалуйста.

Буфетчица не двигается и молчит

ИГОРЬ. *(кладет на прилавок деньги).* Оглохла, мамаша? Пряников отпусти!

БУФЕТЧИЦА. Бумаги нет.

ИГОРЬ. Давай сыпь прямо в сумку!

БУФЕТЧИЦА. Здесь вам магазин, а не пивная.

Игорь в растерянности отходит.

БУФЕТЧИЦА *(высовывается из ларька и расплывается в любезной улыбке).* Молодой человек, хотите судьбишку свою узнать? Совершенно бесплатно.

ИГОРЬ *(в страхе).* Поди ты, знаешь куда!

Буфетчица возвращается в свое прежнее состояние.

КИСТОЧКИН *(показывая Треугольникову на Игоря).* Вот еще один уникум. Джазмен.

ТРЕУГОЛЬНИКОВ. Да, у вас тут не соскучишься.

КИСТОЧКИН. Двадцать одни год, а уже ребенка завел, живет в скудости. Раньше халтурил в группах и неплохо зарабатывал, а сейчас вообразил себя гениальным трубачом и репетирует без конца для какого-то неведомого сказочного концерта, которого никогда не будет. Работает на каком-то заводе подсобником, за 60 дубов в месяц. Принципы, понял? Служенье муз не терпит суеты.

ИГОРЬ *(проходит мимо них).* Привет! Кир на весь мир с утра пораньше?

КИСТОЧКИН *(явно играя для Треугольникова).* Игорь, мы тут спорим с товарищем о Джоне Маклафлине. Как ты к нему относишься?

ИГОРЬ *(сразу преображается).* Я всегда сочувствовал Джону! Всегда сочувствовал его поискам!
КИСТОЧКИН *(Треугольникову).* Ты понял, он сочувствует Джону Маклафлину! *(Игорю.)* А у самого у тебя к чему больше душа лежит?
ИГОРЬ. Я стараюсь играть в разных манерах и в разных составах, но больше всего, как ни странно, люблю диксиленды.
КИСТОЧКИН *(Треугольникову).* Сейчас скажет: в них есть мечтательность и наивный секс.
ИГОРЬ. В них есть мечтательность и наивный секс.
ТРЕУГОЛЬНИКОВ. Ну и дела!
КИСТОЧКИН *(Игорю).* Вот товарищ с Севера приехал, он не понимает твоей любви к джазу. Строителям коммунизма, понимаешь ли, джаз не нужен, рок не нужен, вся эта херня не нужна. Им песни нужна, романтика!
ИГОРЬ *(запальчиво).* Это ошибка, заблуждение. Джаз — ведь это тоже романтика, товарищ! О, будет когда-нибудь у меня огромный потрясный концерт! Товарищ, я берусь в один вечер привить вам любовь к джазу!
ТРЕУГОЛЬНИКОВ. Продолжай, продолжай, кореш!

Игорь берет трубу и начинает играть свою тему. Он играет, закрыв глаза, забыв обо всем на свете.

КИСТОЧКИН *(Треугольникову).* Смешно?
ТРЕУГОЛЬНИКОВ *(хмуро).* Очень.
КИСТОЧКИН *(Игорю).* В молочную кухню опоздаешь, парень!

Игорь играет.

КИСТОЧКИН. Игорь, за прикормом опоздаешь!

Игорь играет.

КИСТОЧКИН. Ох, достанется тебе от Элки!

Игорь играет.

КИСТОЧКИН. Кочумай!
ИГОРЬ *(кончает игру).* Что?
КИСТОЧКИН *(подходит к нему).* Тебе башли нужны?

ИГОРЬ *(жалко бравируя).* Башли мне всегда позарез.
КИСТОЧКИН. На!
ИГОРЬ. С какой стати?
КИСТОЧКИН *(усмехается).* За игру.
ИГОРЬ. Хм, первый раз мне забашлили за такую игру. *(Берет деньги, уходит.)*
КИСТОЧКИН *(Треугольникову).* Смех, правда?
ТРЕУГОЛЬНИКОВ. Такая уж потеха...

На сцене в пространстве между столом Принцкеров и столом Аброскина встречаются Оля и Футболист.

ФУТБОЛИСТ. Привет. Ты куда?
ОЛЯ. Я никуда. А ты?
ФУТБОЛИСТ. Я на тренировку.
ОЛЯ. А-а-а-а... *(равнодушно отворачивается.)*
ФУТБОЛИСТ. Ну, значит, как там насчет жизненных планов?
ОЛЯ *(манерно).* По общему мнению ты — малоперспективный товарищ.
ФУТБОЛИСТ. Ошибка. Если хочешь знать, только еще иду к зениту славы. Если хочешь знать, сочетаю в себе качества силового игрока с тонким пониманием тактики. А дальше что — тренерские курсы, профессия не хуже других. Материально тебя обеспечу...
ОЛЯ *(кокетничает).* А морально? А духовно? А в смысле любви?
ФУТБОЛИСТ. Уровень повышу, не волнуйся. А в смысле любви... *(пытается ее обнять.)*
ОЛЯ *(разрешает себя обнять, но сразу отскакивает).* О чем ты говоришь? Ведь я еще несовершеннолетняя.
ФУТБОЛИСТ. А в принципе согласна?
ОЛЯ *(разыгрывая экзальтацию).* О, конечно, в принципе я за! Ты только забивай побольше голов, мой милый! Я хочу, чтобы мой рыцарь был в зените славы, чтобы слава его гремела по всем материкам и океанам, я хочу совершить с ним путешествие на летающей тарелочке! *(Уходит.)*

Футболист, мрачный, выходит на просцениум.

КИСТОЧКИН *(показывая Треугольникову на Футболиста).* Явление третье — те же и футболист. Привет, Буль! *(Тихо.)* Сейчас уж мы посмеемся.
ФУТБОЛИСТ. Привет, Женя!

КИСТОЧКИН. Буль, тут дружок у меня приехал с Севера, большой любитель футбола. Хочет с тобой познакомиться.
ФУТБОЛИСТ *(здоровается с Треугольниковым).* А что футбол...
КИСТОЧКИН. Что-то не пойму, Буль, — разочарование в футболе?
ФУТБОЛИСТ. А что футбол — каторга!
КИСТОЧКИН. Такие настроения в начале сезона? Придется сигнализировать в Центральный Совет.
ФУТБОЛИСТ. А что такое футбол? Булыгу в ноги, полил в угол, тащи, рабочий!
КИСТОЧКИН *(в восторге).* Я ведь тебе, Петька, обещал паноптикум — смотри, какой прекрасный человек!
ФУТБОЛИСТ *(обращаясь в зал).* А что футбол? Говорят, извилины стираются, когда играешь головой. Смотри, говорят, знаменитый футболист идет, а сами потом хихикают — ну и будка, мол, шесть на шесть. В консерваторию, говорят, футболисты не ходят, и вообще все они — пижоны и дураки. Мне Беккенбауэр как-то говорил: плюнь, говорит, Булька, на них на всех и развивай прыгучесть, твои, говорит, ноги золото могут делать. А что для меня футбол? Может, для меня настоящий футбол только и был, когда пацаном на Хорошовке мяч гонял. А иной раз в спортлагере забудем, что мы знаменитые, золотые, такие-растакие, и вот тогда бывает настоящий футбол. А если мы в режиме, значит, на девочек и не гляди, а после игры и самому тебе все до лампочки. А я ее люблю, как моряк с парусного корабля, а она как туманное виденье. А вы говорите — футбол! *(Уходит.)*
КИСТОЧКИН *(изнемогает от смеха).* Ой, ой, вот потеха-то...
ТРЕУГОЛЬНИКОВ. Такая уж потеха...

На сцене появляется Оля. Она подходит к столику, за которым в прежней позе сидит Светлана.

ОЛЯ. Здравствуй, Света!
СВЕТЛАНА. Здоровались уже.
ОЛЯ. Что ты делаешь?
СВЕТЛАНА. Готовлюсь к экзаменам.
ОЛЯ. Разве осенью готовятся к экзаменам?
СВЕТЛАНА. Нынче весна, ты что, забыла?
ОЛЯ. Так не готовятся — без книг и без конспектов.
СВЕТЛАНА. Да я и не готовлюсь, кто тебе сказал? Я просто думаю. Я такая девушка — мучающаяся, думающая...
ОЛЯ. О чем ты думаешь?
СВЕТЛАНА *(встает).* Дать Кисточкину или нет?

ОЛЯ *(вздрогнув).* Ты его любишь?
СВЕТЛАНА. Ну!
ОЛЯ. А он тебя?
СВЕТЛАНА. У-у-у!
ОЛЯ *(неожиданно начинает плакать в три ручья).* Такая, да? Такая стала?
СВЕТЛАНА. Брось, не плачь, все заживет.
ОЛЯ *(сквозь слезы).* Ты красивая, гордая, грубая, тебе двадцать лет... Вон ты какая — милая моя...
СВЕТЛАНА. Тебе нравится Кисточкин?
ОЛЯ. Нет! Наверное, только мне он и не нравится. Все в нашем доме от него в восторге — и умница, и весельчак, и красавец, стильный такой и путешественник, а мне он не нравится.
СВЕТЛАНА. Почему?
ОЛЯ. Потому что он не без странностей.
СВЕТЛАНА *(поет, явно кого-то пародируя).* Осень пришла, пора моей мечты...
ОЛЯ. Ведь ты сказала — весна...
СВЕТЛАНА. Господи, а не все ли равно? *(Садится и снова отрешенно смотрит прямо перед собой.)*

Оля смотрит на нее, отступает на шаг, еще на шаг, и, закрыв лицо руками, убегает.
Завтрак у Принцкеров подходит к концу. Марк Борисович уже встает, причесывает свою редкую шевелюру.

МАМА ПРИНЦКЕР. Нет, Марк, ты не прав — сейчас нужно все внимание семьи сосредоточить на Оле. Это очень рисковый возраст и появляются опасные настроения.

Принцкер пожимает плечами.

БАБУШКА *(Маме).* Деточка, ты не права. Ведь так бывает всегда. Я хорошо помню свою юность — сколько грез, сколько фантазий...
МАМА ПРИНЦКЕР. Мама, ваша юность проходила в другую, принципиально другую эпоху. Марк, послушай!
ПРИНЦКЕР *(смотрит на часы).* Прошу тебя, быстрее, я опаздываю на работу.
МАМА. Дело в том, что я обнаружила у Ольги, случайно увидела, наткнулась буквально, вот на это письмо.
ПРИНЦКЕР. Я опаздываю, давайте вечером...
МАМА. Стыдись, Марк, речь идет о судьбе твоей дочери. И потом

ты уже занимаешь такое положение, что можешь опоздать на несколько минут.
ПРИНЦКЕР *(нервничает).* У нас сейчас поставили какие-то автоматические часы, они пробивают на твоем талоне точное время.
БАБУШКА *(со вздохом).* Прогресс!
МАМА. Я настаиваю! Это письмо Оле написал Женя Кисточкин.
БАБУШКА. Боже мой!
ПРИНЦКЕР. Женя? Какие-нибудь шутки, да? Поток остроумия? *(Очень нервничает.)*
МАМА. Хороши шутки! Слушайте! *(Подносит к глазам письмо.)*

Незамеченная входит Оля и замирает, увидев в руках матери письмо.

МАМА *(читает).* Милая Елка! Прости, что я так тебя называю, но мне нравится так тебя называть. Ты знаешь давно, еще с четырнадцати лет, что я тебя люблю, но между нами огромное расстояние — возраст. Ведь мне сейчас уже тридцать лет. Помнишь песню: отчего ты мне не встретилась, юная, нежная, в те года, года далекие, в те года...? Я знаю, что отзвуком на мое признание с твоей стороны будет только жалость, а жалость унижает человека. Мне остается только молчать и смеяться. Ведь зритель платит, смеяться должен он... Это смех сквозь слезы. Прости меня, Елка, за это письмо. Женя''.
БАБУШКА. Какой слог!
МАМА *(Принцкеру).* Теперь ты можешь бежать к своим автоматическим часам.
ПРИНЦКЕР. Да-да, я пошел.
МАМА *(драматически).* Подожди, несчастный! На письме следы губной помады. Она мазала губы и целовала его! Что делать, скажите!
БАБУШКА. Может быть, отказать ему от дома?
ПРИНЦКЕР. Дельная мысль. *(Смотрит на часы.)*
МАМА. Нет, Женя не виноват — Ольга сама вынудила его. Она кокетничает, строит глазки, усвоила себе походку этой Светланы, а Женя ведь здоровый молодой человек. Он тут не при чем.

Оля подбегает к матери и вырывает у нее письмо.

ОЛЯ. Я сама написала это письмо! *(Убегает.)*
ПРИНЦКЕР. Итак, все ясно. Я пошел. *(Убегает, глядя на часы.)*

Он пробегает по просцениуму, на бегу раскланиваясь с Аброскиным и машет рукой Кисточкину.

ТРЕУГОЛЬНИКОВ. А это кто такой?
КИСТОЧКИН *(смеется)*. Это загипнотизированный человек, его гипнотизируют автоматические часы. Раньше он опаздывал минут на пять — на семь, все же выслужился до заместителя главного бухгалтера, а сейчас у них на службе поставили автоматические часы, и бедный кролик попал под гипноз. Смотри, смотри, как трусит. Как бы под машину не попал, глава славного кроличьего семейства. Автоматика для таких — страшное дело.

На просцениум выбегает Оля, в руках у нее скомканное письмо.

КИСТОЧКИН. А вот и крольчонок. Правда, славный крольчонок? Внимание, беру на себя роль удава!

Он откидывается на стуле и гипнотизирующе смотрит на Олю. Та с трепетом смотрит на него, не решаясь сдвинуться с места.

КИСТОЧКИН *(громко, для Оли)*. Какое чувствую волненье... Весна, весна, пора любви!
ОЛЯ *(делает шаг к нему, но потом вскидывает голову и кричит, подражая Светлане)*. Глупости! Сейчас не весна, а осень!
КИСТОЧКИН. Сначала я молчать хотела, поверьте, моего стыда вы б не узнали никогда...
ОЛЯ *(медленно двигается к нему, потом останавливается)*. Все это ерунда, а вы дурак! Вы не стоите ни копеечки. А мама для вас еще отдельно готовит, глупая, глупая. *(Чуть не плачет.)*
ТРЕУГОЛЬНИКОВ *(толкает Кисточкина)*. Довольно! Прекрати!
КИСТОЧКИН *(жестко)*. ... Хоть редко, хоть в неделю раз в деревне нашей видеть вас, хотя бы слышать ваши речи, хоть слово молвить...

Оля, прекратив сопротивление, подходит к нему и молча протягивает письмо.

КИСТОЧКИН *(обычным тоном)*. Оленька, я угадал текст этого письма?
ОЛЯ. Вы! Вы... Вы... *(убегает.)*
КИСТОЧКИН *(читает письмо, разражается дьявольским хохотом)*. Гениально! Шедевр эпистолярного жанра! Ой, умру! Петька, прочти! *(Передает письмо Треугольникову.)* Ты понимаешь, это она сама себе написала от моего имени. Чудеса мастурбации!
ТРЕУГОЛЬНИКОВ *(резко встает)*. Ну, над всеми мы уже посмеялись?

КИСТОЧКИН. Разве это смех? Помнишь, как мы с тобой раньше смеялись?
ТРЕУГОЛЬНИКОВ. Да, раньше мы не так смеялись.
КИСТОЧКИН. Садись. Смотри, к нам плетется профессор. Сейчас уж мы с тобой посмеемся.

Действительно, Аброскин, который до этого молча стоял на авансцене, медленно направляется к ним.

АБРОСКИН. Разрешите, молодые люди, присесть к вашему столику?
КИСТОЧКИН. Мы очень рады, профессор. Разрешите мне представить вам моего старого друга. Так сказать, наперсник юности, мятежный Петр Треугольников.

Аброскин и Треугольников жмут друг другу руки.

КИСТОЧКИН *(поднимает бутылку)*. Разрешите вам налить?
АБРОСКИН *(смотрит на часы)*. Простите, не могу в такое раннее время.
КИСТОЧКИН. В такое позднее время, вы хотите сказать?
АБРОСКИН *(показывает ему часы)*. Ведь вы не будете отрицать, что сейчас лишь 10 часов утра?
КИСТОЧКИН. Уже 10 часов, профессор. Планета кишит, профессор. Что такое время, профессор? Раннее, позднее — вздор. Посмотрите на Петю — у него на руке часы, а на них...
ТРЕУГОЛЬНИКОВ. У нас сейчас 6 часов вечера.
КИСТОЧКИН. Вот видите, профессор, у них сейчас 6 часов вечера, а у нас с вами сколько хотитим. Так следует жить... джентльменам.
АБРОСКИН. Уговорили. *(Пьет и сразу хмелеет.)* Вьется в тесной печурке ого-о-о-нь...
КИСТОЧКИН. Ну вот и отлично... Вот видите, что значит дать волю своему воображению. В самом деле, неужели вам не хочется распустить все вожжи и... Видите, возле "Гастронома" стоят два ханурика? Пойдите к ним и скиньтесь на троих.
АБРОСКИН. Мальчики, я старик и мне позволено... не удивляйтесь... я хочу поговорить с вами по душам. Меня интересуете вы, как говорится, новое поколение... Ей-богу, это мое старческое право... *(Треугольникову.)* Как, по-вашему, что происходит с людьми?
ТРЕУГОЛЬНИКОВ. Я бы в другое время с вами поговорил, профессор. Сейчас не хочется. В другое время и в другом месте, если угодно.

АБРОСКИН (*поворачивается к Кисточкину*). Вы знаете, Женя, я тут невольно наблюдал за вами. Вы — крепкий парень.

КИСТОЧКИН. Верно подмечено.

АБРОСКИН. Вы не то, что ваш товарищ. У вас прекрасное, ха-ха, качество... Как говорится, умение работать с людьми. В сочетании с вашим интеллектом и прочими блестящими данными это умение может творить чудеса.

КИСТОЧКИН. Буря мглою небо кроет... Выпьем еще для уюта?

АБРОСКИН. Нет, подождите. Вы как-то легко нащупываете в человеке его открытые места. Должно быть, вы сильны в оккультных науках?

КИСТОЧКИН. Не усложняйте, профессор. Все это очень элементарно. (*Странным образом преображается.*) Главное, забронироваться самому и тогда длинными руками, чувствительными, как фотоэлемент, перстами, можно щупать любого человека. А человек, так называемый простой человек, ведь это очень несложная конструкция, бронированному индивидууму он весь открыт, весь со своими нехитрыми страстишками и пороками. (*Вздрогнув, возвращается в свое прежнее улыбчивое состояние.*) Знаете, Сталин это прекрасно понимал. Еще в двадцатые годы на каком-то собрании выступал комсомольский вожак и с большим революционным пафосом спорил с ним. Сталин подошел к нему в перерыве и спросил "Вам что надо, товарищ? Вам совнаркомовский паек надо? Сделаем". Гениально, правда? Сталин...

АБРОСКИН (*в волнении*). Не говорите мне о Сталине...

КИСТОЧКИН. Профессор, профессор... Нужно бережнее относиться к отечественной истории.

ТРЕУГОЛЬНИКОВ (*встает и отходит в сторону*). Я ничего не понимаю. Мне все ясно, но я не понимаю. Отстал от жизни, что ли? Провинциал, да?

АБРОСКИН (*насмешливо*). Меня вы тоже щупаете своими чувствительными перстами?

КИСТОЧКИН. Уж и пошутить нельзя. Все это глупости, профессор. Главное — это после бессонной ночи, заполненной философскими размышлениями, выпить дорогого армянского коньяка и распустить вожжи... Помните, у Маяковского: "Я еще могу-с выбросить шпоры в горящей мазурке, выкрутить черный ус..."

АБРОСКИН (*совсем хмельной*). Спасибо, Женя, вы меня поддержали. Вы душевный человек. Я пойду, меня ждут те двое. Я буду третьим. (*Уходит.*)

ТРЕУГОЛЬНИКОВ (*еле сдерживая бешенство, в сторону*). Вот он, мой товарищ! Наперсник юности мятежной! Как я все это еще терплю?!

КИСТОЧКИН *(смеясь).* Прекрасно проводим время, Петька, правда? Давно я так не веселился. *(Встает.)* Черт возьми, до чего же ничтожен мир!

В это время Светлана встает из-за стола и выходит играть на просцениум. Стоит, обреченно опустив руки.

ТРЕУГОЛЬНИКОВ *(резко поворачивается к Кисточкину).* Я наверно сал дико провинциальным?

КИСТОЧКИН. Немного есть, старик.

ТРЕУГОЛЬНИКОВ. А ты, кажется, стал супер? Надмирный житель, а?

КИСТОЧКИН. Об этом мы с тобой поговорим на трезвую голову. *(Замечает Светлану.)* Вот что, старик, возьми ключ и иди ко мне, отдыхай. А я сейчас поеду по делам. Мне нужно в редакцию. Я ведь стал китом.

ТРЕУГОЛЬНИКОВ. Китом?

КИСТОЧКИН *(смеется).* Да, китом среднего масштаба. Но это, — конечно, временно. Скоро перейду на свободный полет.

ТРЕУГОЛЬНИКОВ. Станешь орлом?

КИСТОЧКИН. Вот именно.

ТРЕУГОЛЬНИКОВ *(кивая на Светлану).* Это она?

КИСТОЧКИН. Тише, не спугни.

ТРЕУГОЛЬНИКОВ *(торопливо).* Как ее зовут? Вот это девушка! Познакомь!

КИСТОЧКИН. Э, брат, нечестно. Я же тебе обещал — найду кадр не хуже. *(Он подходит к Светлане, берет ее руку. Она поднимает голову, что-то говорит ему. Он ей отвечает. Они обмениваются короткими односложными фразами. Мы их не слышим.)*

ТРЕУГОЛЬНИКОВ *(ходит вокруг, пытаясь обратить на себя внимание, громко).* Ты бы хоть познакомил, Женя!

Светлана и Кисточкин словно и не видят его.

ТРЕУГОЛЬНИКОВ *(Светлане).* Я Петр Треугольников. В детстве звали Треуголкой. Смешно?

Светлана даже не поворачивает головы, разговаривает с Кисточкиным.

ТРЕУГОЛЬНИКОВ. Ну и девушка вы! Первый класс. Большая редкость.

Светлана разговаривает с Кисточкиным.

ТРЕУГОЛЬНИКОВ. Напрасно вы пыжитесь. Я парень с юмором. Вон Женька подтвердит.

На него не обращают внимания.

ТРЕУГОЛЬНИКОВ *(в досаде)*. Давай ключ.

Кисточкин не глядя протягивает ему ключи. Треугольников берет ключи и уходит.

КИСТОЧКИН *(Светлане)*. Значит, договорились?
СВЕТЛАНА *(с облегчением)*. Да, на пятачке возле метро "Маяковская". Ты любишь меня?
КИСТОЧКИН. Конечно.
СВЕТЛАНА. Свистишь?
КИСТОЧКИН *(поспешно)*. Что за глупости.

Светлана смеется и берет его под руку. Они медленно идут по просцениуму. В углу появляется Суровый в Лиловом. Не замечая его, Светлана и Кисточкин приближаются.

СУРОВЫЙ. Мене, текел, фарес!
КИСТОЧКИН *(вздрагивает и замечает Сурового. С жалким вызовом)*. Ну, это, знаете ли, тривиальные шуточки. Слышали, слышали...
СУРОВЫЙ. Отвечайте прямо — коммунальные услуги оплачены?
КИСТОЧКИН *(нервно)*. Да! Вот квитанции!
СУРОВЫЙ. Никаких хвостов, никаких задолженностей по основному предмету?
КИСТОЧКИН. Вот зачетка, проверьте.
СУРОВЫЙ *(просматривает квитанции и зачетку, возвращает их Кисточкину)*. Пока все в порядке. *(Уходит.)*

Кисточкин смотрит ему вслед.

СВЕТЛАНА. Кто это такой?
КИСТОЧКИН. Да так... знакомый.
СВЕТЛАНА. Шутник.
КИСТОЧКИН. Угу. Большой юморист.

Уходят.

ДЕЙСТВИЕ ВТОРОЕ

Сцена разделена на две части. Слева редакционное помещение, в котором сидят за пишущими машинками, трудятся трое поджарых молодых людей. Косо и очень примитивно здесь поставлена декорация стенки, на которой дверь с надписью "Зав. отделом". Молодые люди, беззвучно хохоча, перемигиваясь и иронически кивая на дверь заведующего, бодро стрекочут на пишущих машинках.
Справа комната Кисточкина, по ней разгуливает мрачный Треугольников. В комнате Кисточкина все, что полагается, на месте: модерн. На стене картина: красные длинные человечки на многосуставчатых конечностях. Треугольников смотрит на картину, стоя спиной к залу, окутывается облаком сигаретного дыма.
В просцениуме по-прежнему буфет. Буфетчица за объявлением "Ушла на базу". Разговаривает по телефону. В просцениуме появляется Кисточкин.

БУФЕТЧИЦА *(хрипло вопит в трубку).* Жуков? Я на тебя найду управу, Жуков! Ты чего это игнорируешь? Моя точка особая, сам знаешь! Смотри, в торг сообщу! *(Вешает трубку.)*
КИСТОЧКИН *(подходит).* Здрасьте, мамаша! Неприятности?
БУФЕТЧИЦА. Ерунда на базе. Палки в колеса. Просишь гвозди, дают мыло. Просишь доски, дают чай. Здрасьте.
КИСТОЧКИН *(подмигивает).* А как там с моей судьбишкой? Все в порядке? Еду?
ПРОДАВЩИЦА *(смеется).* Все в ажуре. Уж для тебя, Женька, постаралася. Жди, не заржавеет.
КИСТОЧКИН *(потирая руки).* Передайте, что я полностью соответствую. *(Открывает дверь с надписью "Зав. отделом" и входит в редакционное помещение.)* Привет, старики!
СОТРУДНИКИ. Привет!
    Привет, старик!
    А, шеф, салют!
КИСТОЧКИН.. Ребята, надо вмазать дельцам от науки.
АЛИК. Можно начинать?
КИСТОЧКИН *(прикидывает).* Нет, подожди, Алик. Виталик, лучше ты начни — у тебя положительная часть лучше получается.
ВИТАЛИК. Успехи нашей науки несомненны... Так начать?
КИСТОЧКИН. Валяй, валяй на полстолбца, только поинтеллигентней. Потом поставишь: "но, к сожалению..."
ВИТАЛИК. Не учи ученого. *(Принимается за работу.)*
КИСТОЧКИН. Алик, а ты начинай критическую часть. Выбирай вы-

бирай выражения похлеще. Трудитесь, старики, я на минутку выйду. Переговорить надо по телефону с ...андром ...овичем... *(Выходит из комнаты, приседает на корточки и наблюдает за подчиненными в замочную скважину.)*

Треугольников садится в кресло, рассеянно нажимает клавишу радиокомбайна. Раздается свистящая надмирная музыка. Треугольников вздрагивает, неумело регулирует громкость.

ТРЕУГОЛЬНИКОВ. Мне что-то не по себе в этой комнате. Влюбился, надо же, в эту несчастную девочку. О, я понимаю, какие инстинкты она вызывает в нем. Опять наши дороги пересеклись, дружок.
СЕРЕЖА. Ребята, а вам не кажется, что наш шеф, блестящий Женя Кисточкин, понемногу приучает нас к какому-то подонству?
АЛИК. Он умеет работать. Я лично, без балды, восхищаюсь им. А ты, Виталик?
ВИТАЛИК. А мне наплевать. Я всегда пишу начало, а это ни к чему не обязывает.
СЕРЕЖА. А я не хочу так работать!

Входит Кисточкин.

АЛИК *(Сереже)*. Дальше?

Сережа, махнув рукой, садится.

КИСТОЧКИН. Сережа, я вижу, ты сидишь без дела. Собери, пожалуйста, материал по конкретной проблематике на данном этапе.
СЕРЕЖА *(растерянно)*. Где я его соберу?
КИСТОЧКИН *(жестко)*. А где хочешь.
СЕРЕЖА. Ладно, соберу. *(Начинает собирать.)*
АЛИК. Как фамилии дельцов от науки?
КИСТОЧКИН. Иванов, Абрамзон, Карапетьян, Гогишвили, Ахмадуллин.
АЛИК. В какой области свила гнездо эта банда?
КИСТОЧКИН. В теории больших чисел.
АЛИК. В уютной области теории больших чисел свила себе гнездо компания дельцов от науки: Иванова, Абрамзона, Карапетьяна, Гогишвили, Ахмадуллина, фамилии которых как-то не хочется писать с больших букв.
КИСТОЧКИН. Прекрасно! Готово название фельетона — ''Большие

числа и маленькие буквы". Ребята, мы гении! Тихие гении, простые советские микрогении.

СЕРЕЖА. Глупо!

КИСТОЧКИН *(весело)*. Пролетело — не заметили. Готовы материалы по конкретной проблематике на текущем этапе?

СЕРЕЖА. Да где же я их возьму?

КИСТОЧКИН *(жестко)*. Ищи!

В редакционное помещение входит мрачный парень в толстом свитере и в кашне. Его появление почему-то смущает сотрудников.

АЛИК (тихо). Женя, приперся этот Буркалло.

КИСТОЧКИН *(тихо)*. Спокойно. Как бы не замечаем. *(Громко.)* А ну, давай-ка поработаем вместе над текстом.

Алик и Виталик подают ему свои тексты. Втроем они усаживаются за стол и что-то пишут, правят.

СЕРЕЖА. Буркалло, ты к нам?

БУРКАЛЛО. Ничего, подожду. *(Усаживается в кресло, закидывает ногу на ногу, смотрит в окно.)*

ТРЕУГОЛЬНИКОВ *(выключает музыку)*. Все-таки что случилось с Женькой? Кажется, он вообразил, что подчинил себе все человечество. Нет, брат, это не так-то просто.

КИСТОЧКИН *(через сцену)*. Просто, очень просто.

ТРЕУГОЛЬНИКОВ *(уверенно)*. Люди — не дураки.

КИСТОЧКИН. Смело, но не научно! *(Продолжает работать похахатывая.)*

Треугольников мечется по комнате. В квартире Принцкеров появляется Светлана.

СВЕТЛАНА *(громко)*. Оля! Бабушка! Куда это все подевались?

ТРЕУГОЛЬНИКОВ *(открывая дверь)*. А вас как зовут, а?

СВЕТЛАНА. Света. А вы кто такой?

ТРЕУГОЛЬНИКОВ. Я Треугольников.

СВЕТЛАНА *(со смехом)*. В детстве звали Треуголкой, да?

ТРЕУГОЛЬНИКОВ. Заходите.

СВЕТЛАНА *(входит)*. Как вы сюда попали?

ТРЕУГОЛЬНИКОВ *(жестко)*. Я дружок этого самого... Кисточкина. Он вам нравится?

СВЕТЛАНА. Вы заметили?

ТРЕУГОЛЬНИКОВ. А я вам нравлюсь?

СВЕТЛАНА *(хохочет)*. Ну и будка! Вы что, битник?

ТРЕУГОЛЬНИКОВ. Какой я битник. Я горный мастер.

СВЕТЛАНА *(хохочет еще пуще)*. Ой, горный мастер! Умру! *(С разбега валится на тахту.)*

ТРЕУГОЛЬНИКОВ *(улыбаясь смотрит на ее ноги)*. Однако вы очень смело сейчас кинулись.

СВЕТЛАНА *(с тахты)*. Я вижу, вы разбираетесь кое в чем.

ТРЕУГОЛЬНИКОВ. Я, кажется, влюблен в вас.

СВЕТЛАНА *(встает)*. Ну, пока!

ТРЕУГОЛЬНИКОВ *(тоскливо)*. Не уходите, а?

СВЕТЛАНА. Пока, горный мастер.

ТРЕУГОЛЬНИКОВ *(отчаянно)*. Я вас люблю!

СВЕТЛАНА *(сухо)*. Перебьетесь, дружище. *(Уходит.)*

КИСТОЧКИН *(Треугольникову)*. Бездарно, старик! Я вижу, ты совсем потерял квалификацию. *(Сотрудникам.)* Хорошо поработали, ребята. Теперь найдите какого-нибудь лопуха, лучше всего доцента, для подписи. *(Идет к Буркалло, обнимает его.)* Здорово, старик!

БУРКАЛЛО. Какого черта? Еще обнимаешься?

КИСТОЧКИН. Чудак! Обижен, что ли?

БУРКАЛЛО. Состряпали заметку, ничего себе. Сколько ты мне в дружбе распинался и картина моя у тебя висит...

КИСТОЧКИН. Я не кривил душой. Ты — гениальный художник.

БУРКАЛЛО. Какого же хрена ты пишешь?

КИСТОЧКИН. Ты неисправимый чудак. Не все ли тебе равно — похвалил я тебя или поругал? Главное — реклама. Многие великие так начинали.

БУРКАЛЛО *(простодушно)*. Правда?

КИСТОЧКИН. И потом, посвященные поняли все.

БУРКАЛЛО. А непосвященные?

КИСТОЧКИН. У них еще нос не дорос соваться в такие дела. Тебя будут любить все, для кого ты пишешь...

БУРКАЛЛО. Я для всех пишу.

КИСТОЧКИН. Вечный спор. Без поллитры тут не разберешься.

БУРКАЛЛО *(оживляясь)*. Вот это правильно.

КИСТОЧКИН. Давай завтра, дружище. Идет?
БУРКАЛЛО. Почему не сегодня?
КИСТОЧКИН. Сегодня у меня... *(что-то шепчет на ухо Буркалло, тот трясется в немом смехе, он, видно, очень любит Кисточкина.)* Кстати, старик, твоя студия сегодня вечером свободна? *(Громко.)* Понимаешь, мне надо продиктовать стенографистке статью. Дай ключ!
БУРКАЛЛО *(смеется)*. Хорошая, наверно, будет статья. *(Вынимает ключ и передает его Кисточкину.)* До завтра. Эй, пираты пера, пока! *(Уходит.)*
КИСТОЧКИН *(выходит на просцениум, Треугольникову)*. Понял, как надо работать с людьми?
ТРЕУГОЛЬНИКОВ. Это нереальный мир.
КИСТОЧКИН. Реальный. Реальный.
ТРЕУГОЛЬНИКОВ. И редакции такой не существует. Ты ее выдумал.
КИСТОЧКИН. Сам ты все выдумываешь, пентюх.
ТРЕУГОЛЬНИКОВ. Во всяком случае, от меня-то ты получишь, от имени моих друзей и от имени нашей прошлой дружбы, а Светлану я у тебя отберу.
КИСТОЧКИН. Бодливой корове бог рог не дает. *(Возвращается в редакцию.)*
СЕРЕЖА *(встает)*. Это свинство!
КИСТОЧКИН. Готовы материалы по конкретной проблематике?
СЕРЕЖА. Готовы, вот они! *(Бухает на стол одну пухлую папку за другой.)* Свинство! Свинство! Свинство!
КИСТОЧКИН. Прекрасно. Вот что, Сережа, я тебе скажу. Слушай внимательно. Каждый может быть индивидуалистом — я не тебя имею в виду, а вообще — но существует мораль. Мораль — опора любого общества, нашего тем более. Преступив законы морали, ты становишься изгоем. Ты скажешь, что мораль — растяжимое понятие, я знаю, что ты скажешь, я знаю весь ваш выпуск, но я тебе на это отвечу — мораль незыблема! Понял?
БУФЕТЧИЦА *(по телефону)*. Парамошкин? Здорово, Парамошкин! Это я. Ты к Жукову присмотрись, Парамошкин. Чего-о? Смотри, Парамошкин, сигнализировать буду. Покедова!
СЕРЕЖА *(Кисточкину, растерянно)*. Я не понимаю, о чем вы говорите. При чем тут мораль? Кажется, я не давал...
КИСТОЧКИН. Сережа, я не собираюсь переводить разговор на официальные рельсы, и напрасно ты переходишь на "вы". К черту субординацию, я хочу напомнить тебе о морали, вот и все. Я ведь говорю не о тебе, а вообще. Когда ты отбрасываешь моральные устои, топчешь их

грязными ногами, общество, которое исповедует эту мораль, вряд ли тебе это простит. *(Разглагольствуя, он ходит по комнате.)* В первый раз оно может по-дружески сказать тебе *(подходит к Сереже, кладет ему руку на плечо):* брось студенческие замашки и становись под знамя морали. Ты меня понял?

СЕРЕЖА *(хмуро).* Допустим, понял. Дошло.

КИСТОЧКИН. Ну, вот и прекрасно. А теперь, вот у меня есть два рубля. У кого больше?

АЛИК. Рубль пятьдесят.

ВИТАЛИК. Восемьдесят копеек.

СЕРЕЖА *(после секунды молчания).* Рубль.

КИСТОЧКИН. Итого — пять тридцать. Передаем все Сереже, и Сережа, наш верный товарищ, идет...

АЛИК		Молча, спокойно, без разговоров, во
ВИТАЛИК	*(вместе)*	славу и во имя за коньяком и лимо-
КИСТОЧКИН		ном.

Сережа берет деньги и, подчиняясь правилам игры, молча, спокойно, без разговоров выходит на просцениум к буфету.

КИСТОЧКИН *(легко проносясь по помещению).* Чудак этот наш Сережа, правда, ребята?

АЛИК. Законченный чудак.

ВИТАЛИК. Тот весь выпуск с придурью.

ТРЕУГОЛЬНИКОВ *(выскакивает на просцениум).* Приварит тебе когда-нибудь этот Сережа! *(Возвращается в комнату.)*

КИСТОЧКИН *(с неожиданной злобой).* Думаешь? Посмотрим!

СЕРЕЖА *(Буфетчице).* Бутылку коньяку и лимон.

БУФЕТЧИЦА. Вы родились под созвездием Веги?

СЕРЕЖА. При чем здесь звезды? Дайте то, что прошу.

БУФЕТЧИЦА. Мерзавец! Хулиган! С огнем играешь! Вот получай и больше никогда не рождайся под созвездием Веги!

Ошеломленный Сережа покачивается с бутылкой и с лимоном в руках. В редакции в этот момент Кисточкин и двое сотрудников, пересмеиваясь, следят за ним как бы через стенку.

Треугольников выходит на просцениум и кладет руку на плечо Сереже.

ТРЕУГОЛЬНИКОВ. Держись, Сережа! Рождайся, где хочешь.

СЕРЕЖА *(придя в себя, резко входит в редакцию, кладет покупки на стол).* Вот ваш коньяк! Вот лимон! А четвертым пригласите серого волка! *(Уходит, хлопнув дверью.)*

ТРЕУГОЛЬНИКОВ. Браво, Сергей! *(Очень повеселев, разваливается на тахте, берет гитару, напевает что-то из Окуджавы.)* Эта женщина, увижу и немею...

КИСТОЧКИН *(нервничая)*. Сергей поставил себя вне морали. Запишем! Вне общества! Все запишем!
АЛИК. Вне этой бутылки, наконец!
ВИТАЛИК. Нам больше останется. *(Разливает.)*
КИСТОЧКИН *(продолжает нервничать все больше и больше, хватает телефон, звонит.)* Андр Орвич? Свои! Не узнаете? Надо уже узнавать! Нет, в Канны я уже не еду. Да, такое было мнение. Да что в этих вонючих Каннах делать журналисту такого класса, как я? Да, есть мнение. Срочно переоформляйте на Бразилию. Страна XXI века. Там нужно мое перо! Пока! *(Кричит Треугольникову почти истерически.)* Понял? Куда хочу, туда еду!
ТРЕУГОЛЬНИКОВ. Попутный винт в корму!

Свет гаснет на всей сцене, лишь слабо освещен буфет, где Буфетчица продолжает телефонную свару.

БУФЕТЧИЦА. Тюриков? Здорово! Как у тебя? Хе-хе-хе. У меня-то? Ни шатко, ни валко. Не ценят меня здесь, хе-хе-хе... Нет творческого удовлетворения, Тюриков! Ты на Ишакова выйти можешь? Действуй тады, Тюриков, запомню.

Теперь и буфет погружается в темноту и высвечивается столовая Принцкеров, где Бвбушка и Мама смотрят телевизор.

ДЕЙСТВИЕ ТРЕТЬЕ

Входит Кисточкин, берет стул и усаживается позади женщин. Появляется Оля, она бредет в сумраке и наталкивается на Кисточкина, в ужасе отскакивает, но он берет ее за руку.

ОЛЯ. Пустите! *(Вырывает у него свою руку и отходит в сторону)*
МАМА
БАБУШКА *(изумленно).* Женя, что вы?!
КИСТОЧКИН *(смиренно).* Да, после трудового дня я вновь в лоне вашей дружелюбной семьи.
БАБУШКА. Товарищ Кисточкин! Я хочу...
МАМА. Мама , не травмируйте молодого человека. Я сама... Я тактично. Женечка, вы, должно быть, есть хотите?
КИСТОЧКИН. Дико!
МАМА ПРИНЦКЕР. Сейчас я соберу на стол. *(Уходит.)*

Бабушка, Оля и Кисточкин садятся к столу. Кисточкин начинает странный диалог с Олей. Он обращает к бабушке, пользуясь ее глухотой, слова, адресованные Оле.

КИСТОЧКИН *(Бабушке).* Ты не должна огорчаться, твое письмо тронуло меня. Ты, наверно, и стихи пишешь?
БАБУШКА *(Оле).* Что он говорит?
ОЛЯ. Любимая тема — летающие тарелочки. *(Кисточкину.)* Почему вы вздрогнули?
КИСТОЧКИН *(Бабушке).* Пустяки.
БАБУШКА. Что-нибудь новенькое?
ОЛЯ *(Бабушке).* Нет, ничего особенного. *(Кисточкину.)* Не воображайте, что я в вас влюблена. Ишь ты, что вообразил! Я просто... Это просто был эксперимент.
КИСТОЧКИН *(Бабушке).* А для меня это, как возвращение юности. Нам нужно с тобой поговорить серьезно. Но не сегодня.
БАБУШКА. Что?
ОЛЯ *(резко).* Вы хотите пригласить меня в кафе?
КИСТОЧКИН *(Бабушке).* Что ты, я еще не так низко пал!
БАБУШКА. Господи боже мой, говорите немного погромче, Женя!

У вас такой вид, будто вы в любви мне объясняетесь.

Оля вскакивает, сжимает лядонями горящее лицо.

МАМА ПРИНЦКЕР *(входя)*. К столу! Все поедим. Марк сейчас подойдет.

ПРИНЦКЕР *(обвешанный покупками, входит в свою квартиру, вертится вокруг стола, как ни в чем не бывало, целует Олю, жену, целует руку бабушке, пожимает руку Кисточкину)*. Прекрасный вечер! Немного ветрено, но прекрасно. Я все купил, сегодня читали приказ, мне благодарность в приказе, опять звонили из треста, со мной считаются.

Входит Аброскин.

АБРОСКИН. Добрый вечер. Вы не видели Светлану?
МАМА ПРИНЦКЕР. Ее весь день не было дома.
КИСТОЧКИН. Я ее видел утром. Она ушла в интститут.
АБРОСКИН *(Кисточкину)*. Вам нравится Светлана?
КИСТОЧКИН *(весело)*. При свидетелях? Очень нравится. Умная девушка. Не по годам умна.
ПРИНЦКЕР. Профессор, к столу!

Аброскин садится к столу, не спуская глаз с Кисточкина. Кисточнин, нежно ему улыбаясь, встает из-за стола и открывает дверь в свою комнату, где по-прежнему сидит с гитарой Треугольников.

КИСТОЧКИН *(весело врываясь)*. Петька! Бон суар! Меланхолим? Бабы нет? Это мы сейчас наладим! *(Валится на тахту и срывает трубку телефона.)*

Войдя в комнату, он не закрыл дверь, и сейчас из-за стола Принцкеров в его комнату напряженно глядит Аброскин.

ТРЕУГОЛЬНИКОВ. У меня весь день такое ощущенье, как будто я здесь под стеклянным колпаком и кто-то наблюдает.
КИСТОЧКИН *(вешает трубку)*. Занятно. Не умничай, Петр! Нужна баба, так сразу и скажи. За мной ведь должок еще с тех пор. Помнишь рижаночку?
ТРЕУГОЛЬНИКОВ *(сжимает кулаки, тихо)*. Помню, сволочь... *(Бегает взад и вперед по комнате.)* Слушай, Женька, мы собирались поговорить с тобой о серьезных вопросах...

КИСТОЧКИН. Давай лучше о бабах поболтаем. Кстати, ты на Севере наконец научился с ними работать? *(Включает музыку, пританцовывает.)*

ТРЕУГОЛЬНИКОВ. Мне кажется, что ты перебираешь со своей надмирной ролью? Нет?

КИСТОЧКИН *(танцует)*. Какая там роль? Я просто вышел за проволоку. Все это общество — загон для животных. Все эти кодексы, нравы...

ТРЕУГОЛЬНИКОВ. Есть все-таки извечные ценности — любовь, честь, милосердие...

КИСТОЧКИН *(танцует)*. Вот это как раз главная зараза. Извечные ценности. Какой вздор, какие условности! Цепляться за эти жалкие фетиши, дрочить на извечные ценности в те дни, когда повсеместно *(орет.)* повсеместно!!! установлена призрачность нашего мира. *(Престраннейшая веселость, игривость, носится по комнате, делая похабные жесты.)* Неопознанные летающие предметы... Ты что молчишь?...

ТРЕУГОЛЬНИКОВ. Внимательно слушаю.

Во время этого разговора вошел Аброскин, но не был замечен.
Он стоит в дверях и слушает.

КИСТОЧКИН *(смеется в лицо Треугольникову)*. Думаешь, проговорюсь?

ТРЕУГОЛЬНИКОВ *(выключает радиолу)*. Куда ты собираешься?

КИСТОЧКИН *(завязывает галстук)*. На пистон.

ТРЕУГОЛЬНИКОВ. К Светлане?

КИСТОЧКИН. Ага. Правда, ничего девка? Очень долго ломалась.

ТРЕУГОЛЬНИКОВ. Послушай, Женька, мы ведь с тобой были товарищами. Я, кажется, влюбился в нее...

КИСТОЧКИН. Вздор!

ТРЕУГОЛЬНИКОВ. Не ходи к ней. Лучше я пойду. Она хорошая.

КИСТОЧКИН. Нравится мне эта таежная непосредственность!

ТРЕУГОЛЬНИКОВ. Ты не пойдешь к ней!

КИСТОЧКИН. Что-о?

ТРЕУГОЛЬНИКОВ. Тогда подеремся!

КИСТОЧКИН. Что-о?

АБРОСКИН. Скоты! Кобели! *(Вскрикнув, хватается за грудь и оседает, приваливаясь к стенке.)*

Вскакивает семейство Принцкеров.

КРИКИ: Боже мой!

Что с вами!
Ужас!
На помощь!

Сцена заполняется сбежавшимися на крик жильцами. Здесь все наши знакомые. Кисточкин и Треугольников вбегают в столовую Принцкеров.

ГОЛОСА. Осторожно!
Это сердце.
Поднимите профессора!
Звоните в скорую!

Кисточкин, Треугольников и Футболист поднимают Аброскина и переносят его на диван. На сцене невообразимая суета. Кто-то звонит, все бегают, кто-то несет холодное полотенце, какие-то капли.

ТРЕУГОЛЬНИКОВ *(громко)*. Спокойно! Нужна тишина!

Аброскин стонет.

ОЛЯ *(от телефона)*. Сейчас приедут! Выехали!
БАБУШКА. Молодые люди, идите встречайте скорую помощь!

Треугольников и Игорь убегают.
Наступает тишина. Все смотрят на Аброскина.
Кисточкин смотрит на часы. Подходит к дивану, садится в ногах Аброскина, осторожно щупает его пульс.

КИСТОЧКИН *(шепчет)*. Раз, два, три... Так, так... Ничего, ничего... Ритмичный, веселенький, как часики... Все будет хорошо, профессор!
АБРОСКИН *(очень тихо)*. Светлана...
ГОЛОСА. А где Светлана?
Боже мой, где же Светлана?
КИСТОЧКИН *(встает, прохаживается по комнате, смотрит на часы)*. Ничего, ничего, все будет в порядке. Мне надо идти, у меня сейчас ночное совещание. Я позвоню. Если нужно будет что-нибудь импортное, я достану. Я пошел.

ДЕЙСТВИЕ ЧЕТВЕРТОЕ

На сцене в глубине комната в квартире Аброскина. Там на диване лежит Аброскин, рядом в кресле сидит Треугольников. Ближе к просцениуму декорации студии Буркалло. Там появляются Светлана и Кисточкин.

СВЕТЛАНА *(огляделась и присвистнула)*. Чье это логово? Студия?

КИСТОЧКИН *(вынимает из сумки коньяк, что-то еще, расставляет все это на низком столике)*. Да, студия одного дундука.

СВЕТЛАНА. Дай закурить. Который час?

КИСТОЧКИН *(усмехается)*. Не все ли тебе равно, который час? Бога нет.

СВЕТЛАНА *(закуривает)*. Остроумно. Ах, Кисточкин, милый мой Кисточкин!

КИСТОЧКИН. Итак, прошу — коньяк, лимон, немного шо-ко-ла-да...

СВЕТЛАНА *(осматривается)*. Интересные работы. Парень не без способностей.

КИСТОЧКИН. Все это муть.

СВЕТЛАНА. Я думала ты любишь авангард.

КИСТОЧКИН. Устарел твой авангард.

СВЕТЛАНА. Возврат к традициям?

КИСТОЧКИН. Сгнили ваши традиции.

СВЕТЛАНА. Здорово говоришь!

КИСТОЧКИН. Хватит болтать. Иди поближе. *(Они целуются.)*

СВЕТЛАНА. Женщина может попросить?

КИСТОЧКИН. Что хочет жежщина?

СВЕТЛАНА. Жежщина хочет музыки.

КИСТОЧКИН. Это законно. *(Включает магнитофон.)*

В глубине сцены возле лестницы появляется Игорь, тихо играет на трубе.

КИСТОЧКИН. Подходящий блюз. Романтический и слегка обреченный. Прощанье с невинностью. По делу.

СВЕТЛАНА. Как хорошо звучит труба. Я тебя люблю, кажется. Я никогда раньше такого не испытывала. Ты для меня идеал мужчины. Грубый, решительный и нежный.

КИСТОЧКИН. Светка, ты поменьше болтай. Молчи и расслабляйся. Это такая особая музыка — растормаживает.

Звучит тихая музыка. Светлана и Кисточкин сидят рядом и курят.

ТРЕУГОЛЬНИКОВ *(Аброскину)*. Вам лучше, профессор?
АБРОСКИН. Я просто здоров. Только душа разрывается на части. Я забыл: как ваша фамилия?
ТРЕУГОЛЬНИКОВ. Треугольников.
АБРОСКИН. Треугольников — неудобная фамилия. Колется по углам.
ТРЕУГОЛЬНИКОВ. Зато — точные законы, понятные каждому школьнику.
АБРОСКИН. А вы-то сами разобрались?
ТРЕУГОЛЬНИКОВ. Я запутался в катетах. Катеты, как щипцы, а гипотенуза натянута до предела. Звенит. Вы слышите музыку?
АБРОСКИН. Это сосед упражняется.
ТРЕУГОЛЬНИКОВ. Я люблю вашу дочь.
АБРОСКИН. Пожалуй, я могу уже сесть.
ТРЕУГОЛЬНИКОВ. Врач запретил.
АБРОСКИН. Врач! Подумаешь, врач! Я сам себе врач. *(Пытается сесть.)*

Треугольников помогает ему.

АБРОСКИН *(едко)*. В зятья готовитесь? *(Садится в постели.)* Дайте закурить!
ТРЕУГОЛЬНИКОВ. Вы не рехнулись, профессор? *(Достает сигареты.)*
АБРОСКИН. А коньяк там, в шкафчике. Бросьте сердобольничать. Я хочу с вами поговорить.

КИСТОЧКИН *(выключает магнитофон)*. Ну, ладно, хватит. Кочумай!

Игорь уходит.

СВЕТЛАНА. Почему нет музыки?
КИСТОЧКИН. Хватит. Раздражает. Слишком много соплей.
СВЕТЛАНА *(нежно)*. Железный мужчина.
КИСТОЧКИН. Это что? Ирония? Сейчас получишь коленкой под зад.
СВЕТЛАНА *(тихо)*. Я не иронизирую, железный мужчина.

ТРЕУГОЛЬНИКОВ *(в их сторону)*. Стальная птица!

КИСТОЧКИН *(Треугольникову).* Молчи, сопля!

АБРОСКИН *(Треугольникову).* Который час?

КИСТОЧКИН *(Аброскину).* Нет времени! Бога нет!

АБРОСКИН *(упорно).* Треугольников, скажите, который час?
ТРЕУГЛЬНИКОВ. 9-30 вечера, профессор. *(Кисточкину.)* Кажется, время-то не в твоей компетенции.

КИСТОЧКИН *(смеется).* Ты — наивный сопляк! *(Нервно смотрит на часы.)*
СВЕТЛАНА *(жеманно).* Счастливые часов не наблюдают.
КИСТОЧКИН *(смеется).* Вот это уже толково! *(Деловито берется за нее.)*

АБРОСКИН *(Треугольникову).* А откуда вы взялись, зятек? Я что-то так и не понял, как вы оказались в нашем доме.
ТРЕУГОЛЬНИКОВ. Я приехал с Колымы.
АБРОСКИН. О! Знакомые места. Я был в Индигирском управлении.
ТРЕУГОЛЬНИКОВ. А я работаю на прииске Буранный, триста километров от Ягодного.
АБРОСКИН. Ну, как там сейчас у вас?
ТРЕУГОЛЬНИКОВ. Хорошо. То есть не очень. Как везде.
АБРОСКИН. Вышки спилили?
ТРЕУГОЛЬНИКОВ. Буровые?
АБРОСКИН. Сторожевые.
ТРЕУГОЛЬНИКОВ. А-а, вы про те вышки...

Кисточкин и Светлана в затемненной студии Буркалло то бурно, то размеренно занимаются любовью.

СВЕТЛАНА. Иногда хочется немного пофилософствовать.
КИСТОЧКИН *(хохочет).* Валяй-валяй!
СВЕТЛАНА. Без любви так пусто в мире!

Кисточкин продолжает свое дело, задыхаясь от хохота.

СВЕТЛАНА *(слегка обиженно).* Почему ты смеешься? Разве ты не веришь в любовь, мой милый?
КИСТОЧКИН. Вот фетишисты проклятые! Что за дурацкое слово —

любовь! Дымовая завеса для импотентов. Нет никакой любви!
СВЕТЛАНА. Что же такое мы сейчас делаем?
КИСТОЧКИН. Половой акт.
СВЕТЛАНА. Неправда!
КИСТОЧКИН. Светка, не смеши!

ТРЕУГОЛЬНИКОВ *(вскакивает).* О, подлюга! Фраер! Подонок!

КИСТОЧКИН *(Треугольникову, издевтельски).* Вскочил! Вот ты-то и есть самый настоящий импотент. Вспомни, что было в юности, как ты влюблялся в разных шлюх, а мне их приходилось драть. Ах-ах, разбитое сердце! Мрачный романтик. Сопля! Платоник!

Они сходятся на середине сцены.

ТРЕУГОЛЬНИКОВ. Это ты настоящий кастрат! В тебе нет ничего мужского!
КИСТОЧКИН *(издевательски).* А ты спроси у нее! *(Показывает в темный угол, где лежит Светлана.)*

Оттуда доносятся стоны оргазма.

ТРЕУГОЛЬНИКОВ *(тихо).* Мне кажется, что ты завидовал мне всю жизнь.
КИСТОЧКИН. Я? Тебе? Жалкий неудачнинк!
АБРОСКИН. Треугольников!
ТРЕУГОЛЬНИКОВ *(спокойно).* Да, профессор. *(Возвращается к кровати.)*

Кисточкин тоже отходит в свой угол.

АБРОСКИН. Чего вы вскочили?
ТРЕУГОЛЬНИКОВ. Так, что-то не сидится. *(Садится в кресло.)*

КИСТОЧКИН *(перегибается через Светлану, вытаскивает из-под кровати телефон, набирает номер).* Алло! Кто у телефона?
ТРЕУГОЛЬНИКОВ *(снимает трубку).* Да. Это Треугольников.
КИСТОЧКИН. Петя, это Женя. Ну, как там? Ничего импортного не нужно?
ТРЕУГОЛЬНИКОВ. Нет, все в порядке. Ему лучше. *(Кладет трбку.)*

КИСТОЧКИН. Вот и хорошо, что ничего не нужно. *(Тоже кладет трубку.)*

АБРОСКИН. А все-таки что вы здесь делаете?
ТРЕУГОЛЬНИКОВ. Я еду в отпуск, в Коктебель, а здесь мне надо было рассчитаться с одним дружком.
АБРОСКИН. Как вы хотели рассчитаться?
ТРЕУГОЛЬНИКОВ. Ну, знаете, как водится: с приветом портрету и гуд бай...
АБРОСКИН. Он сильнее вас.
ТРЕУГОЛЬНИКОВ. Когда-то боксировали на равных.
АБРОСКИН. Вы беззащитны, а он... Вы помните, как он говорил — бронированный индивидуум. Мы, зятек, по его терминологии, примитивные человеческие существа... с элементами вырождения.
ГОЛОС КИСТОЧКИНА. Конечно, вырожденцы!
ТРЕУГОЛЬНИКОВ. Мне не очень-то легко так на него смотреть. Мы с ним учились в университете... Понимаете, мы вместе ходили по бульварам, руки в брюки, поднятый воротник, солнцем полна голова... Естественно, все к чертям отметали и мечтали о другом... Потом меня выгнали из университета.
АБРОСКИН. А он?
ТРЕУГОЛЬНИКОВ. Он удержался. Больше того, он начал бурно прогрессировать.
ГОЛОС КИСТОЧКИНА. Завидуешь?
ТРЕУГОЛЬНИКОВ. Вот, понимаете, профессор, он, видно, думает, что вся моя неприязнь к нему от черной зависти. А я ведь любил его. Знаете, он обладает удивительной способностью влюблять в себя людей.
АБРОСКИН. В самом деле, вы ему не завидуете? Даже сейчас, когда он там...
ТРЕУГОЛЬНИКОВ. Я вообще никому не завидую.
АБРОСКИН. А я завидую вам.
ГОЛОС КИСТОЧКИНА. Собрались два шизофреника!
ТРЕУГОЛЬНИКОВ. У меня очень много времени для размышлений. Я странную жизнь веду там. Вечером маленькое окошечко упирается в темную сопку, а там только огонек метеостанции и больше ничего. Мне даже не верится, что люди в мире могут жить иначе, что где-то есть футбол и огромные города, что где-то толпы людей кричат и бурлят, что в Африке, скажем, идет стрельба, а рейд Сингапура забит торговыми судами... Мне кажется, что во всем мире люди тихо добывают золото, а по вечерам смотрят в маленькие окошечки на темные

сопки. Мне кажется, что весь мир населен печальными и небогатыми добытчиками золота вроде меня.

АБРОСКИН *(взволнованно)*. Слушайте, зять, жизнь ваша будет нелегка.

ТРЕУГОЛЬНИКОВ *(вздрогнув)*. Почему же? Мне хорошо живется.

АБРОСКИН. Послушайте, я хочу понять... О чем вы там думаете?

ТРЕУГОЛЬНИКОВ. Ну, скажем, о своей юности. Как мы стояли с этим моим дружком на Ленинских горах, не то что Герцен и Огарев, но похоже, только, конечно, никаких клятв, суровые современные молодые люди... Я думаю о юности — даром она прошла или нет?

ГОЛОС КИСТОЧКИНА. О бабах он думает!

ТРЕУГОЛЬНИКОВ. Думаю о женщинах, о бабах. О вашей дочери, собственно говоря, я все время думал.

АБРОСКИН. А о чем вы... думаете здесь?

ТРЕУГОЛЬНИКОВ. Здесь я думаю о том, что одной пощечиной не обойдешься. Нужно давать Кисточкину большой бой.

ГОЛОС КИСТОЧКИНА. Пупсик! Тебе ли со мной биться! Умора!

Треугольников, повернувшись, долго смотрит в его сторону.

АБРОСКИН. О чем же вы еще думаете в своей пустыне?

ТРЕУГОЛЬНИКОВ *(яростно)*. О людях! О человечестве! О мире!

На просцениум легким спортивным шагом выходит Кисточкин. Останавливается там.

КИСТОЧКИН *(обращается в зал)*. Послушай, давай серьезно: ты действительно веришь в этот бедлам?

ТРЕУГОЛЬНИКОВ *(выходит на просцениум, становится рядом с Кисточкиным, обращается в зал)*. Я действительно верю в людей, иначе я бы не жил и стал бы таким, как ты, что одно и то же.

КИСТОЧКИН *(поет)*. Ромашки вздрогнули, завяли лютики... Ну, давай, развивай идею!

ТРЕУГОЛЬНИКОВ. Я верю, что мир придет к гармонии.

КИСТОЧКИН. Уже сейчас есть довольно гармоничная система ракетно-ядерного оружия. Воображаю себе полную гармонию — все в мире горит, кроме нашей газеты, и я печатаю в ней очерки с поля боя. Гениально!

ТРЕУГОЛЬНИКОВ. Представь себе, что такой атомный цинизм довольно примитивная штука. Да, конечно, в течение всей истории мы колошматили друг друга чем попало, дубинами, пиками, мечами, распинали на крестах, жарили живьем, травили химией, как клопов, сжигали в печах, гноили в лагерях, но...

КИСТОЧКИН. Но? Есть еще но?

ТРЕУГОЛЬНИКОВ *(яростно)*. А теперь с нас хватит этого всемирного хамства! Сейчас время возврата всех ценностей и приобретения новых! Верю, что наступит гармония между разумом и духом! Хватит наивности! И цинизм надоел! Он вышел из моды, этот твой атомный цинизм!

КИСТОЧКИН. Браво! Какие, братцы, спинозы появились у нас на периферии! Ах ты, пень с ушами! Это не цинизм, а оценка положения с точки зрения будущих победителей, то есть уцелевших, а мы уцелеем, то есть победим. Эх, Петяша, вымаразмирован ты до уровня таких вот кухонных вольтерьянцев. *(Показывает на Аброскина.)*

АБРОСКИН *(кричит)*. Как вы смеете, ничтожество! Какой я вам вольтерьянец!

КИСТОЧКИН *(быстро подходит к нему)*. Ну-ка, вставай, старый хрен! Выходи на просцениум, поговорим!

Аброскин легко спрыгивает с кровати и вместе с Кисточкиным выходит на просцениум, где по-прежнему стоит Треугольников.

АБРОСКИН *(в зал)*. Я марксист!

КИСТОЧКИН *(хохочет)*. Браво, браво, профессор! Сколько лет вас наши хлопцы учили? Семь? Десять? И все не в коня корм!

АБРОСКИН. А вы, Кисточкин, не марксист!

КИСТОЧКИН *(слабея от хохота, ложится на сцену)*. Ах, боже ж мой, неужели же я не марксист? Не лишайте же ж меня, профессор, всего самого святого, самого дорогого...

АБРОСКИН. Вы подлец!

КИСТОЧКИН *(вскакивает)*. Одно другому разве мешает? *(Подтанцовывает к Аброскину.)* Слова, словечки, товарищ марксист... Любите словечки? Баланда, параша, лагерная зона — все эти слова вам нравятся?

АБРОСКИН. Думаете, мне переломили хребет? Ошибаетесь! Даже там, за зоной, я сохранил веру в идеалы своей юности. И я верил, что несправедливость рассеется как туман.

КИСТОЧКИН. Почему же несправедливость? А история, проф? Исторически-то это было справедливо. Негуманно быть может, а? А исторический гуманизм? Если любить слова, надо уметь с ними обращаться, лапуля. Вот Сталин и Мао умели прекрасно.

ТРЕУГОЛЬНИКОВ. Ну и что?

КИСТОЧКИН *(неожиданно растерявшись)*. Как что?
ТРЕУГЛЬНИКОВ. Сдохли оба эти ничтожества и дело с концом.
КИСТОЧКИН *(необъяснимо "поплыл", закачался. Глухое невнятное бормотание)*. Сдохли, говоришь?.. Тра-та-та, говоришь?.. Чижика, говоришь, собаку, петьку, говоришь, забияку?.. А?.. Квитанции?.. Где квитанции? *(Встряхивается, берет себя в руки, орет.)* У меня все в порядке!
ТРЕУГОЛЬНИКОВ. Хватит кривляться! Я вижу, что тебе не по себе.
КИСТОЧКИН. Победитель! Да я могу справиться с тобой в одну минуту.
ТРЕУГОЛЬНИКОВ. Ну-ка попробуй!
КИСТОЧКИН *(устало)*. Ладно, Петька, не будем. Мне что-то стало тяжело. Знаешь, я попал в какой-то странный переплет, у меня душа раздваивается...
ТРЕУГОЛЬНИКОВ. Еще бы! Ты презираешь всех людей.
КИСТОЧКИН *(очень устало)*. Нет, я ошибся, я разбит, искалечен. Я пытался стать невозможным силачом, но оказалось, что меня ребенок пальцем может перешибить...
ТРЕУГОЛЬНИКОВ *(тихо)*. Ты это серьезно?
КИСТОЧКИН. Понимаешь, какое-то дикое состояние... должно быть, это переходный этап... Ведь все, что я сейчас говорил — это муть, позерство, это от слабости. Уехать, что ли, куда-нибудь? Возьми меня с собой, старик! Просто в память о старой дружбе.
ТРЕУГОЛЬНИКОВ *(мрачно)*. Если ты это серьезно, тогда поехали.
КИСТОЧКИН *(дико хохочет)*. Вот видишь, как с тобой просто, пень! Дубина стоеросовая! Деревенщина!
ТРЕУГОЛЬНИКОВ. Это просто уже любопытно.
АБРОСКИН. Да-а, довольно редкий феномен.
КИСТОЧКИН. Девочки, вы беззащитны, потому что вы в плену своего фетишизма — вера, дружба, любовь. Вот он влюбился, этот импотент, в вашу дочку, профессор. А кто ее дерет? Я! Эй, Светка!

Освещается кровать в правом углу сцены. На ней сидит Светлана.

СВЕТЛАНА. Ну, теперь мне можно немного пофантазировать?
КИСТОЧКИН. Валяй! Позабавь джентльменов.
СВЕТЛАНА. Я начинаю. Ты стал другим. Ты любишь меня.
КИСТОЧКИН. Не валяй дурака! Фантазируй, но без глупостей!
СВЕТЛАНА. Ты стал другим, мужественным и благородным. Ты любишь меня. Я люблю тебя. Ты любишь меня...
КИСТОЧКИН. Молчать!

СВЕТЛАНА *(читает словно заклинание).* Ты любишь меня! Я люблю тебя!
ТРЕУГОЛЬНИКОВ *(Кисточкину).* Что, не получается?!
КИСТОЧКИН. Но — все-таки любит-то она меня, а не тебя. А от иллюзий я ее отучу.
ТРЕУГОЛЬНИКОВ *(подходит к Светлане).* Светлана, я люблю тебя. Ты любишь меня, а не его.
СВЕТЛАНА. Да, я люблю тебя. Ты любишь меня.
КИСТОЧКИН. Молчать, глупая девка!
СВЕТЛАНА *(Треугольникову).* Я люблю тебя. Ты любишь меня.
ТРЕУГОЛЬНИКОВ. Я, Петр Треугольников, люблю тебя, а ты любишь меня. Ты чиста, Светлана, что бы с тобой не было, к тебе ничего не пристает.
СВЕТЛАНА. Да, Треугольников, да! Я тебя люблю!
КИСТОЧКИН. Меня тошнит! Я сейчас облюю все ваши идеалы!

Все еще слышится голос Светланы: "Да, любовь, да, любовь..." С этими словами она исчезает в темноте.

КИСТОЧКИН *(отводит в сторону Треугольникова, зловеще).* Ты слышал что-нибудь о летающих тарелках?
ТРЕУГОЛЬНИКОВ. Это добрые знаки!
КИСТОЧКИН. Есть информация?
ТРЕУГОЛЬНИКОВ. Нет лучше информации, чем предчувствия.
КИСТОЧКИН. Ха-ха-ха! Диспут окончен!
ТРЕУГОЛЬНИКОВ. Ха-ха-ха! Продолжается!

ДЕЙСТВИЕ ПЯТОЕ

Центром следующего эпизода становится буфет. Вокруг него собрались жильцы нашего дома: семейство Принцкеров (папа, мама, бабушка, Оля), Футболист, Нытик, Здоровяк, Игорь, Элла, Аброскин, Светлана. На окошке буфета по-прежнему объявление "Ушла на базу", но за ним отчетливо видна Буфетчица, которая возится внутри с какими-то бумагами, крутит телефонный диск.
Жильцы разговаривают между собой, обмениваются предположениями.

ЖИЛЬЦЫ. Будет хек...
... из источников: натотения!
Скажите! А треска?..
... захотели! Трески осталось одно стадо в Баренцовом море...
А чем плох хек?
Мокроспус и угольная — калорийная рыба...
Был бы хек!
... доисторическая рыба целлокант...
Нет, все-таки какой нынче флот! Какая сила! С таких глубин!
Будет ли хек?
... завезли серебристого!

С двух сторон на сцене появляются Треугольников и Кисточкин. Останавливаются, глядя на дискутирующих жильцов. Первый улыбается добрейшим, грустнейшим образом, второй — сатанински.

КИСТОЧКИН. Ну вот они, твои идеалы!
ТРЕУГОЛЬНИКОВ. Что ж тут такого? Люди хотят рыбы. Это нормально.
КИСТОЧКИН. Сейчас получат!
БУФЕТЧИЦА *(мужским басом в трубку).* Фобуту, ты на Фадаффи выйти можешь? Позавчера с Фиди Фамином Фади в сауне утрясли проблему. Есть решение? Рад. Трубы, масло, демилитаризованная зона. Закон — тайга. Выезжаю! Покедова! *(Выходит из буфета и предстает перед публикой в виде солидного, чуточку мрачноватого мужчины в сером костюме, в шляпе, с портфелем.)* Рыбы сегодня не будет, товарищи. Улетаю. Получил международную кафедру. *(Удаляется.)*

ТРЕУГОЛЬНИКОВ *(жильцам).* Товарищи, разве вы не видите? *(Яростно.)* Это обман! Надувательство!

Кисточкин то подхалимски аплодирует в адрес медленно удаляющейся Буфетчицы, то смеется над Треугольниковым.

ЖИЛЬЦЫ. Обман!
         Вздор!
         Позор!
         Требуем рыбы!

КИСТОЧКИН *(жильцам).* Человек кафедру получил. Радоваться надо, а они базлают. Фрондеры! *(Кричит прямо в лицо Нытику.)* Если нету рыбы в море, что же делать?! А?
НЫТИК. На нет и суда нет.
ЗДОРОВЯК. Нас много, товарищи, а она... хм... он... гм... они одни.
БАБУШКА. Я помню времена, когда люди ели речную рыбу.
МАМА ПРИНЦКЕР. Марк, мы можем ослабнуть из-за недостатка фосфора.
ПРИНЦКЕР. Я думаю, это предусмотрено правительством. Будут приняты меры.
ФУТБОЛИСТ. Переживем. Можно и без рыбы, если настроение хорошее.
ОЛЯ. А если плохое?
СВЕТЛАНА. Хорошее настроение, девочка, зависит не от рыбы.
ИГОРЬ. Главное — музыка!
ЭЛЛА. А молоко в титьках зависит от рыбы.
АБРОСКИН. Что же будет вместо рыбы?
КИСТОЧКИН. Внимание, квартиросъемщики, комсомольцы и несоюзная молодежь! *(Переворачивает объявление "Ушла на базу".)*

Изумленные жильцы видят перед собой солидную доску с золотыми буквами по черному фону: "Сегодня лекция "Вопросы трения". Лектор заезжий. Явка обязательна".

ТРЕУГОЛЬНИКОВ *(взывает).* Люди, вас шельмуют! Люди, я люблю вас, будьте любезны! Милые, добрые люди, не верьте шарлатанам!
КИСТОЧКИН *(Треугольникову).* Дурачок ты, дурачок. Как же им не верить, если явка обязательна?
НЫТИК *(взглянув на объявление).* Заезжий! Важная персона.
ЗДОРОВЯК. Неподготовленного товарища не пришлют.

ФУТБОЛИСТ *(Оле, шепотом)*. После лекции смоемся?
ОЛЯ *(дернув плечиком)*. Ни за что! А куда?
ФУТБОЛИСТ *(весело подмигивает, напевает)*. Твист, твист, эврибоди, холидэй...
ОЛЯ. Тише! Мама услышит.
ЭЛЛА *(Игорю)*. Опять ты притащился с трубой? Зачем?
ИГОРЬ. Может, поиграю потом немного.
ЭЛЛА. Для кого? Для мышей?
ИГОРЬ. А что? Мышки разбираются в джазе.
МАМА ПРИНЦКЕР. До сих пор я ничего не слушала о трении. Марк, что это такое?
ПРИНЦКЕР. Важная хозяйственная проблема.
БАБУШКА. Век живи, век учись.

Разговаривая, жильцы бродят по сцене и запасаются стульями. Наконец все рассаживаются вокруг бывшего буфета, который как-то незаметно превратился в кафедру. Аброскин некоторое время колеблется, посматривает на мечущегося Треугольникова, потом все-таки тоже тащит стул.

АБРОСКИН. Кто и что может сейчас сказать о трении? Все законы искажены!
СВЕТЛАНА *(мажет губы)*. Практически без трения — куда же нам?
ЗДОРОВЯК. Тише, граждане! Лектор идет!

На сцене появляется лектор в каком-то странном полуморском мундире. Кое-какие черты в его облике напоминают Буфетчицу.

ЛЕКТОР. Здрасьте- до свидания, встать-сесть. Начнем, товарищи?
КИСТОЧКИН. Вот это занятный парень. Браво, браво!
ЛЕКТОР *(водружает на нос очки, разбирает бумаги)*. В наши дни, когда все мы являемся свидетелями величайших успехов и гигантских усилий науки, а также искусства и промышленности, мы с новой силой, вооруженные гигантскими знаниями взираем на предшествовавший отрезок истории. Что знали о трении древние греки в эпоху экономического засилья рабовладельческих элементов? Как говорится в народе — ноль без палочки они знали! Погрязли древние греки в антично-олимпийских играх. Феодалы-крепостники, извлекая нетрудовые доходы из трудового населения, как писал великий философ той эпохи Фихт-Вайс-Баумволь "подавляли в своих непросвещенных умах всякое подобие подлинно гуманистической мысли о великих законах трения..."
КИСТОЧКИН. Браво!

ЗДОРОВЯК. Эрудиция!

НЫТИК. Да уж...

ТРЕУГОЛЬНИКОВ *(громко)*. Бред собачий! Люди, прислушайтесь!

ЛЕКТОР. А также лже-пророки Ренессанса...

ИГОРЬ. Чушь!

ФУТБОЛИСТ. Вне игры!

ПАПА ПРИНЦКЕР. С трудом улавливаю нить мысли.

ЭЛЛА. Какая тут нить! Сплошная лажа!

МАМА ПРИНЦКЕР. В кои-то веки выберешься на лекцию, и вот на тебе!

БАБУШКА. Это не лекция, это нонсенс!

ЛЕКТОР. ... И только наш железный нарком Каганович впервые четко сформулировал закон трения. Паровоз, сказал он, движется посредством трения колес о рельсы.

Возмущенный шум. Лектор, не обращая ни на кого внимания, продолжает что-то бубнить.

КИСТОЧКИН *(усмехается)*. Усваивать надо теорию, а не критиканствовать! Слышите, амебы?

Все встают и поворачиваются к нему. Кисточкин оказывается как бы перед стенкой жильцов. Только лектор продолжает спокойно читать.

ТРЕУГОЛЬНИКОВ *(потирает руки)*. Люди, вы не амебы! Вы не одноклеточные!

ИГОРЬ. Да какие же мы амебы? Вот я, вот Элка, вот бэби, вот труба... Мы не одноклеточные! Кисточкин — сволочь!

ПРИНЦКЕР. Простите меня, Женя, но нанесено оскорбление всему жилтовариществу!

ГОЛОСА. Позор! Безобразие! Жаловаться!

БАБУШКА. Может, отказать товарищу Кисточкину от дома?

МАМА ПРИНЦКЕР *(вытирая слезы)*. Ах, Женя, мы так разочарованы в вас.

КИСТОЧКИН. Нужны вы мне!

ТРЕУГОЛЬНИКОВ. Объявим бойкот Кисточкину!

ГОЛОСА. Правильно! Правильно!

КИСТОЧКИН *(смеется)*. Бойкот! Жалкие пузыри воображения! Чихну — и все вы испаритесь в один момент. Чихнуть?

НЫТИК. Женя, пожалуйста осторожней!

ИГОРЬ *(Нытику).* Молчать! Бойкот!
НЫТИК. Слушаюсь.
ЛЕКТОР. Трение — это результат взаимодействия тяги икс с равнодействующими силами параллельно пересекающихся ипсилон-игрек...
КИСТОЧКИН *(ходит вдоль строя жильцов).* Учтите, вы все — игра моего гнусного воображения. Вы все паршивым калейдоскопом проноситесь в моем воображении! Понимаете, кто тут хозяин?
ЛЕКТОР. ... как гласит русская пословица, во всем нужна сноровка, закалка, тренировка. Вопросы есть?
КИСТОЧКИН *(через головы).* Есть вопрос. Скажите, абсолютно черное тело в созвездии Скорпиона...
ЛЕКТОР *(торопливо).* По-прежнему определяется. Больше вопросов нет? Благодарю за внимание. *(Сходит с трибуны и подходит к жильцам.)*
КИСТОЧКИН *(жильцам).* Слышали? Учтите ! Это для тех, кто уповает на Господа-Бога!
ЛЕКТОР. Кто путевку подпишет?

Все молчат

КИСТОЧКИН. Напугали бойкотом. Таких, как я, мало! Я — один! В любую минуту могу вызвать летающую тарелку!
ОЛЯ *(взрывается).* Врете вы все!
КИСТОЧКИН *(надвигается на нее).* Гипноз-гипноз — цап ее за нос!
ЛЕКТОР. Кто путевку подпишет?
КИСТОЧКИН. Давайте я подпишу. У меня полномочия. *(Подписывает путевку.)*
ЛЕКТОР. Благодарю. До скорого свидания. Покедова.

Уходит.

ОЛЯ. Вы все врете про летающие тарелочки. Они совсем не для вас! На них летают милые существа, мечтатели, поэты, а вовсе не чудовища вроде вас, товарищ Кисточкин!
ФУТБОЛИСТ. Правильно, детка. Там хорошие ребята, спортсмены. Такая сыгранная команда, режимные парни.
ИГОРЬ. И в музыке наверняка разбираются. Гармония сфер!
КИСТОЧКИН *(усмехается).* Едэм зайн! Каждому свое.
ТРЕУГОЛЬНИКОВ. Люди, забыли про бойкот! Плюньте на Кисточкина! Отправимся на экскурсию! Я приглашаю!
ИГОРЬ *(вынимает трубу).* Ну его к черту, Кисточкина! Давайте по-

танцуем? А потом на экскурсию! *(Играет.)*
 КИСТОЧКИН *(в ярости).* Танцуйте, пупсики! Потанцуйте, мышки божие! Плевать мне на вас! Плевать!

Игорь начинает играть. Все танцуют.

 ФУТБОЛИСТ. Твист, твист, эврибоди дансинг, рок-эн-ролл...
 БАБУШКА *(хлопает в ладоши).* Ах, какой чудный танец! Как мне нравится этот танец! Похоже на кекуок!

Все смеются, пританцовывают, никто не обращает внимания на Кисточкина. Тот стоит молча, скрестив руки на груди.

 ТРЕУГОЛЬНИКОВ *(Светлане).* Мы будем танцевать с тобой всю ночь! Бегу за билетами на экскурсию! *(Убегает.)*
 КИСТОЧКИН. Прекратить идиотский бойкот! *(Мечется от одной пары к другой.)* Прекратить отвратительные танцы! Мы вам покажем самодеятельность! Аннигилируем! Вас много! Мы одни! *(Вдруг замирает в зловещей и напряженной позе.)*

На просцениуме появляется и останавливается, глядя прямо на Кисточкина, Суровый в Лиловом. За спиной Кисточкина опускается темный занавес. Некоторое время слышны еще звуки трубы, смех, затем все стихает.
Еле слышно возникает в темноте "музыка сфер", она звучит все громче и громче. Занавес поднимается. В перспективе пустой сцены глубокое темно-голубое сияние, изредка возникают пучки света.

 СУРОВЫЙ В ЛИЛОВОМ. Прошу! Все готово!
 КИСТОЧКИН *(шепчет).* Четыре — девятнадцать — бис, вызываю вас, вызываю вас. Возьмите на борт, возьмите на борт.
 СУРОВЫЙ В ЛИЛОВОМ. Вира! Майна! Подано! Майнай!

За спиной Кисточкина медленно опускается задник с огромной светящейся летающей тарелкой. Кисточкин стоит, выпрямившись, скрестив на груди руки. Тарелка повисает прямо за его спиной. Потом он делает "левое плечо — кругом" и четким офицерским шагом идет к тарелке.

З А Н А В Е С

ЭПИЛОГ ПЕРВЫЙ

После многочисленных астрально-спектральных трюков, эффектов и ужасов сцена наконец ярко и спокойно освещается. Наверху огромный плакат:

N-ское ИЗМЕРЕНИЕ. ВСЕ ИДЕТ ХОРОШО.

Белейшие стены, как будто бы чуть подсвеченные изнутри. Белые столики и стулики, между ними белые канаты, как бы лабиринт. Какой-то из тайных путей лабиринта ведет к ослепительно белой трибуне. (Бывший буфет.) За столиками на стуликах сидят в скованных позах существа в белых комбинезонах и белых масках — всего десять душ. Несколько в стороне и как бы возвышаясь на огромном унитазе сидит еще одно, явно начальственное существо, оно тоже в белом комбинезоне, но без маски, и по жирному порочному лицу мы можем угадать в нем бывшую Буфетчицу.
В глубине сцены стоит рояль, к нему прикованы цепями Пастушок и Пастушка в соответствующих дурацких масках.
Казалось бы, все действительно идет хорошо, но существует и некоторая странность. В просцениуме на отшибе стоит колченогий стол, заваленный объедками и заставленный бутылками и банками, а за ним сидят два пьяных хмурых Космических матроса — вполне земная парочка.
Грешную нашу планету напоминает еще один странный предмет — обвиснувшее старое Радио, похожее на довоенный репродуктор.
Белые существа тихо монотонно переговариваются:

Кастрация... реверберация... либерализация?.. эксгумация... синхронизация... либерелизация?.. триангуляция... аффектация... либерализация?.. индустриализация... поллюция... либерализация... инволюция... девальвация... либерализация? *(Вдруг как-то странно оживляются, болтают живо, поблескивают очами, пристукивают ладошками по столу.)* Нет, либерализация? Да, либерализация! Но, либерализация... Эх, либерализация... Либерализация... либерализация, либерализация, либерализация, либерализация... О, либерализация!
НАЧАЛЬСТВЕННОЕ СУЩЕСТВО НА УНИТАЗЕ. Молчать! Встать! Не блевать!

Все молча встают, сдерживая приступы рвоты.
Входит Кисточкин.

КИСТОЧКИН. Привет! Привет! Я — Евгений Кисточкин! Почему молчим? Я вообще-то по адресу?

Начсущ широко разводит руками, показывая на лабиринт — дескать, разбирайтесь сами.

Кисточкин лихо бросается в лабиринт, петляет и выскакивает к двум матросам, которые как раз в этот момент разливают. Кисточкин вопросительно смотрит на Начсуща.

НАЧСУЩ *(мрачновато).* Не наши. Матросня из вашего измерения. Дегенераты.
КИСТОЧКИН *(осторожно, матросам).* Привет, ребята! Третий нужен?
МАТРОСЫ. Катись отседа!
КИСТОЧКИН. Есть что-нибудь на продажу? Или сами чего ищете?
МАТРОСЫ. Задница ты, а не человек. Линяй, падла!
КИСТОЧКИН. Я вижу вы и полиции стратегической не боитесь?
МАТРОСЫ. Барали мы ее, твою полюцию! В гробу! В белых тапочках!
КИСТОЧКИН *(Начсущу).* С этими все ясно — знакомые речи. *(Матросам.)* Не мы вас всосем! Жизнь вас всосет! Народ всосет!

Быстро отбегает и снова петляет по лабиринту, пока не выскакивает к роялю, возле которых робко трепещут Пастушок и Пастушка.

НАЧСУЩ. Пастушок и Пастушка. Рабы. Ждут милости от природы.
КИСТОЧКИН. Взять их у нее — наша задача! *(Хватает Пастушка за цепь, сажает к роялю, дает листок бумаги.)* Вот тебе ноты, ублюдок! Начнешь по команде! *(Быстро затаскивает Пастушку за рояль, расстегивает у нее на спине что-то, очень быстро что-то с ней делает за роялем и выходит, оправляясь, с притворным смущением.)* Пардон, привычки, страстишки, хе-хе, все мы человеки... *(Быстро разбегается по лабиринту и выскакивает на существа в белом, которые все это время молча смотрели на него.)*
НАЧСУЩ. Это наши. Первый, Второй, Третий, Четвертый, Пятый, Шестой, Седьмой, Восьмой, Девятый, Десятый.

Кисточкин проходит мимо существ, считая их по головам.

СУЩЕСТВА *(бормочут).* Джему — в пончики... Из пончиков? В пончики? Из пончиков? В пончики! Не из пончиков! Туда — в пончики! Джему — в пончики! А потом — из пончиков! Джему и пончиков, джему и пончиков, дж-ж-ж-ж...

Кисточкин наконец подходит к Начсущу, который по-прежнему восседает на унитазе.

НАЧСУЩ. Вели себя абсолютно правильно! Восхищен! Вот вам моя рука! Нравятся мозоли? Рад! Теперь вам путь один! *(Показывает на трибуну.)*

КИСТОЧКИН *(взлетает на трибуну, начинает речь)*. Прелюбопытнейшие существа N-ского измерения и вы, дорогой товарищ Начсущ! Теория без практики мертва везде, а потому — никакой практики! Власть — бремя! Вот вам мои плечи, дорогие существа! Почему молчим? Здесь полагаются аплодисменты!

По жесту Начсуща обитатели аплодируют сначала робко, потом все более яростно. Пастушок и Пастушка на рояле и свирели играют жуткий гимн.

КИСТОЧКИН *(продолжает)*. Я прибыл сюда не для того, чтобы внедрять здесь привычки нашей родины. Наше измерение все размокло от слез и соплей. Я прибыл сюда, чтобы ковать железо! Пока горячо! А горячо будет всегда! Чем дальше, тем горячее! Общеизвестно, что ни одна наука не может развиваться и преуспевать без борьбы мнений, без свободы критики! А потому — заглушим критику в зачатке! Ура! Протянем эту проститутку цивилизации между молотом и наковальней! Кто запретит нам срезать подметки на ходу, мазать пятки салом, вынимать джем из пончиков?! Никто! Ура! Вершины уйдут в низины! Низины завалим! Хорошей традицией станет новая игра "Прятки"! Все будут искать меня, но я найду всех! Ура! Ура! Ура, сволочи!

Наэлектризованная толпа орет и вдруг замолкает, чувствуя, что происходит что-то неладное. Кисточкин тяжелым взглядом смотрит вглубь сцены. Там происходит кощунство — Пастушок и Пастушка, забыв про гимн, целуют и ласкают друг друга.

НАЧСУЩ. Какой позор! *(Испытующе смотрит на Кисточкина)*. Товарищ Кисточкин, это позор нашего измерения. Что будем делать?
КИСТОЧКИН. Не мы их всосем! Народ всосет! Всосать!
НАЧСУЩ *(коварно)*. Обоих?
КИСТОЧКИН *(после секунды колебания)*. Обоих!
НАЧСУЩ. Браво! Молодец! Я заменю вам ее! А вы мне его! Всосать!
ТОЛПА. Всосать! Всосать! *(Приближается к Пастушку и Пастушке,*

которые не замечают ничего вокруг и только лишь щебечут "люблю, люблю".)
СТАРОЕ РАДИО *(вдруг просыпаясь).* Ах, как невыносимо... невыносимо... Я Старое Радио... мне это невыносимо... *(Начинает передавать арию Каварадосси.)*
КИСТОЧКИН *(со страшной яростью).* Молчи, старая рухлядь! Шею сверну! *(Сворачивает шею Старому Радио.)*

Вдруг, опрокинув столик, вскакивают матросы. Подняв стулья, бросаются на толпу.

МАТРОСЫ. У, паразиты! Кышь отсюда! Ты чего, блядь позорная, девчонку лапаешь? И чувака не трогайте, жабы! Сейчас всех вас понесем!
НАЧСУЩ *(обнимает Кисточкина, прижимается к нему всем телом).* Вот это и есть миг страшного испытания, Женя!
КИСТОЧКИН. Неужели все погибло, Начсущ?
НАЧСУЩ *(громогласно).* Стены! Всосать иностранцев!

Вновь возникает чудовищная музыка, но уже усиленная электроникой. Стены освещаются изнутри, захватывают и начинают всасывать матросов, которые, страшно матерясь, сопротивляются, но безуспешно, и погибают, всасываются, напоминая временами классические примеры, а временами художника Буркалло и журналиста Сережу.

СТАРОЕ РАДИО. Это невыносимо! Просто невыносимо! *(Продолжается ария Каварадосси.)*
КИСТОЧКИН. Молчи, сука, падла, климактеричка! *(Набрасывается на Старое Радио и душит.)*
ПАСТУШОК *(отчаянным тенором).* Ах, никогда я так не жаждал жизни!.. *(Продолжает арию Каварадосси.)*

Кисточкин бросает Старое Радио и подбегает к Пастушку, срывает с него маску. Перед нами, конечно, Треугольников.

КИСТОЧКИН. Ах, это ты!
ТРЕУГОЛЬНИКОВ. Разве не знал?
НАЧСУЩ *(подает Кисточкину какое-то оружие вроде автомата).* Пожалуйста, Женя, продолжай, мой любимый человечище!
КИСТОЧКИН. Руки вверх! Лицом к стене!

Треугольников подчиняется.

КИСОЧКИН. Имя?
ТРЕУГОЛЬНИКОВ. Петр.
КИСТОЧКИН. Национальность?
ТРЕУГОЛЬНИКОВ. Русский.
КИСТОЧКИН. Национальность.
ТРЕУГОЛЬНИКОВ. Швед.
КИСТОЧКИН. Национальность?
ТРЕУГОЛЬНИКОВ. Поляк.
КИСТОЧКИН. Национальность?
ТРЕУГОЛЬНИКОВ. Индус.
КИСТОЧКИН. Национальность?
ТРЕУГЛЬНИКОВ. Англичанин.
КИСТОЧКИН *(орет)*. Национальность, черт тебя подери.

Треугольников молчит.

КИСТОЧКИН *(хохочет)*. Струсил, сволочь?! *(Шепчет.)* Это ты повсюду таскаешься за мной как Суровый в Лиловом? Ты?
ТРЕУГОЛЬНИКОВ. А разве ты не знал?

Далее начинаются сильные световые и акустические эффекты. "А разве ты не знал?", "А разве ты не знал?" раздается из разных углов сцены и там высвечивается высокая лиловая фигура. Раздавленный этим голосом, Кисточкин бросает оружие и отползает к Начсущу, но тот быстро подрывает от него и, захватив унитаз, скрывается в трибуне.

ТРЕУГОЛЬНИКОВ *(громогласно)*. Хватит кошмаров! Люди, снимите маски!

Белые существа покорно снимают маски и оказываются, конечно, нашими добрыми знакомыми, жильцами кооператива.

ЖИЛЬЦЫ *(недоуменно)*. Где мы? Что с нами? Куда мы попали?
ТРЕУГОЛЬНИКОВ. Успокойтесь, друзья мои, вы на экскурсии.
ЖИЛЬЦЫ. В самом деле, мы на экскурсии! Как интересно! Как здорово все организовано!
ЗДОРОВЯК. Смотрите, нога из стены торчит, а там рука! Толково, незатасканно! Нет, ничего не скажешь — большое спасибо!
НЫТИК *(поднимает полузадушенное Старое Радио)*. Какая славная несчастненькая крошка!
СТАРОЕ РАДИО *(поет)*. Синенький скромный платочек падал с опущенных плеч...

ЖИЛЬЦЫ. Браво, Сергеев! Какой у нас Сергеев! А все говорили — Сергеев-Сергеев! А вот вам — Сергеев!
ТРЕУГОЛЬНИКОВ. Светлана, любишь?
СВЕТЛАНА. Милый Треугольников... *(Целует его.)*
ТРЕУГОЛЬНИКОВ. Тогда решено! Вызываю летающую тарелку! Теперь мы все летим в мое измерение! *(Поднимает руку.)*
СУРОВЫЙ В ЛИЛОВОМ *(появляется из-за кулис, отеческим тоном)*. Можно подавать, ребята? *(Машет кому-то.)* Майна! Вира! Подано! Ну, счастливо!

ЗАНАВЕС

ЭПИЛОГ ВТОРОЙ

На сцене восстановлены прежние декорации первого действия — площадка перед большим жилым домом — только все стало каким-то сияющим. Преобразился и засиял многоцветьем даже наш мрачноватый буфет. Теплое и солнечное воскресное утро разлито вокруг.
В просцениуме Игорь и Футболист, оба чудесно одеты, спокойны. Оживленно беседуют. Игорь ногой катает взад-вперед детскую коляску.

ИГОРЬ. Круиф долго мяч не держит — бьет и бежит.
ФУТБОЛИСТ. Нет, старик, Круиф играет так. Принимает мяч *(Показывает.)*, резкий дриблинг вперед, метров на восемь *(Показывает.)*, кидает центровому, а сам жмет на выход, как ракета. Вот такие у него дела, у Круифа.

Появляется Аброскин. Он тоже ачень аккуратно одет, с тростью.

АБРОСКИН. Ай, какая погода хорошая! *(Прогуливается.)*

Появляется Кисточкин. Он в белом накрахмаленном халате. Энергичной походкой проходит через всю сцену, влезает в Буфет и занимает место продавца. Деловито расставляет на прилавке товары. Почти неузнаваем.

АБРОСКИН *(подходит к палатке)*. Три пачки чая, пожалуйста.
КИСТОЧКИН. Цейлонского или грузинского? Есть еще краснодарский. Пожалуйста.

АБРОСКИН. А какой вы рекомендуете?
КИСТОЧКИН. Рекомендую взять цейлонский и краснодарский и смешать. Замечательная получается смесь.
АБРОСКИН. Уговорили.
КИСТОЧКИН *(отпускает ему чай, улыбается).* Пожалуйста. Большое спасибо.
АБРОСКИН. Спасибо. *(Продолжает прогуливаться.)*

В тренировочном костюме на сцену выбегает Здоровяк. Делает разминку.

ЗДОРОВЯК. Привет, профессор! Как самочувствие?
АБРОСКИН. Сносное.
ЗДОРОВЯК *(прыгает).* Мыслишки не беспокоят, профессор?
АБРОСКИН. Cogito ergo sum.
ЗДОРОВЯК. Чего?
АБРОСКИН. Я мыслю — значит, я существую.
ЗДОРОВЯК. Это надо в рабочее время. *(Прыгает.)*
ИГОРЬ. Ой, забыл пряников купить! Элка со свету сживет! Покачай, пожалуйста, бэби.
ФУТБОЛИСТ. Охотно потренируюсь. *(Качает коляску.)*
ИГОРЬ *(подходит к палатке).* Килограмм пряников, пожалуйста.
КИСТОЧКИН. Каких желаете — тульских или воронежских?
ИГОРЬ. Какие лучше.
КИСТОЧКИН. Тульские пряники знамениты во всем мире.
ИГОРЬ. Подешевле.
КИСТОЧКИН. Тогда пойдут воронежские. Тоже высшее качество. *(Подает Игорю пакет.)* Спасибо большое.
ИГОРЬ. Вам спасибо.
КИСТОЧКИН. Нет, вам.

Игорь отходит. Кисточкин, воровато оглянувшись, подносит к уху телефонную трубку. Слушает. Трубка молчит. Вешает трубку.
Появляется празднично одетое семейство Принцкер. Впереди Папа и Мама, позади Бабушка и Оля.

СЕМЕЙСТВО. Доброе утро, профессор.
АБРОСКИН. Доброе утро.
ПАПА. Как спали?
АБРОСКИН. Почти не спал, слава Богу! Много мыслей, работа идет.
ПАПА. Cogito ergo sum, особенно на работе.

БАБУШКА. Нынче погода! Как в мирное время, господа!
МАМА. Попробуйте димедрол, профессор.

Они продолжают беседу, а Оля отбегает к Футболисту.

ОЛЯ. Привет, мальчики!
ИГОРЬ ⎫
     ⎬ Привет!
ФУТБОЛИСТ ⎭
ОЛЯ. Что-то ты, Буль, сегодня сияешь? Веселый такой.
ФУТБОЛИСТ. А меня дисквалифицировали на месяц.
ОЛЯ. За что?
ФУТБОЛИСТ. Вчера один парень из "Авангарда" прицепился, как клещ, плотно держит и по ногам норовит. А ноги свои я люблю, ужасно обижаюсь, когда по ногам стукают. Ну и... Значит, на месяц меня сняли с круга! Красота!
ОЛЯ. Что же ты радуешься?
ФУТБОЛИСТ. Будет время для любви.
ОЛЯ. Для любви?
ФУТБОЛИСТ. Для любви, для стихов, может быть, симфонию сочиню. Житуха!
ОЛЯ. А у меня экзамены. Я поступаю в Литературный институт. Так что, гулять, Буль, мы с тобой редко сможем.
ФУТБОЛИСТ. Это ничего. Зато сколько у меня времени для страданий!
БАБУШКА (обществу). Ох, простите, я ведь за покупками вышла. (Идет к палатке.)

Кисточкин любезно высовывается ей навстречу, улыбается, что-то рассказывает, Бабушка, довольная, смеется и принимает из рук Кисточкина один пакет за другим.
Появляется Нытик. Он несет в руках полузадушенное в Первом Эпилоге Старое Радио. Любовно его поглаживает. Здоровяк, закончивший разминку, берет его под руку, они прогуливаются.

НЫТИК. Не знаю, как вы к этому отнесетесь, но я решил на нем жениться. (Показывает на Старое Радио, целует его.) Оно согласно.
ЗДОРОВЯК. Браво! Поздравляю! Жениться в вашем возрасте здоровое, отличное дело,

Вбегает Элла в фартуке, в косынке, со шваброй.

ЭЛЛА. Игореха, держись за воздух. Я только что из ЖЭКа! Тебе разрешили концерт.

ИГОРЬ. Не может быть!

ЭЛЛА. Они согласовали с техником-смотрителем. Опасность резонансных колебаний сравнительно невелика. *(Снимает фартук, косынку, отбрасывает швабру, преображается, становится прекрасной.)* Игорь, ты счастлив? Я счастлива! Я буду гордиться тобой! Ты мой возлюбленный!

ИГОРЬ. А ты моя принцесса!

      Они медленно вальсируют.

БАБУШКА *(смеется, Кисточкину)*. Ой, какой вы шутник!

КИСТОЧКИН. Итак, крупа, пшено, лавровый лист, колбаса. Большое вам спасибо.

БАБУШКА. Это спасибо вам.

КИСТОЧКИН. Нет, вам.

  Бабушка с покупками подходит к своему семейству и Аброскину.

БАБУШКА. У нас новый продавец. Молодой, но справедливый.

АБРОСКИН. Правда, я тоже был удивлен. Поразительно вежлив.

БАБУШКА. Прямо, как в мирное время у Елисеева.

КИСТОЧКИН *(про себя)*. Крупа, пшено, лавровый лист, колбаса... *(Снова вынимает телефон.)* Алло! Алло! Ни ответа, ни привета. Никаких сигналов. *(Прячет телефон.)*

НЫТИК *(Оле и Футболисту, показывая Старое Радио)*. Поздравьте меня, я решил жениться.

ФУТБОЛИСТ. Видишь, Ольга? Жизнь идет, а ты...

ОЛЯ *(подбегает к Аброскину)*. Профессор, а где же Светлана? Мы хотим с мальчиками куда-нибудь поехать.

АБРОСКИН. Она с утра ушла в бассейн. Собиралась поставить мировой рекорд.

   Появляется Светлана, за руку она тащит Треугольникова.

СВЕТЛАНА *(Треугольникову)*. Входи, входи, не жмись. Здесь все свои ребята. Папа, я поставила мировой рекорд! Эй, ребята, я мировая рекордсменка!

ВСЕ. Ура! Ура! *(Подходят к Светлане с поцелуями.)*

   Последним ее целует Треугольников и делает это очень долго.

АБРОСКИН. Разрешите полюбопытствовать, любезная дочь, что это за тип с вами?
СВЕТЛАНА. Сама не знаю, какой-то битник. Подклеился ко мне возле бассейна. Правда, замечательный? Это твой будущий зять.
ТРЕУГОЛЬНИКОВ. Я, собственно говоря, приезжий. Увидел Светлану — разгорелась любовь. На всю жизнь! Навсегда!
ЗДОРОВЯК (осторожно). А прописаны вы где, гражданин?
ТРЕУГОЛЬНИКОВ. Я с Дальстроя. Горный мастер. Я с высшим образованием! Вот диплом!

Все разглядывают диплом.

ЗДОРОВЯК (возвращает диплом). В порядке.
ТРЕУГОЛЬНИКОВ. Товарищи, я отпускных получил кучу! Куча денег! Давайте поедем все куда-нибудь, а? Хотя бы в Химки или на Клязьму? Наймем целый катер. Экскурсия!
АБРОСКИН. Идея недурна. Идея экскурсии всегда здорова. Экскурсия — звучит!
МОЛОДЕЖЬ. Схвачено! Экскурсия! Экскурсия!

Под звуки игоревой трубы все, веселясь и приплясывая, удаляются со сцены. Через секунду вбегает Треугольников.

ТРЕУГОЛЬНИКОВ. Уф, сигареты забыл купить. (Подбегает к палатке.) Дорогой, пару пачек сигарет.
КИСТОЧКИН. Какие угодно? "Памир" иди "Честерфильд"?
ТРЕУГОЛЬНИКОВ. Конечно, "Памир".
КИСТОЧКИН. Пожалуйста. Большое спасибо.
ТРЕУГОЛЬНИКОВ. Это вам спасибо.
КИСТОЧКИН (жестко). Нет, вам.
ТРЕУГОЛЬНИКОВ. Видеть тебя не хочу! Тебя нет! (Убегает.)

Кисточкин в своей палатке остается один. Вынимает телефон и ставит его на прилавок.

КИСТОЧКИН. Крупа, пшено, лавровый лист всегда в продаже... Алло! Алло! Молчат. Крупа, пшено, лавровый лист всегда в продаже... Алло! Молчат.
СУРОВЫЙ В ЛИЛОВОМ (отодвигает кулису). Всегда в продаже?
КИСТОЧКИН. Всегда.
СУРОВЫЙ В ЛИЛОВОМ. Всегда?

КИСТОЧКИН. Всегда! Всегда! Всегда! *(Выходит из буфета, бросает туда горящую спичку, яростно кричит в зал.)* Всегда в продаже! *(Хохочет, насмешливо свистит, уходит, щелкая каблуками.)* Всегда! Всегда! *(Исчезает.)*

На сцене один грустно склоняющийся Суровый в Лиловом. Застывшая фигура отчаяния.

Еле слышные звуки трубы.

КОНЕЦ

ПОЦЕЛУЙ, ОРКЕСТР, РЫБА, КОЛБАСА...

КОМЕДИЯ В ВОСЬМИ КАРТИНАХ

Москва 1964

ДЕЙСТВУЮЩИЕ ЛИЦА

АЛЕХАНДРО, прозаик
МАРИЯ, его невеста
МИКАЭЛО, художник
ГРЕГОРО, композитор
ФЕОДОРО, радикальный либерал (либеральный радикал)
ПОРК КАБАНОС, друг народа
САНДВИЧИ (1,2,3), они же Держатели Контрольного Пакета,
                 они же полицейские и служащие
РАНТЬЕ
ФРАНТ
ДИКТОР
БОББО
ЛОЛЛА
ЧИКИТО
РАБОТНИК ФТ
РАБОТНИК УТ
ГЕНЕРАЛ

Действие происходит в наши дни в одной из жарких стран Нового Света. Страна эта и нация сформировались только в конце прошлого столетия, и может быть поэтому царит в ней некоторая неразбериха, наблюдается некоторая склонность к бандитизму, жульничеству, коррупции, алкоголизму, демагогии.

КАРТИНА ПЕРВАЯ

В глубине сцены изображен современный рай земной: бесконечная линия ослепительно золотых пляжей, ослепительно белых небоскребов, яркое синее небо с рекламными колбасами и шарами в нем.
На переднем плане ствол пальмы. На пальме сидит Алехандро. Внизу, под пальмой стоят на коленях Мария, Микаэло и Грегоро, смотрят вверх на Алехандро.

МАРИЯ. Трясешь?
АЛЕХАНДРО. Ну, трясу-трясу! Что ты, не видишь?
МИКАЭЛО *(наивно).* Почему же ничего не падает?
МАРИЯ. Он плохо трясет.
ГРЕГОРО *(великодушно).* Нет, он трясет неплохо.
МАРИЯ. Уверяю вас, он совсем не трясет. Он задумался о нашей судьбе. Ведь это же маньяк!
МИКАЭЛО. Эй, Алехандро, тряхни посильнее!
ГРЕГОРО. Вчера он лучше тряс.
МАРИЯ. Ну, конечно! Вчера мы все-таки поели. Алек! Если хочешь, чтобы я с тобой спала, тряси по-настоящему.

Алехандро усиленно трясет пальму, но с нее, увы, ничего не падает.

АЛЕХАНДРО. Эй, друзья, Мария, поздравьте меня! Я придумал гениальный финал! Силы зла будут разбиты, отброшены. Ребята, кажется, я гений! Вы будете очень довольны своей судьбой. Все будет в полном ажуре!
МАРИЯ. Все в ажуре, только зуй на абажуре!
МИКАЭЛО. Дотянешь тут до финала на голодном пайке.
ГРЕГОРО. Затруднительно, что и говорить.
МАРИЯ. Он нас уморит, этот сумасшедший прозаик. Своих друзей на тот свет отправит, любимую девушку загубит. Ирод!

Слышится треск приближающегося вертолета.

МИКАЭЛО. Опять вертолет летит.
ГРЕГОРО *(смотрит вверх).* Это опять рекламный вертолет фирмы "Маскулинас". Смотрите, какую бутылку он тащит!
МИКАЭЛО. Интересно, кто рисует им этикетки? Видно, что хоро-

ший художник.
ГРЕГОРО. Ты бы сделал лучше, старик!

Треск мотора становится все сильнее. С вертолета доносится усиленная динамиком песня:

>Маскулинас!
>Маскулинас!
>Весели нас!
>Весели нас!
>В целом свете стар и млад
>Выпить виски был бы рад
>Маскулинас!

МАРИЯ. Хоть бы раз выпить рюмочку "Маскулинас"! Как надоела бедность.
ГРЕГОРО. Примитивная мелодия. Я бы мог лучше для них сочинить.
МИКАЭЛО. Конечно, ты мог бы лучше, ведь ты...

Треск мотора заглушает его слова.

МОЩНЫЙ ГОЛОС С ВЕРТОЛЕТА. Привет, привет! Фирма "Маскулинас" приветствует все взрослое население страны. Сообщаем, что с сегодняшнего дня на набережной открываются еще десять новых баров "Маскулинас". Если вы по причине старости или болезни не можете посетить бар "Маскулинас", наша молодежь обслужит вас на дому. Звоните по телефону восемь нолей. Пейте виски "Маскулинас"!

Шум затих. Вертолет пролетел. Вдалеке над небоскребами появились на миг огненно-красные буквы "МАСКУЛИНАС".

ГРЕГОРО. Если бы мне удалось достать хотя бы десятку, я купил бы целую бутылку.
МИКАЭЛО. Я бы отдал лучшую картину за бутылку "Маскулинас". Напился бы, как стервоза.
МАРИЯ. Я... а я... тоже пошла бы на компромисс за бутылочку "Маскулинас".
АЛЕХАНДРО *(с пальмы)*. Вы все с ума посходили с этим "Маскулинасом". Это не входит в сюжет. Меня вполне устраивает кокосовое молоко. Это чистая вещь, без всяких рекламных примесей.

МАРИЯ (язвительно). Тебя вполне устраивает протирать единственные штаны на этой пальме?
АЛЕХАНДРО. Здесь я свободен!
МАРИЯ. Тогда тряси!
МИКАЭЛО.
ГРЕГОРО. } Тряси, Алехандро! Мы голодны!

Входит Феодоро. Он курит.

ФЕОДОРО. Все в той же позиции? Сеньор Алехандро, сей доблестный рыцарь, все в той же позиции на пальме сидит? Чао, друзья!
ГРЕГОРО (с голодным блеском в глазах). Нет ли у вас сигареты, Феодоро?
ФЕОДОРО (рассеянно хлопает себя по карманам). Забыл купить.
ГРЕГОРО. Может быть, позволите потянуть ваш чинарик?

Феодоро протягивает ему окурок. Грегоро жадно затягивается.

МИКАЭЛО (Грегоро). Оставь мне. Оставь сорок процентов.
МАРИЯ. Представь себе, Феодоро, этот человек совсем разучился трясти.
ФЕОДОРО. Никаких результатов?
МАРИЯ. Увы.
ФЕОДОРО. А вчера?
МАРИЯ. Вчера несчастных два ореха. Еле-еле хватило позавтракать и почистить зубы.
МИКАЭЛО (Грегоро). Ты же обещал оставить.
ГРЕГОРО (жадно курит). Терпенье, Микаэло, тер...
МИКАЭЛО (возмущенно). Ты уже фирму куришь!
ГРЕГОРО. Ничего подобного, до фирмы еще три миллиметра.
ФЕОДОРО (печально наблюдая за ссорой Грегоро и Микаэло). Вот видишь, Алехандро, к чему привели твои бредни о Дереве Свободы. Все это вздор пустой.
АЛЕХАНДРО (спрыгивая с пальмы). Зато как мы здесь творим! Ты бы знал, Феодоро, как мы творим под Деревом Свободы! Отойди в сторону, любезный обыватель. Сейчас мы тебе покажем. (Садится у подножия пальмы, приваливается спиной к стволу, тихо говорит.) Ребята, наш час настал. Грегоро, Микаэло, Мария, забудьте обо всем и станьте такими, какие вы есть, свободными под Деревом Свободы.

При этих словах изменяется освещение на сцене. На смену яркому слепящему дню приходит прозрачный зеленоватый вечер, и небоскребы вдалеке сливаются в темную изломанную линию, похожую на горный хребет. Пальма начинает тихое вращение. Грегоро, Мария и Микаэло выходят на просцениум. У них задумчивый сосредоточенный вид. Феодоро стоит в стороне, с удивлением глядя на происходящее.

АЛЕХАНДРО. Грегоро, начинай! Забудь про голод и про виски "Маскулинас", забудь про борьбу авангардистов и мелодистов! Валяй, старик, твори прекрасное!

Грегоро стоит неподвижно, словно прислушиваясь. Возникает музыка. Грегоро сочиняет.

АЛЕХАНДРО. Танцуй, Мария! Танцуй, любимая! Не думай о богатых старых козлах, которые соблазняют тебя клаксонами своих "ягуаров". Ты — моя любимая под Деревом Свободы. Твори прекрасное!

Мария начинает танцевать. (Свободная импровизация под музыку Грегоро).

АЛЕХАНДРО. Микаэло, выбрось ты этот чинарик. Твори прекрасное! Ты могучий мастер, твоим холстом может быть все небо. Забудь все наши неудачи и инструкции Департамента Общественной Гармонии. Иди, работай!

Микаэло отбрасывает окурок и уверенно идет в глубину сцены к заднику. Широкими яркими мазками он покрывает задник.
(Разумеется, вся эта сцена интонациями Алехандро, движениями его друзей, какими-либо другими приемами должна быть окрашена несколько юмористически.

АЛЕХАНДРО *(Феодоро).* Видишь, как мы здесь работаем, как мы здесь творим прекрасное?
ФЕОДОРО. А ты?
АЛЕХАНДРО. Здрасте. Все это мое творчество. Ты видишь — мы все под Деревом Свободы, Грегоро, Мария, Микаэло, все они творят — это значит, я творю. Я создал этот мир.
ФЕОДОРО. Безнравственно превращать друзей в персонажи.
АЛЕХАНДРО. Наоборот — я персонажи превращаю в своих друзей, я облекаю их в плоть, я даже сплю с Марией. Кроме того, я должен их кормить. Вот это малоприятная обязанность. Часами сижу на пальме. Даже писать некогда.
ФЕОДОРО. А они довольны?

АЛЕХАНДРО. Еще бы! Ведь здесь мы все абсолютно свободны. До нашей отмели не доходят прогулочные катера и яхты с оголтелыми туристами проходят стороной. Мы здесь вдали от всей вашей суеты. Творим и все. Только ты к нам приходишь, да два раза в день пролетает рекламный вертолет фирмы "Маскулинас". Поверь, мне большого труда стоило вытащить сюда друзей и Марию, но сейчас они абсолютно довольны... немного ворчат, но это лишь от избытка юмора...
ФЕОДОРО. В общем, твое повествование развивается без сучка и задоринки?
АЛЕХАНДРО *(гордо).* Да!
ФЕОДОРО. Полная идиллия, никаких коллизий, бесконфликтность?
АЛЕХАНДРО *(смеется).* Конечно. Все ваши коллизии нам надоели, мы сыты ими по горло. *(Тихо и серьезно.)* Хватит, мы достаточно настрадались в ваших городах. *(Снова весело.)* Вот только ты совращаешь моих героев сигаретами, да этот дурацкий вертолет вызывает жажду.
ФЕОДОРО. Но с едой ведь трудности?
АЛЕХАНДРО. Ничего страшного. Временные трудности. Постоянные временные трудности... *(Встает.)*

Вспыхивает яркий дневной свет. Пальма прекращает вращение, восстанавливается прежняя картина. Грегоро, Мария, Микаэло и Феодоро подходят к Алехандро.

МАРИЯ *(руки в боки).* Ну, так что же ты, милый? Когда будем обедать?
ГРЕГОРО. Может быть, еще потрясешь, Алехандро?
МИКАЭЛО. В самом деле, старик, хорошо творить на голодный желудок, но потом неплохо и пошамать.
ФЕОДОРО. Я бы тоже подзакусил. Неплохо было бы угостить гостя.
АЛЕХАНДРО *(весело).* Ну что ж, попробую! Вдруг — время подошло?! *(Прыгает на пальму, трясет ее.)*

Сверху с глухим стуком падает на сцену человеческая голова. Катится. Останавливается. Все с удивлением наблюдают это неожиданное явление.

АЛЕХАНДРО *(спрыгивает с пальмы, отряхивает руки).* Извольте — отличнейший кокос! *(Замечает голову.)* Однако, это не кокос! Что это?

ГОЛОВА. Жизнь. Вторжение суровой действительности.

АЛЕХАНДРО. Это не входит в сюжет. У меня и в мыслях не было подобных фокусов. Даже в подсознании не было ничего подобного.

ГОЛОВА. Как знать, дружок. Отойди в сторону, дружок.

Алехандро в растерянности отходит.

ГОЛОВА *(вращая глазами, высовывая язык, легкомысленно и глумливо болтает).* Буэнос тардес, гутен таг, бонжур, хау ду ю ду! Рекламный отдел фирмы "Маскулинас" приветствует дорогих наших отшельников. Ну-с, деточки, чем вы тут живете, каковы ваши стремления, чаяния?

АЛЕХАНДРО *(приглядываясь к Голове, задумчиво).* Почему мне так знакомы эти омерзительные черты?

МАРИЯ *(раскачивая бедрами, подходит к голове).* Третьего дня иду я по Авендис Семидесятилетия Свободы и, представляете...

ГОЛОВА *(ободряюще).* Ну-ну, представляем.

МАРИЯ. И представляете, белый "ягуар" медленно едет вслед за мной, а в нем совсем еще не старый мужчина.

ГОЛОВА. Вот это удача!

АЛЕХАНДРО. Мария!

МАРИЯ. Отстань! *(Голове.)* Это не вам. Так вот, этот мужичонка улыбается мне и нажимает кнопки. Нажмет одну — твист, нажмет другую — босса-нова, нажмет третью — хали-гали... А на заднем сидении у него, представляете, самые большие и самые красивые бутылки. Можете представить, кто это был?

ГОЛОВА. Я-то знаю, а вы?

МАРИЯ *(торжественно).* Это был второй секретарь заместителя помощника заведующего отделом пустой тары фирмы "Маскулинас", вот кто это был!

ГОЛОВА. И вы, конечно...

МАРИЯ *(в отчаянии).* Ах, я тогда была еще такой незрелой, такой наивной! Я верила этому неврастенику. *(Показывает на Алехандро.)*

ГОЛОВА. А сейчас?

МАРИЯ. Сейчас не верю. В наше время, когда молодежь всего мира...

ГОЛОВА. Понятно. Встаньте пока в уголке на просцениуме.

ГРЕГОРО *(засунув руки в карманы, независимой походочкой подходит к Голове).* Хочу сообщить, что я не авангардист и не ретроград, я независимый музыкант.

ГОЛОВА. Понятно. Вам тоже дело найдется. Встаньте там рядом с ней.

АЛЕХАНДРО *(в смятении).* Что здесь делается? Грегоро!

ГРЕГОРО. Пойми, Алехандро, я получил соответствующее воспитание, привык к тонким продуктам. К тому же я соскучился по своей девушке. *(Встает рядом с Марией.)*

ГОЛОВА *(Микаэло).* Для вас у нас тоже все приготовлено. Мы поощряем пластику.

МИКАЭЛО. Предупреждаю, я абстракционист, хотя и...

ГОЛОВА. Ничего-ничего, с вами у нас поработают... И колбаски подкинем, и выпивки залейся... Встаньте туда, к ним.

АЛЕХАНДРО. Микаэло!

МИКАЭЛО. Не глупи, старик. Не могу я тут в песке голодать. Ни книжки почитать, ни культурно отдохнуть. И девочку мою ты забыл включить в сюжет, старичок. А от Дерева Свободы проку — ноль. Прости, старик.

ГОЛОВА *(резко).* На первый-второй рассчитайсь!

МАРИЯ. Первый!

ГРЕГОРО. Второй!

МИКАЭЛО. Первый!

МАРИЯ. Второй!

ГРЕГОРО. Первый!

МИКАЭЛО. Второй!

МАРИЯ. Первый!

ГРЕГОРО. Второй!

МИКАЭЛО. Первый!

МАРИЯ. Второй!

ГОЛОВА. Ряды вздвой!

После некоторой путаницы завербованные вздваивают ряды.

ГОЛОВА. Шагом марш! Запевай!

С песней "Маскулинас-Маскулинас" завербованные уходят. Феодоро тоже спешит покинуть сцену.

АЛЕХАНДРО. А ты-то куда, Феодоро?

ФЕОДОРО. Я должен вернуться к своим обязанностям. *(Тихо.)* С ними лучше не связываться, Алек. Не донкихотствуй. *(Уходит.)*

На сцене остаются только Алехандро и Голова.

АЛЕХАНДРО. Может быть, вы объясните мне, что все-таки это значит?

ГОЛОВА. А что вас, собственно, интересует? *(Она не проявляет к Алехандро ни малейшего интереса и уже начинает медленно откатываться в глубину сцены.)*

АЛЕХАНДРО. Вы вторглись в мой сюжет, похитили моих героев, любимую девушку, наконец...

ГОЛОВА. Это вторжение жизни, мой дорогой, вторжение сложной и прекрасной, очаровательной и беспощадной действительности.

АЛЕХАНДРО. Катитесь к черту!

ГОЛОВА. К черту? С удовольствием, с удовольствием... *(Укатывается со сцены.)*

АЛЕХАНДРО *(вслед).* А мне-то куда деваться?

ГОЛОВА *(из-за кулис).* Ваше дело, мой дорогой, ваше дело.

АЛЕХАНДРО *(бредет один по сцене, в отчаянии заламывает руки).* О, горе! Откуда вырвалась эта мрачная гадина? И почему его мерзкие черты мне так знакомы? *(Подходит к пальме, трясет ее.)* Я остался совсем один. Пошли мне что-нибудь, о Дерево Свободы! *(Трясет.)* Ничего, полный ноль! Неужели придется возвращаться туда?

СВЕТ ГАСНЕТ.

КАРТИНА ВТОРАЯ

Фон сцены — огромные стекла. Огромные буквы "MASKULINAS". Перед офисом радиаторами вперед стоят три белых "ягуара", открытые машины, роскошные, пленительные.

На просцениуме трущоба. Перед трущобой сидит грязный и оборванный Алехандро. Он пишет, сочиняет роман, но пишется ему плохо — его мучит голод.

На просцениум выходит Человек-сандвич. На груди и на спине у него плакаты "Самые жирные в мире колбаски "Наполеон III". Рекомендуем господам-гвардейцам!"

АЛЕХАНДРО *(сандвичу)*. Эй, парень, дал бы свободному художнику кусок колбасы.

САНДВИЧ. Да я ее сам три года уже не жрал.

Появляется 2-ой сандвич. "Масло "Бисмарк" — лучшее в мире средство от дистрофии".

АЛЕХАНДРО *(2-му сандвичу)*. Каплю масла будущему Шекспиру!

2-й САНДВИЧ. Я сам пять лет уже не жрал масла. К нам в бидонвиль вообще его не завозят.

Появляется 3-й сандвич. "Лучшие в мире булки "Нерон". Хлеб — лучший спутник зрелищ!"

АЛЕХАНДРО *(3-му сандвичу)*. Эй, друг, отломи кусочек будущему национальному гению!

3-й САНДВИЧ. С ума сошел! Я сам уже восемнадцать лет не ел хлеба.

АЛЕХАНДРО *(сандвичам)*. Что же вы едите, ребята?

САНДВИЧИ. Варим
        Подметки
        от ботинок.

Мы видим, что все трое сандвичей босы.

АЛЕХАНДРО *(горько)* Просто не хочется открывать глаза на эту проклятую действительность.

Появляется 4-й сандвич, он одет в блестящую униформу, на ногах крепкие сапоги, сам бодр и свеж. "Фирма "Маскулинас" в рекламе не нуждается. Пейте ошеломляющий виски "Маскулинас".

4-й САНДВИЧ *(1, 2, 3-му сандвичам).* Жрать хотите, ребята?
САНДВИЧИ. Очень даже так.
4-й САНДВИЧ. Выпить хочется?
САНДВИЧИ. Чтобы не так, так очень даже так.
4-й САНДВИЧ. Бросайте ваши дурацкие плакаты!

Сандвичи с грохотом швыряют плакаты.

4-й САНДВИЧ. На первый-второй рассчитайсь!
САНДВИЧИ. Первый, второй, первый, второй, первый, второй, первый, второй, первый, второй...
4-й САНДВИЧ. Ряды вздвой! Шагом марш!

Сандвичи вздваивают ряды и, маршируя, удаляются.

4-й САНДВИЧ *(развязной походочкой приближается к Алехандро).* Ну, а ты, свободный художник?
АЛЕХАНДРО. Прочь!
4-й САНДВИЧ. У-тю-тю-тю! Ах ты, наш маленький, независимый, аполитичный...
АЛЕХАНДРО. Оставьте меня в покое!
4-й САНДВИЧ *(нагло копаясь в рукописях Алехандро).* Что мы тут пишем, что мы тут сочиняем? *(Читает.)* Какой слог! Какой стиль! Какая мощь! Он увидел огромную пальму и услышал пение...
АЛЕХАНДРО *(вскакивает в бешенстве).* Сейчас я тебе дам, подонок!
4-й САНДВИЧ *(отскакивает).* Чье же пение он услышал? Ослов? Козлов? Или какой-нибудь сексуальной дешевочки?
АЛЕХАНДРО. Я ослабел от голода, но все равно проучу тебя, подонок проклятый! Где я видел твою гнусную харю?

Через просцениум, четко маршируя, проходят 3 первых сандвича в новых сапогах. Они несут транспарант "Маскулинас".

1-й САНДВИЧ. Виски вместо мяса!

2-й САНДВИЧ. Виски вместо масла!
3-й САНДВИЧ. Виски вместо хлеба!

Удаляются.

4-й САНДВИЧ. Любо-дорого посмотреть! Сердце радуется за людей — в новых сапогах и уже навеселе. Учись, Шекспир!
АЛЕХАНДРО *(совсем ослабев, садится)*. Да я лучше подметки буду варить, чем служить вашей проклятой фирме. *(Снимает ботинки, вынимает нож, начинает срезать подошвы.)*
4-й САНДВИЧ. Глупо, очень глупо. У нас уже служат лучшие умы нации. Посмотри, в каких машинах они ездят.
АЛЕХАНДРО *(язвительно)*. Лучшие? Вы так считаете?
4-й САНДВИЧ *(еще более язвительно)*. Вы должно быть думаете, что лучшие умы собрались в журнале "Южный абстинент"? Вы имеете в виду эту жалкую кучку импотентствующих либералов? Вы воображаете, что если эти слизняки напечатают ваши великие произведения...
АЛЕХАНДРО. Вы одурманили девяносто процентов моего народа, но меня вам не удастся одурманить!
4-й САНДВИЧ *(кричит в глубину сцены)*. Господа Держатели Контрольного Пакета, он боится, что мы его одурманим!

На фасаде офиса открывается одно из окон и за ним мы видим трех важных господ, Держателей Контрольного Пакета. Собственно говоря, это все те же сандвичи.

АЛЕХАНДРО. Ха, довольно быстрая трансформация!
4-й САНДВИЧ. Видите, как у нас растут люди?!
1-й ДЕРЖАТЕЛЬ. Напрасно вы боитесь, что мы вас одурманим.
2-й ДЕРЖАТЕЛЬ. Мы вас не одурманим, не бойтесь.
3-й ДЕРЖАТЕЛЬ. Только служите нам, пожалуйста.
1-й ДЕРЖАТЕЛЬ. Вы можете сохранить весь ваш скептицизм и иронию. Критические умы нам нужны.
2-й ДЕРЖАТЕЛЬ. Все ваши мечты и высокие помыслы оставьте при себе. Пригодятся.
3-й ДЕРЖАТЕЛЬ. Только служите нам.
1-й ДЕРЖАТЕЛЬ. Вы можете даже в глубине души ненавидеть нашу фирму.
2-й ДЕРЖАТЕЛЬ. В рот не брать спиртного.
3-й ДЕРЖАТЕЛЬ. Только служите.

Алехандро молча срезает подметки.

4-й САНДВИЧ. Что же ты молчишь? Такие завидные предложения! И вообще встать, когда с тобой говорят господа Держатели!

Алехандро молча срезает подметки.

4-й САНДВИЧ *(Держателям).* Клинический случай слабоумия, синьоры!
1-й ДЕРЖАТЕЛЬ. Придется прибегнуть.
2-й ДЕРЖАТЕЛЬ. К иным.
3-й ДЕРЖАТЕЛЬ. Но только к не слишком крутым. Молодость, синьоры, молодость...

Окно закрывается.

4-й САНДВИЧ. До скорой встречи, голуба! *(Уходит.)*

Алехандро молча срезает подметки.
Появляется Феодоро.

АЛЕХАНДРО *(бросается к Феодоро).* Федди, наконец-то! Ну что?
ФЕОДОРО. Ничем не могу тебя порадовать, Алек.
АЛЕХАНДРО. Неужели опять отклонили? Что они со мной делают, гады?
ФЕОДОРО. Не злись на них: они отклонили, но с печалью. *(Отдает ему рукопись.)*
АЛЕХАНДРО. С печалью! Лицемеры! Что их не устраивает в моих новеллах?
ФЕОДОРО. В "Южном Абстиненте" считают, что ты немного клонишься к Северу, а в "Северном Пивнике" мне сказали, что ты слишком сильно забираешься к Югу.
АЛЕХАНДРО *(в отчаянии).* Прямо хоть в "Экваториальный Алкоголик" тащи! Что за ужас?
ФЕОДОРО *(осторожно).* А что ты думаешь — "Алкоголик" может вдруг напечатать. Добавь там пару выпивок, какое-нибудь словечко о "Маскулинасе", смысл-то не изменится, все поймут, что к чему.
АЛЕХАНДРО. Послушай, Феодоро, ты благороден, благочестив и, главное, благоразумен. Ты сочувствуешь таким, как я, ты считаешь себя моим другом. Так вот учти — я никогда в жизни не переступлю порог "Экваториального Алкоголика"! *(Срезает наконец подметки,*

ставит на огонь кастрюлю, бросает в нее подметки.)

ФЕОДОРО *(в ужасе)*. Что ты делаешь?

АЛЕХАНДРО *(гордо)*. Варю собственные подметки!

ФЕОДОРО. Как ты опустился! Как ты жутко выглядишь! Ты погубишь свой талант и себя самого. Еще неделя, и ты погибнешь. Тебе нужно остепениться, поступить на службу. Посмотри, как устроились твои друзья Грегоро и Микаэло.

АЛЕХАНДРО. Я слышал, они работают в "Маскулинас"?

ФЕОДОРО. Ну, так что же? Можно работать где угодно, главное — сохранить свои убеждения. Ты знаешь, Грегоро и Микаэло даже выписывают "Южный Абстинент". Конечно, не афишируют это, не мечут бисер перед свиньями.

АЛЕХАНДРО. Идите вы все к черту, вместе с вашим "Южным Абстинентом"!

ФЕОДОРО. Вот это зря! Личные обиды ты переносишь в общественную жизнь. "Абстинент" — единственный журнал, который позволяет себе выпады против "Маскулинас". Конечно, не в лоб, не в прямую...

АЛЕХАНДРО. Иди к черту, а то подошвы отрежу!

ФЕОДОРО *(боязливо поджимая ноги)*. Катишься по наклонной, не катись по наклонной...

АЛЕХАНДРО. Уши отрежу и глумливый либеральный язык. Сварю вместе с подметками и буду сыт два дня. *(Наступает на Феодоро с ножом.)*

ФЕОДОРО. Погоди, дружище, дай мне задать тебе еще один вопрос. Где Мария?

АЛЕХАНДРО *(опуская руки)*. Не знаю. Рай в шалаше ее не устраивает. Боится потерять фигуру.

ФЕОДОРО. Она поступила на работу.

АЛЕХАНДРО. Неужели тоже...?

ФЕОДОРО. Да. Она работает в рекламном отделе фирмы "Маскулинас" так же, как Грегоро и Микаэло.

АЛЕХАНДРО *(горько)*. Ее я могу понять. В каждой красивой бабе есть что-то от проститутки. *(Молчит, потом, словно решившись, поднимает голову.)* Феодоро, я согласен поступить на службу.

ФЕОДОРО *(радостно)*. Наконец-то! Я рад за тебя.

АЛЕХАНДРО. Только не в "Маскулинас". Помоги мне устроиться хотя бы в ваш вонючий Трест Полу-крепкого Пива.

ФЕОДОРО *(мнется)*. Да-а... гм... хм... Понимаешь ли, у треста сейчас шаткое положение и вакансий пока... Читал утренние газеты? Говорят, что "Бисмарк" лопнул и "Наполеон III" прогорел, "Нерон" дышит на ладан. Да ты не думай, что я отказываюсь за тебя похлопотать.

Я похлопочу. А ты пока подумай... подумай, пожалуйста, может быть, подумаешь и о других возможностях... Пока, Алек! *(Уходит.)*

АЛЕХАНДРО. Зря я не срезал у него подметки. *(Садится к кастрюле, помешивая, варит свои подметки.)*

Открывается окно. За ним все те же трое Держателей Контрольного Пакета.

1-й ДЕРЖАТЕЛЬ. Из отдела внутренней разведки поступило сообщение. Вчера в портовом районе пятилетний хулиган написал на нашем рекламном плакате: "алкоголь — разрушитель здоровья".

2-й ДЕРЖАТЕЛЬ. Надо проверить работу рекламного отдела.

3-й ДЕРЖАТЕЛЬ. Как там наша мо́лодежь? Золотая наша гордость?

Держатели нажимают кнопки. Открываются три окна, в одном из них — Грегоро, в другом — Микаэло, в третьем — Мария.

ГРЕГОРО. От имени рекламного отдела Держателям Контрольного Пакета...

МИКАЭЛО. Привет!

МАРИЯ. И поцелуй!

1-й ДЕРЖАТЕЛЬ. Ну-с?

2-й ДЕРЖАТЕЛЬ. Докладывайте!

3-й ДЕРЖАТЕЛЬ. Как самочувствие, мо́лодежь?

МИКАЭЛО. Вчера ночью с группой скалолазов взобрался на телевизионную вышку и нарисовал несмываемой краской на государственном флаге символ нашей продукции...

1-й ДЕРЖАТЕЛЬ. Смело и романтично. Жалко, что вас не подстрелили в этот момент. Вы бы стали навек нашим героем и мучеником.

МИКАЭЛО. Мне самому ужасно жалко.

2-й ДЕРЖАТЕЛЬ. В парламенте надо продвинуть законопроект о включении в государственный флаг нашего символа.

МАРИЯ *(снимает телефонную трубку)*. Парламент? Это из фирмы "Маскулинас". *(Держателям.)* Засуетились.

ГРЕГОРО. Купил с потрохами филармонический оркестр. Написал для них ораторию. Через неделю, в день памяти жертв Шестой мировой войны оркестр исполнит ораторию на Национальном кладбище. Оратория открывается такой песенкой:

> "Маскулинас" я пить всегда готов,
> "Маскулинас" — напиток для богов,
> "Маскулинас" имеет каждый бар,
> "Маскулинас" прекрасней, чем нектар.

3-й ДЕРЖАТЕЛЬ. Недурно! Славно! Заразительная мелодия.

МАРИЯ *(со смехом кладет трубку).* В парламенте услышали песенку Грегоро. Спикер уже орет во весь голос.

1-й ДЕРЖАТЕЛЬ *(свесившись из окна, цапает Марию за подбородок).* А ты, дочь моя, чем отличилась?

МАРИЯ. Я организовала в Университете "Кружок молодой вакханки". Почин столичных студенток уже подхватывает периферия. Думаю, что через месяц в стране будет обширная сеть кружков, а к весне мы устроим сплошную национальную вакханалию.

1-й ДЕРЖАТЕЛЬ *(тихо).* Пожалуй, наиболее способный работник.

2-й ДЕРЖАТЕЛЬ *(язвительно).* Вам лучше знать.

3-й ДЕРЖАТЕЛЬ. Самый способный, конечно, самый инициативный, самый... *(Захлебывается от восторга.)*

1-й ДЕРЖАТЕЛЬ. Друзья, Совет Держателей отмечает хорошую работу рекламного отдела, но наряду с этим отмечает еще недостаточный охват населения. Подумайте об организации работы среди дошколят. Имеются тревожные сигналы с мест. Вчера в портовом районе пятилетний хулиган написал на нашем плакате: "алкоголь — разрушитель здоровья". Подумайте о внедрении нашей продукции в сеть детских садов.

МАРИЯ
МИКАЭЛО | Подумаем!
ГРЕГОРО

2-й ДЕРЖАТЕЛЬ. На сегодня все.

3-й ДЕРЖАТЕЛЬ. Отдыхайте, молодежь.

Мария, Микаэло и Грегоро прыгают из окон прямо на сидения белых "ягуаров". Держатели Контрольного Пакета отечески наблюдают за ними. Взревели моторы. Мария, Грегоро и Микаэло с сияющими лицами едут и поют:

> Мы солдаты "Маскулинас"!
> "Маскулинас", в бой веди нас!
> Конкурентов победим,
> Все препоны устраним!
> Гром победный раздавайся,
> "Маскулинас" — развивайся!

Они катят дальше, сияя и обмениваясь ослепительными улыбками. Держатели любовно машут им ручками.

1-й ДЕРЖАТЕЛЬ. Хорошая молодежь, в ней наша надежда.

2-й ДЕРЖАТЕЛЬ. Ваша надежда, надеюсь, это и наша надежда.

3-й ДЕРЖАТЕЛЬ. Инициативная мо́лодежь, боевая такая мо́лодежь... *(Захлебывается от восторга.)*

На просцениуме в это время Алехандро задремал возле своего котла. Спит обреченным сном изгоя.

В офисе заработал телетайп.

2-й ДЕРЖАТЕЛЬ *(читает ленту).* Опять тревожные сигналы. Внутрянняя разведка сообщает: сегодня после получки на заводе летних зонтиков пятьдесят семь с половиной процентов рабочих прошли мимо наших баров прямо в сберкассу.

3-й ДЕРЖАТЕЛЬ. Какой ужас! Я очень боюсь пролетариата! *(Икает от волнения).*

2-й ДЕРЖАТЕЛЬ. Читаю дальше. 44,6% чиновников Сельскохозяйственного Департамента после получки удовлетворились лишь полукрепким пивом.

3-й ДЕРЖАТЕЛЬ. Какой ужас! Трепещу перед интеллигенцией и крестьянством! *(Икает все сильнее.)*

2-й ДЕРЖАТЕЛЬ *(мрачно).* Внешняя разведка доносит. В Нью-Йорке на Бродвее состоялась стихийная демонстрация под лозунгами "Маскулинас", гоу хом!"

3-й ДЕРЖАТЕЛЬ. Какой ужас! Я в панике от освободительной борьбы народов.

1-й ДЕРЖАТЕЛЬ *(жестко).* Прекратите икать!

3-й ДЕРЖАТЕЛЬ *(разражается рыданьями).* Вы меня не любите! Вы меня не жалеете! Вы меня презираете!

1-й ДЕРЖАТЕЛЬ *(металлическим голосом).* Прекратите икать и рыдать! *(3-й прекращает.)* Нужно принять немедленные меры. Во-первых, пора покончить с этим жалким Трестом Полукрепкого пива. Во-вторых, надо нажать на правительство — пусть заявят протест этим жалким Соединенным Штатам. В конце концов, Штаты — это бумажный тигр. С нашей кавалерией... Ну, ладно. В-третьих, друзья, нам все-таки нужно укрепить рекламный отдел. Мо́лодежь, конечно, справляется, но нам нужен гений, мозг, титан, изобретатель, Ньютон, Эйнштейн, Спиноза. Вот так. За дело.

Окно закрывается.

На сцене несущиеся автомобили, в просцениуме дремлющий Алехандро.

ГРЕГОРО. Что будем делать? Чем-то надо заняться.

МИКАЭЛО. Ну не пить же этот вонючий "Маскулинас". Может быть, ударим по полукрепкому пиву?
МАРИЯ *(озорно).* Мальчики, у меня есть русская водка.
ГРЕГОРО. Тише! С ума сошла! Ни слова о России.
МИКАЭЛО. Поедем к тебе, но только тихо.
МАРИЯ. Тихо-тихо постреляем.

Поездка продолжается.
Пробуждается Алехандро, бросается к кипящему котлу, снимает его, пробует бульон.

АЛЕХАНДРО. Какой наваристый бульон! В чем дело? А, вот в чем дело — к подошве пристала колбасная кожица и корка лимона и даже лавровый лист. Ха-ха-ха! Эй, голодные во всем мире! Суп у вас под ногами! *(С аппетитом ест.)* Соли не хватает. *(Снимает носки с обеих ног и сует их в котел, пробует, кричит в отчаянии.)* Пересолил, идиот! Невозможно есть! Что мне делать? Ведь так я действительно умру с голода... *(Некоторое время стоит растерянный, убитый горем, потом яростно кричит.)* Нет, никогда я не буду лизать задницу "Маскулинас"! Проклятая жопа, вся из сахара, мягкая и сладкая, как торт! Она нависает надо мной — лизни, лизни, будешь знаменит, богат! Шиш! Я кусну тебя, проклятая, смердящая всеми благами мира! *(Кусает воображаемую задницу.)* Скорее я уйду в джунгли и одичаю! Буду жрать ящериц и ползучих гадов! Скорее я стану гангстером и погибну под пулями оперативников! Скорее я стану сутенером у портовых шлюх!

В просцениуме появляются трое полицейских. По сути дела, это те же сандвичи и Держатели.

1-й ПОЛИЦЕЙСКИЙ. Читаю приказ муниципалитета. *(Читает.)* На очередной сессии определили. Трущобы и бидонвили — это безобразные морщины на прекрасном лице нашей вечно цветущей столицы. Они мешают рекламной работе наших ведущих фирм. Постановили. Выявить трущобы и стереть с лица земли. Исполнение поручить корпусу полиции.
2-й ПОЛИЦЕЙСКИЙ. Как главный эксперт определяю: эта хибара — типичная трущоба. Подлежит сносу.
3-й ПОЛИЦЕЙСКИЙ. Жаль, такая романтическая трущоба, но что поделаешь.
1-й ПОЛИЦЕЙСКИЙ. Приступайте, ребята!

Полицейские приступают к уничтожению трущобы.

АЛЕХАНДРО. Что вы делаете? Это мое жилище! Прочь руки! Мой дом — моя крепость!

Трущоба уничтожена.

АЛЕХАНДРО. Тогда вы обязаны предоставить мне однокомнатный аппартамент со всеми удобствами.
1-й ПОЛИЦЕЙСКИЙ. Документики!

Алехандро предъявляет паспорт. 1-й полицейский смотрит паспорт.

2-й ПОЛИЦЕЙСКИЙ *(заглядывает первому через плечо)*. Марки все на месте? Отпечаток левой ступни имеется?
3-й ПОЛИЦЕЙСКИЙ *(заглядывает)*. Фотография не похожа. На фото пухленький мальчик, душечка, симпапушечка, а предъявитель — скелетик...
1-й ПОЛИЦЕЙСКИЙ *(Алехандро)*. Кто вы такой?
АЛЕХАНДРО. Я писатель.
2-й ПОЛИЦЕЙСКИЙ. Где работаете?
АЛЕХАНДРО. Нигде. Я пишу прозу.
3-й ПОЛИЦЕЙСКИЙ *(в сладком ужасе)*. Неужели паразит?
АЛЕХАНДРО. Я не паразит. Я пишу прозу.

Полицейские начинают хохотать, никак не могут удержаться. Алехандро растерян.

АЛЕХАНДРО. Повторяю — я прозаик.
1-й ПОЛИЦЕЙСКИЙ. Ой, уморил — прозаик.
2-й ПОЛИЦЕЙСКИЙ. Пишет прозу — надо же!
3-й ПОЛИЦЕЙСКИЙ. Какой ужас! Паразиты в нашей вечно цветущей столице!
АЛЕХАНДРО *(истерично)*. Я не паразит! Я пишу прозу!
1-й ПОЛИЦЕЙСКИЙ *(серьезно)*. У вас есть справка о ваших доходах? Сколько вы заработали за год этой вашей, как ее...
2-й ПОЛИЦЕЙСКИЙ. Прозой. У-ха-ха, у-ха-ха...
3-й ПОЛИЦЕЙСКИЙ. Проза-роза- с мороза-метаморфоза. Лучше бы писали стихи, молодой человек.
АЛЕХАНДРО *(мрачно)*. Я ничего не заработал своей прозой. Ни единого центавра. Но я не паразит. Я пишу прозу.

1-й ПОЛИЦЕЙСКИЙ. Раз вы пишете эту...
2-й ПОЛИЦЕЙСКИЙ. Прозу.
1-й ПОЛИЦЕЙСКИЙ. Вот-вот. Раз вы пишете эту... эту самую, значит, должны понимать эту... ну...
3-й ПОЛИЦЕЙСКИЙ. Логику.
1-й ПОЛИЦЕЙСКИЙ. Именно. Раз вы пишете эту самую, значит, должны понимать эту самую, ну... Если вы ничего не заработали своей этой самой и нигде не работаете, значит, живете на нетрудовые доходы. Значит, вы — паразит.
АЛЕХАНДРО. У меня нет нетрудовых доходов.
3-й ПОЛИЦЕЙСКИЙ. Что же вы едите, мой милый?
АЛЕХАНДРО. Варю подошвы собственных ботинок.
2-й ПОЛИЦЕЙСКИЙ. А где вы взяли средства́ на ботинки?
АЛЕХАНДРО *(растерян)*. Понимаете, я... было время, когда я не писал прозы. Раньше я не писал прозы...
1-й ПОЛИЦЕЙСКИЙ. Вот что, парень, не воображай, что мы такие наивные. Мы все про тебя знаем. Ты всегда писал эту самую.
2-й ПОЛИЦЕЙСКИЙ. Не вздумайте отпираться — вы всегда писали прозу.
3-й ПОЛИЦЕЙСКИЙ. Ведь все же известно, малыш. Информация сейчас идет широким потоком. С детства еще баловался прозой, марал бумагу. Лучше сознавайся.
АЛЕХАНДРО. Я не паразит!
1-й ПОЛИЦЕЙСКИЙ. Свидетель!

Входит свидетель, пожилой рантье.

3-й ПОЛИЦЕЙСКИЙ. Вот свидетель замечательный. Пожилой рантье, образцовый налогоплательщик, не дурак выпить.
2-й ПОЛИЦЕЙСКИЙ *(свидетелю)*. Вы знаете этого человека?
РАНТЬЕ. Я, конечно, этого субъекта не знаю, в глаза его никогда не видел, розы евонной не читал, ничего с ним общего не имею, господа полицейские, одно могу сказать: не пристало паразитам марать чистенькие тротуары нашей вечно цветущей столицы. Вон паразитов из нашей вечно цветущей!
1-й ПОЛИЦЕЙСКИЙ *(Алехандро)*. Слышите голос народа?
АЛЕХАНДРО. Я не паразит!
3-й ПОЛИЦЕЙСКИЙ *(удивленно)*. Кто же вы тогда такой?
АЛЕХАНДРО. Я прозаик!
ПОЛИЦЕЙСКИЕ
РАНТЬЕ } У-ха-ха! У-ха-ха!

В глубине сцены на велосипеде проезжает сумрачный Феодоро. К раме велосипеда прикреплен портфель служивого человека.

АЛЕХАНДРО *(увидев Феодоро).* Вот мой свидетель! Сейчас он вам расскажет, кто я такой! Феодоро! Феодоро! Сюда! *(Бросается к Феодоро, но полицейские его удерживают.)*

Феодоро уезжает, так и не услышав криков Алехандро.

1-й ПОЛИЦЕЙСКИЙ. Вот что, сукин сын, даем тебе двадцатьчетыре минуты на сборы, поселишься у ящериц в пустыне Кукко-Фуего. А если сбежишь — отправим на галеры. Собирайся, прозист-стрикулист! *(Уходит.)*

2-й ПОЛИЦЕЙСКИЙ ⎫
3-й ПОЛИЦЕЙСКИЙ ⎬ Прозаик! У-ха-ха! У-ха-ха! *(Уходят.)*
РАНТЬЕ ⎭

АЛЕХАНДРО *(хватает свои рукописи, как безумный мечется по сцене).* Весь мир ополчился против меня! Я погиб! Я не выдержу этого унижения! Лучше уж под колеса! Прощай, Мария! Прощайте, любимые мои люди! Пришел мой час! *(Бросается навстречу фарам трех несущихся прямо на него "ягуаров".)*

МАРИЯ. Какой-то оборванец бежит прямо на нас!
ГРЕГОРО. Тормоза!
МИКАЭЛО. Поздно!

Алехандро бросается прямо под колеса. Скрежет тормозов. Крик Марии. Грегоро и Микаэло выпрыгивают из машин и вытаскивают из-под колес Алехандро.

МАРИЯ. Алехандро! *(На мгновение падает в обморок и сразу встает.)* На кого ты похож! Боже мой, он небрит!
МИКАЭЛО. Алек, друг!
ГРЕГОРО. Ты жив, Алехандро?
АЛЕХАНДРО. Неужели я жив? Смотри-ка, руки-ноги целы, ну и дела! Ребята, это вы? Мария, это ты? Девочка моя! Ребята, смотрите, — я жив! Жизнь прекрасна! Черт побери, я хочу жить на всю катушку, ездить в такой машине, спать с Марией! Я есть хочу! Хочу выпить! Хочу насосаться этой дряни "Маскулинас" и завалиться с Марией в постель! Ура! Я жив!
МАРИЯ. Наконец-то ты взялся за ум! Прыгай ко мне в машину. *(Алехандро прыгает к ней в машину. Целуются.)*

ГРЕГОРО ⎫
МИКАЭЛО ⎬ Ура! Алехандро с нами! Вперед!

Зажглись фары, "ягуары" полетели вперед.
На сцену выбегает Феодоро.

ФЕОДОРО *(кричит).* Алехандро, это ты? Должен тебя огорчить — наш трест лопнул! Я безработный!
АЛЕХАНДРО. Черт с ним, с вашим трестом! Я начинаю новую жизнь! К дьяволу все эти литературные бредни! *(Швыряет рукописи.)*

ГРЕГОРО
МИКАЭЛО *(поют).* Мы солдаты "Маскулинас"!
МАРИЯ "Маскулинас", в бой веди нас!
Конкурентов победим!
Все препоны устраним!
Гром победы раздавайся,
"Маскулинас" — развивайся!

Алехандро подпевает.
Феодоро печально подбирает рукописи.

ЗАНАВЕС

КАРТИНА ТРЕТЬЯ

На сцене рекламный отдел фирмы "Маскулинас". Экраны телевизоров, телетайпы, стеллажи. Широкое окно, за окном привычный капиталистический пейзаж с небоскребами. Над окном большой направляющий лозунг: ЧЕЛОВЕК ЧЕЛОВЕКУ — ВОЛК, ГИЕНА, ЛЕОПАРД. Ниже в разных местах лозунги поменьше:
РАЗДЕЛЯЙ И ВЛАСТВУЙ!
КНУТОМ И ПРЯНИКОМ!
НЕ МЫТЬЕМ, ТАК КАТАНЬЕМ!
ВИСКИ ВМЕСТО
МАСЛА!
МЯСА!
ХЛЕБА!
РЫБЫ!
ПИВА!
ВИСКИ ВМЕСТО ПУШЕК!

В центре сцены отплясывают твист Мария и Алехандро. Алехандро в шикарном белом костюме. Общий вид фатоватый и преуспевающий. Положив ногу на ногу, в кресле сидит Грегоро. На подоконнике развалился Микаэло.

МИКАЭЛО *(рассказывает)*. Вчера книгу читал — блеск! Сплошные намеки. В общем так — выходит такая девочка, нимфочка, в лес, на ней красная шапочка... Поняли намек?
ГРЕГОРО. Ну-ну.
МАРИЯ *(Алехандро)*. Тут один старый хрен, Главный Держатель, клинки под меня подбивает.
АЛЕХАНДРО. Ха-ха, а я вот возьму и убью его!
МИКАЭЛО. А навстречу девочке выходит как бы волк, это прозрачная аллегория, короче, выходит ей навстречу чемпион секса с открытой розовой пастью...
ГРЕГОРО. А дальше?
МАРИЯ. Зачем его убивать, милый? Подумаешь, по попке раз в день погладит, мне не жалко, а ему приятно. На большее он все равно не способен.
АЛЕХАНДРО. Ладно, не буду убивать. Так и быть, пусть гладит.
МИКАЭЛО. Раз! И он как бы слопал бедную девочку. Понимаешь, вроде бы слопал.
ГРЕГОРО. Сейчас это называется слопал?
МАРИЯ. Что-о? Да я сама его слопаю. Ам, и готово.

Кончают танцевать и разваливаются в креслах.

ГРЕГОРО *(зевая)*. Ну что, друзья, поработали на нашу очаровательную фирму, чтоб ей ни дна, ни покрышки?

МИКАЭЛО *(потягиваясь)*. Вчера в Восточной Африке отряд наших подонков перехватил фургон с кефиром и переколотил все бутылки. Грубо работают.

МАРИЯ. Отдел заморских операций — сплошь подонки и бандиты.

АЛЕХАНДРО. В большом деле без бандитов не обойтись.

ГРЕГОРО. Потише, ребята, вдруг Держатели подслушивают.

АЛЕХАНДРО. Пусть подслушивают. Им наплевать на наши взгляды, лишь бы мы работали хорошо. Потом, они — ослы.

МИКАЭЛО. Свиньи.

ГРЕГОРО. Аппетит у них свинский.

МАРИЯ. А похоть козлиная.

АЛЕХАНДРО. Зато хорошо платят.

Открывается часть сцены. За ней хихикающие Держатели.

3-й ДЕРЖАТЕЛЬ. Ах, сорванцы!

2-й ДЕРЖАТЕЛЬ. Так-то вы нас?

1-й ДЕРЖАТЕЛЬ. А теперь приступим к работе, проказники. Какие новые идеи, синьор Алехандро?

АЛЕХАНДРО. Я тут придумал кое-что.

ДЕРЖАТЕЛИ. Ну, ну, ну... *(Третий задыхается от волнения.)*

АЛЕХАНДРО. По части обслуживания престарелых и больных. У нас пока явно не доработан этот вопрос. Больной человек для того, чтобы заказать на дом виски, вынужден набирать восемь нолей. Представляете, какой длинный путь проходит его больной дрожащий палец от нуля до упора? И так восемь раз! Предлагаю изменить наш номер на восемь единиц. Таким образом, мы сразу увеличим во много раз количество заказов и больным будет легче. А еще лучше — заказ по номеру единица, одна-единственная единица. Чикнул пальчиком, и виски, хоть залейся.

1-й ДЕРЖАТЕЛЬ. Единица — это номер скорой помощи. Вот в чем загвоздка.

АЛЕХАНДРО. Скорую помощь можно ликвидировать. Что это за бескрылый альтруизм? Какая-то дурацкая скорая помощь, доставшаяся нам в наследство от бескрылого альтруизма! Нужно думать о здоровье всей нации, а не отдельных ее членов. К черту скорую помощь!

2-й ДЕРЖАТЕЛЬ. М-да. Возможны трения с правительством.

АЛЕХАНДРО *(обиженно).* Ну, как знаете. Мое дело предложить...
3-й ДЕРЖАТЕЛЬ. Ради такого дела, пожалуй... *(Шепотом.)* Надо его ободрить.
МАРИЯ *(оперативно).* Решение принято? *(Снимает телефонную трубку.)*
1-й ДЕРЖАТЕЛЬ. Звоните.
МАРИЯ *(в трубку).* Отдел решительных действий? Здорово, мальчики! *(Смеется.)* Это ты, Амброзио? *(Смеется.)* Нахал! *(Смеется.)* Мало ли куда, мало ли с кем. Тебе какое дело? *(Смеется.)* Стряхни пыль с ушей! *(Смеется.)* Ничего не получишь. *(Смеется.)* Хулиган! *(Смеется.)* Ах, да! Принято решение — правительство — на свалку истории. В буквальном смысле. Действуйте! *(Смеется.)* Ты, Амброзио, хулиган и весь ваш отдел — нахалы. *(Вешает трубку.)* Готово!
1-й ДЕРЖАТЕЛЬ *(Грегоро).* Включите телевизор, дружок. Посмотрим, как развиваются события.
3-й ДЕРЖАТЕЛЬ. Симпатичное было правительствп, милое, отзывчивое...

Грегоро включает телевизор. На экране бущующая толпа, дымки выстрелов.

ДИКТОР *(взволнованно кричит).* В этот момент толпы пьяных хулиганов штурмуют резиденцию правительства. Правительство вызывает гвардейские танки для разгона беснующейся орды.

Грегоро выключает телевизор.

1-й ДЕРЖАТЕЛЬ *(Алехандро).* Продолжим совещание. Какие меры вы предлагаете применить к дошкольникам?
2-й ДЕРЖАТЕЛЬ. К распоясавшимся дошкольникам?
АЛЕХАНДРО. Здесь мы должны проводить чуткую и тонкую политику воспитания. Мы должны думать о смене. В конце концов, каждый ребенок должен вырасти во взрослого и закаленного потребителя виски "Маскулинас".

Грегоро включает телевизор.

ДИКТОР. Танки не заводятся. Гвардейцы пьяны. Отряды темпераментных жителей нашей вечно цветущей столицы продолжают штурм правительственного дворца.
ГРЕГОРО *(выключает телевизор).* Этот день войдет в историю. У меня уже рождается симфония.

1-й ДЕРЖАТЕЛЬ *(Микаэло)*. Хорошо бы создать большое батальное полотно, посвященное этому дню.
МИКАЭЛО. Уже обдумываю композицию.
2-й ДЕРЖАТЕЛЬ. Итак, дальше, синьор Алехандро.
АЛЕХАНДРО. Идеи "Маскулинас", философия "Маскулинас", эстетика "Маскулинас" должны проникать в сознание каждого ребенка, начиная с пеленок. Во всех детских садах следует повесить ваши портреты, господа Держатели, с детьми на коленях.
3-й ДЕРЖАТЕЛЬ. С детьми! Дивно! С такими розанчиками! С нашей надеждой! *(Захлебывается от восторга.)*
АЛЕХАНДРО. Небольшие дозы виски в молоке, в какао, в манной каше не только не повредят развитию детских организмов, но, наоборот, будут способствовать их ускоренному росту и приучат детей к ежедневному потреблению "Маскулинас". Следующий вопрос — детские передачи. Включи-ка телевизор, Грегоро.

Грегоро включает телевизор.

ДИКТОР *(радостно)*. Итак, продажное и прогнившее правительство сброшено на свалку истории! Первый декрет Временного революционного комитета упразднил Институт скорой помощи. Шайка бескрылых альтруистов, окопавшихся в Институте, разоблачена. А сейчас передача для наших маленьких друзей. Передаем песню "Скажи мне, птичка". *(Поет.)*

    Скажи мне, птичка,
    Чиво ты пьешь?
    Чем запиваешь,
    Когда клюешь?
    Чижик-пыжик,
    Где ты был?
    Был в "Маскулинас",
    Там виски пил.
    Выпил рюмку, выпил две,
    Эй, зашумело в голове.

МАРИЯ. Там уже сориентировались. Ой, посмотрите — за спиной у диктора Амброзио с пистолетом! Ох, уж этот Амброзио!

Грегоро выключает телевизор.

АЛЕХАНДРО. Сориентировались, но не совсем. Конец этой в общем-то полезной песни надо петь так:

> Выпил виски, сильным стал,
> Педагогу наподдал.

Включи-ка теперь, Грегоро.

Грегоро включает.

ДИКТОР *(напуганный до смерти)*. Итак, дети, запомните припев:

> Чижик-пыжик, где ты был?
> В "Маскулинас" виски пил.
> Выпил виски, сильным стал,
> Педагогу наподдал.

Грегоро выключает телевизор.

2-й ДЕРЖАТЕЛЬ. Довольно плодотворный день. Мы вами довольны, синьор Алехандро.

3-й ДЕРЖАТЕЛЬ. Дивный день! Именины сердца! Вы замечательный работник, Алек, позвольте мне так вас называть.

АЛЕХАНДРО. Все это пока лишь паллиативные меры.

1-й ДЕРЖАТЕЛЬ. Вы намечаете еще что-нибудь?

АЛЕХАНДРО. Проникновение нашей продукции и наших идей должно быть всеобъемлющим, глобальным. Население должно совершенно искренне и глубоко поверить в "Маскулинас", в трудные минуты жизни должно прибегать к "Маскулинас", в радостные тем более, а для этого нужен...

ДЕРЖАТЕЛИ. Кто?

АЛЕХАНДРО. Для этого нужен кумир. Мы должны создать символ лояльного к "Маскулинас" гражданина, любимца всех слоев населения.

1-й ДЕРЖАТЕЛЬ. Сколько вам для этого понадобится времени?

АЛЕХАНДРО. Минут пятнадцать.

1-й ДЕРЖАТЕЛЬ. Приступайте.

Стена закрывается. Алехандро хватается за голову и падает в кресло. Мария подбегает к нему.

МАРИЯ. Что с тобой, милый? Ты так сегодня хорошо работал...
АЛЕХАНДРО. Ой, голова болит!
МАРИЯ. Береги свою головку. Твоя головка — наше сокровище. *(Похлопывает его по голове.)*
АЛЕХАНДРО. Ребята, мне иногда снится странный сон — маленький островок в океане, на котором растет одна-единственная, но гигантская и щедрая пальма, и мы вчетвером под этой пальмой, веселые и свободные...
МАРИЯ. Что за странный сон?
АЛЕХАНДРО. Ой, голова болит!
МИКАЭЛО. Как понять эту историю? Маленький островок и одна-единственная пальма? Каков скрытый смысл?
ГРЕГОРО. Неужели не понимаешь? *(Шепчет на ухо Микаэло.)*
МИКАЭЛО *(хохочет)*. Ага, дошло! Ловко ты завернул!
АЛЕХАНДРО. Ой, голова раскалывается.
МАРИЯ. Что с тобой сегодня, мой милый? *(Целует его.)*
АЛЕХАНДРО *(отстраняет ее, слабо)*. Его зовут Порк Кабанос.
ВСЕ. Кого?
АЛЕХАНДРО *(вскакивает)*. Порк Кабанос! Вот наш кумир! Порк Кабанос! Миляга-парень! Все свинство обывателя он сосредоточит в себе, всю пошлость, все филистерство, все ходовые словечки, а порой и матерщинку, он будет шутником, Порк Кабанос, добрый старый Порк, лояльнейший из лояльных, веселенький алкоголик, в меру наглый, в меру услужливый, в доску свой, располагающий к беседе, к откровенности. Во всех журналах появятся беседы с Порком, изречения Порка, во всех кинотеатрах будут идти периодические мультипликации с Порком, он проникнет повсюду, он будет участником интимной жизни. Старина Порк со своей неизменной бутылочкой "Маскулинас". Он преобразит всю жизнь и превратит страну в уютненький сумасшедший дом. Порк Кабанос!
МАРИЯ. Гениально! А как сложатся у Порка отношения с женщинами?
АЛЕХАНДРО. Он будет кумиром женщин, он будет давать советы домохозяйкам, соблазнять красавиц, утешать уродин. Женщины под его влиянием будут сами спаивать своих мужей и любимых, сами будут хлестать виски. Микаэло, приступай к портрету Порка, изобрази его обаятельную глумливую рожу, ручки-крючки, шляпенку, потертый костюмчик. Учти, Порк — рядовой гражданин, один из миллионов. Грегоро, напиши песенку "Пейте с Порком".

ГРЕГОРО
МИКАЭЛО } Приступаем!

АЛЕХАНДРО. Мария, свяжись с телевидением, радио, муниципалитетом, издательствами, журналами.
МАРИЯ. Это я мигом. Ух, и заварим дельце! *(Бросается к телефонам.)*

Грегоро в углу трудится над песенкой. Микаэло размашистыми штрихами рисует на стене нелепого человечка в шляпенке.

АЛЕХАНДРО *(наблюдает).* Так. Правильно, Мик. Замечательно.
МИКАЭЛО. Усики надо, Алек?
АЛЕХАНДРО. Обязательно. И очки. В кармане бутылка.
МАРИЯ *(кричит в трубку).* Его зовут Порк Кабанос. Порк Кабанос, остолопы! Передаю по буквам: Поцелуй, Оркестр, Рыба, Колбаса...
ГРЕГОРО. Песенка чуть-чуть сентиментальна?
АЛЕХАНДРО. Самую малость.
МАРИЯ *(в трубку).* Еще одно распоряжение. Снимается контроль над нецензурными выражениями. *(Смеется.)* Алек, они спрашивают — неужели даже на слово кутта?
АЛЕХАНДРО. Даже рекутта!
МАРИЯ. Даже рекутта! *(Смеется.)* В обморок попадали!
АЛЕХАНДРО. Даже рекуттиссима!
МАРИЯ *(в трубку).* Даже рекуттиссима! *(Смеется.)* Алек, они там дрожат от ужаса, эти старые ханжи.
МИКАЭЛО. Ну, вот, готово.
АЛЕХАНДРО *(внимательно рассматривает портрет).* Как ты здорово угадал, Мик. Я узнаю его. Я его уже где-то видел. *(Кричит.)* Внимание, даю первый текст Порка. Порк Кабанос комментирует государственный переворот!

Мария включает телевизор. На экране глумливая мультипликационная рожа Порка Кабаноса.

ПОРК *(приподнимает шляпенку, улыбается).* Здорово, ребятишки-собутыльники и вы, дамочки! Я Порк Кабанос, персона грата, рядовой гражданин. Эй, Боббо, Лола, Чикито, узнаете меня? Фу, горло пересохло, кутта-кутиссима! *(Хихикает, отхлебывает из бутылки.)* Так-то лучше дело пойдет. Ух, хорош этот "Маскулинас", кутта, сладок, заборист, рекутта. Открывайте ваши бутылочки и слушайте меня, Порк не такой дурачок. *(Отхлебывает.)*
Вот что я вам скажу про старое правительство. Оно, конечно, му-

жики эти были ученые, да только выпить слабоваты, от ста грамм косели. *(Хихикает, отхлебывает.)* Всякому овощу свое время, а эти малость подгнили, сами небось чувствовали. Бывало, идешь мимо правительственного дворца, так в ноздри шибает, что сразу бежишь в какой-нибудь ближайший барчик "Маскулинас", просишь буфетчика — наливай тройную порцию. Вонючее было правительство, кутта, рекутта, рекуттиссима, ничего не скажешь. Ну, как наклюкались уже, ребятишки, Боббо, Лола, Чикито? Ух, родные вы мои. Уважаете меня? Я вас уважаю. *(Пьет.)*

ГРЕГОРО. Готова песенка.

АЛЕХАНДРО. Давай, Грегоро.

ПОРК КАБАНОС. А сейчас я вам, ребятишки, песенку спою, запоминайте. *(Поет.)*

> По своим квартирным норкам
> Выпивайте вместе с Порком,
> Спите с Порком,
> Ешьте с Порком
> По своим квартирным норкам.
> Старый Порк не подведет,
> Пусть печаль тебя не гложет,
> Порк вас за руки возьмет,
> В дружбе и любви поможет.
> Счастье где? Всегда — в борьбе!
> Запасайте больше виски!
> Порк поможет вам в беде,
> С Порком вы к победе близки.
> По своим квартирным норкам
> Выпивайте вместе с Порком,
> Спите с Порком,
> Ешьте с Порком,
> По своим квартирным норкам.

ГРЕГОРО. Как песенка?

АЛЕХАНДРО. Вполне. Молодец, Грегоро.

ПОРК КАБАНОС. Ваше здоровье, Боббо, Лола, Чикито! *(Пьет.)* Пока до свидания. Ежели кому не надоел, переключайте на второй канал.

МАРИЯ *(выключает телевизор).* Славное получилось чудовище. Поздравляю тебя, милый.

МИКАЭЛО *(показывает в окно).* Посмотрите на мои художества.

В окне видно, что на крышах всех небоскребов появились световые изображения кривляющегося и опрокидывающего рюмку за рюмкой Порка Кабаноса.

АЛЕХАНДРО. Отлично. Мари, как откликнулись печатные органы?

МАРИЯ. Что ты спрашиваешь? Как они еще могут откликнуться?

АЛЕХАНДРО. Итак, все вечерние газеты познакомят население с Порком. Кабанос комментирует важнейшие вопросы современности. Беседы Кабаноса с рабочим, с крестьянином, с интеллигентом, с рантье. Утром во всех журналах появятся различные рассказы о Порке. Световая реклама уже налажена стараниями нашего друга Микаэло. Пластинки с песенкой Порка выпустить стомиллионным тиражом. Мари, подготовь телепатический передатчик. Сейчас я передам тексты Порка во все информационные агентства. Грегоро, Микаэло, на сегодня вы свободны, развлекайтесь. Оставьте нам с Марией по глотку русской водки, мы заедем попозже.

ГРЕГОРО. Ты с ума сошел! Вслух о России?

АЛЕХАНДРО. Плевать! Мы делаем для этой гнусной фирмы такое дело, что можем себе позволить все, что угодно. Без нас она развалится за два дня. Включай передатчик, Мари!

Мария включает телепатический передатчик. Алехандро усаживается перед ним. Грегоро и Микаэло выпрыгивают в окна. Под окнами взревели моторы. Грегоро и Микаэло поют:

Мы солдаты "Маскулинас",
"Маскулинас", в бой веди нас...

МАРИЯ (танцует). Ах, какое настроение, какое настроение! Как мыслишки, котик? Летят, небось, как птички? Ты мое золото! Интересно, сколько нам заплатят за Порка? Давай купим Ямайку, а? Или Багамские острова? Устроим там все, как хотим. Устроим полную перестановку. Мы будем дико богаты, мой дорогой.

Входит Феодоро, в руках у него газета. Робко озирается.

МАРИЯ. Это, это ты, Феодоро! Ну как, по-прежнему голодаешь?

ФЕОДОРО. Здравствуй, Мария. Нет, я уже не голодаю. Я устроился... в "Маскулинас".

МАРИЯ. Ага, тоже, значит, продался?

ФЕОДОРО. У меня семья, Мария, малыши... И потом, я в вычислительном отделе, простой счетный работник... Никакого отношения к этим гадостям... Ой, Мари, я этого не говорил!

МАРИЯ. А правда, хорошо после того, как продашься? До того, как продашься, как-то неважно, как-то неспокойно, что-то не по себе, а как продашься — так тебе сразу становится хорошо. Правда, Федди?

ФЕОДОРО. Я хотел поговорить с Алехандро.

МАРИЯ. Он занят. Вытаскивает из головы свои гениальные мыслишки.

АЛЕХАНДРО *(встает).* Готово. Все газеты уже получили тексты, а некоторые уже вышли.

ФЕОДОРО. Здравствуй, Алек. Я как раз насчет газет. Представляешь, вхожу сейчас в метро и вижу — вся толпа читает "Вечернее Коромысло", все довольны, хохочут, улыбаются, обнимаются и дуют виски прямо из бутылок. Все вдруг стали счастливы. Покупаю газету, а там откровения какого-то идиотского Порка Кабаноса.

МАРИЯ. Ну-ну! Осторожней! Идиотского! Тоже мне критически мыслящая личность! Счетоводишка несчастный!

АЛЕХАНДРО. Молодцы там в "Вечернем Коромысле". Расторопные ребята.

ФЕОДОРО *(поражен).* Неужели это ваших рук дело?

МАРИЯ *(гордо).* Это мой Алек изобрел Порка Кабаноса.

ФЕОДОРО. Нет, я не верю! Неужели это ты, Алехандро? Подумать только, что они пишут в своей газете. *(Читает.)* "Ваш друг Порк Кабанос о смысле жизни". Это шапка. Дальше. "Однажды добрый старый Порк зашел к своему соседу, философу, бескрылому альтруисту. "В чем смысл жизни, дружище?" — спросил Порк. "Не знаю", — пробормотал философ, эта заблудшая овца. "А я знаю, — сказал старина Порк и вынул из кармана бутылку "Маскулинас". — Смысл жизни в истине, дорогой ты мой философ, а истина в вине". Теперь этот философ забросил свое бесперспективное занятие и работает мойщиком посуды в одном из баров "Маскулинас". Сыт, пьян, нос в табаке, постоянно насвистывает под нос жизнеутверждающий мотивчик. Так помог наш дорогой Порк этой заблудшей овце". И так далее, десять рассказов о смысле жизни и все сводится...

АЛЕХАНДРО. Дальше можешь не читать. Это все я сочинил.

ФЕОДОРО *(возмущенно).* Не могу молчать! *(Шепчет.)* Алехандро, подумай, какому черному делу ты отдаешь свой талант. Ведь этот Порк может за несколько дней одурманить всю страну.

АЛЕХАНДРО. Так и задумано.

ФЕОДОРО. Мне стыдно за тебя. Ты деморализован.

АЛЕХАНДРО. Не ты ли уговаривал меня поступить на службу в "Маскулинас"?

ФЕОДОРО. Да, но я думал, что ты сохранишь свои взгляды, не забросишь прозу...

АЛЕХАНДРО. Идите вы все к дьяволу, доброхоты! Я тоже понял смысл жизни! Тебе я не верю. Тоже мне идейные борцы! Про таких, как ты, один русский поэт написал: обед и ужин каждому нужен...

ФЕОДОРО. С ума сошел! Вслух о России? В тюрьму захотел?

АЛЕХАНДРО *(хохочет).* Вот видишь, какой ты трус!

МАРИЯ *(наступая на Феодоро).* Так тебе не нравится наш добрый старина Порк Кабанос?

ФЕОДОРО *(гордо).* Нет!

МАРИЯ. Что я слышу? Повтори громче! Тебе не нравится кумир нации?

ФЕОДОРО *(испугавшись).* Нет, почему же? Он не лишен обаяния этот Порк, но...

МАРИЯ *(грозно).* Что значит "но"?

ФЕОДОРО *(отчетливо).* Мне нравится кумир нации Порк Кабанос. *(Поспешно уходит.)*

МАРИЯ *(руки в боки).* Ха-ха-ха! Во время зафиксировался. *(Оглядывается. Алехандро, словно больной, лежит в кресле.)* Что с тобой, милый?

АЛЕХАНДРО. Опять дикая головная боль. Подойди ко мне, моя девочка. *(Мария садится ему на колени, целуются.)* Я сейчас снова, как во сне, как берег обетованный, увидел какой-то крошечный песчаный островок и могучее дерево, и как будто мы с тобой...

МАРИЯ. Должно быть, это фрагмент Ямайки или Багамских островов. Фокусы Бюро по продаже океанских островов. Телепатически воздействуют на тебя, милый. Давай в самом деле купим какой-нибудь архипелаг?

АЛЕХАНДРО. Нет, это не то. *(Встает.)* Если хочешь архипелаг, купим архипелаг. Ты знаешь, Мари, все эти чудовищные мерзости, все эти преступления я делаю только ради тебя. Моя любовь к тебе невероятна.

МАРИЯ. Почему мерзости, милый, почему преступления? Это нормальная работа, которая позволит нам купить какой-нибудь симпатичный архипелаг. Не мучай себя, милый!

АЛЕХАНДРО. А ты меня любишь?

МАРИЯ. Еще как! На сто десять процентов!

АЛЕХАНДРО. Если бы я снова стал бедным, всеми покинутым, злым, как черт, любила бы ты меня?

МАРИЯ. Что за фантазия? Не мучай себя, милый!

АЛЕХАНДРО. Любить иных — тяжелый крест,
          А ты прекрасна без извилин,

>   И прелести твоей секрет
>   Разгадке жизни равносилен.

МАРИЯ *(глухо)*. Не мучай меня, милый.

АЛЕХАНДРО.
>   О доблестях, о подвигах, о славе
>   Я забывал на горестной земле,
>   Когда твое лицо в простой оправе
>   Передо мной сияло на столе.

МАРИЯ. Не мучай, умоляю...

АЛЕХАНДРО.
>   И в пролет не брошусь,
>   И не выпью яда,
>   И курок не смогу над виском нажать,
>   Надо мною, кроме твоего взгляда,
>   Не властно лезвие ни одного ножа.

МАРИЯ. Перестань, Алек, перестань. *(Вдруг встает, преображенная.)*
>   А скорбных скрипок голоса
>   Поют за стелющимся дымом:
>   Благослови же небеса:
>   Ты первый раз одна с любимым.

АЛЕХАНДРО *(восторженно)*.
>   А сердце бьется в упоеньи,
>   И для него воскресли вновь
>   И божество, и вдохновенье,
>   И жизнь, и слезы, и любовь!

МАРИЯ *(решительно)*. Хватит, довольно. Выяснили этот вопрос. Что это мы слюни распустили? Читаем этих русских. Чего доброго, действительно влипнешь в историю с этими русскими. Утрясли этот вопрос и ладно. Мы любим друг друга и купим архипелаг. Давай лучше потанцуем, а потом поедем к друзьям.

> Она включает телевизор. На экране диктор.

ДИКТОР. Дорогие телезрители! В нашей вечерней передаче "Поговорим о любви" выступит ваш друг и любимец, вы, наверно, уже догадались, кого я имею в виду, выступит Порк Кабанос.

На экране Порк.

ПОРК. Любовь — что такое?
Что такое любовь?
Это чувство неземное,
Что волнует нашу кровь.

Поговорим о любви, ребятишки. Любовь, хи-хи-хи, дело серьезное. *(Отхлебывает виски.)* Старина Порк разбирается в этом деле, будьте спокойны. Возьмем, к примеру, любовь без взаимности. Предположим, что ты, Боббо, любишь Лолу, а Лола, к примеру, не любит тебя. Боббо, как истинный мужчина и патриот, покупает бутылку "Маскулинас". Правильно он делает? Правильно, но не совсем. Любовь, Боббо, дело тонкое, тут одним нашим замечательным виски не обойдешься. Правильно! Боббо сообразил, что к чему, и присовокупил к виски еще бутылку портвейна. Кстати, портвейн выпускается фирмой "Фемининас", дочерним предприятием фирмы "Маскулинас". Итак, Боббо приходит к Лоле с бутылкой виски и с бутылкой портвейна и говорит — посмотри-ка, Лолочка, какая в окне пролетела птичка. Пока Лола смотрит в окно, наш Боббо делает ей ерша. Лолочка выпивает ерша, головка у ей кружится, и Боббо заваливает ее на кроватку. *(Отхлебывает.)* Вот так, ребятишки, валяйте, экспериментируйте. Пока до свидания, перехожу на шестой канал.

МАРИЯ *(выключает телевизор, смеется).* Получил совет?
АЛЕХАНДРО. Да, получил.
МАРИЯ. Валяй, экспериментируй. Ведь это ты сам сочинил.
АЛЕХАНДРО. Пойдем.
МАРИЯ. Тебе не нужно экспериментировать. Я и так тебя люблю. Мы купим архипелаг?
АЛЕХАНДРО. Запевай.
МАРИЯ. Мы солдаты "Маскулинас"...
АЛЕХАНДРО *(подхватывает).* "Маскулинас", в бой веди нас!

ВМЕСТЕ. Конкурентов победим!
Все препоны устраним!
Гром победы раздавайся,
"Маскулинас", развивайся!

Прыгают в окно.

ЗАНАВЕС

КАРТИНА ЧЕТВЕРТАЯ

В полной темноте слышатся усиленные динамиками голоса Держателей Контрольного Пакета, Алехандро, Микаэло, Грегоро, Марии. Идет совещание. Постепенно сцена высвечивается.

МАРИЯ. На повестке дня оценка положения в стране. Слово для доклада предоставляется синьору Первому Держателю.
1-й ДЕРЖАТЕЛЬ. Я начну со статистики. За истекший месяц ежедневное потребление виски каждой человеко-единицей возросло с пятисот граммов до тысячи пятисот граммов, т.е выросло на 300 процентов. В то же время количество сдаваемой пустой посуды уменьшилось за истекший месяц на 50 процентов. Есть основание предполагать, что население, приходя в экстаз, разбивает означенную посуду, что, разумеется, способствует коньюнктуре.
МАРИЯ. Данные внешней и внутренней разведок огласит синьор 2-й Держатель.
2-й ДЕРЖАТЕЛЬ. Я прямо быка за рога. В Африке дело идет на лад. Международная организация безалкогольных напитков обанкротилась. Грузовики с кефиром повсеместно перехватываются. Внутри страны многочисленные группы молодежи, а также члены массовой организации "Молодая вакханка" повсеместно проводят в действие наши идеи.
МАРИЯ. Для подведения итогов слово предоставляется синьору 3-му Держателю.
3-й ДЕРЖАТЕЛЬ. Синьоры, для того, чтобы оценить величие наших успехов, стоит оглянуться на исторический путь, пройденный нашей фирмой. Вспомним начало начал. Подвал с примитивным оборудованием, кастрюли и самодельные змеевики, маленькая кучка энтузиастов-самогонщиков. А что мы имеем сейчас? Наше настоящее — блестяще, а будущая история уже пишется самой жизнью! Идеал нации — знаменитый Порк Кабанос, детище нашего славного рекламного отдела и прежде всего синьора Алехандро, завоевывает все новые и новые умы во имя "Маскулинас". Виват!
МАРИЯ. Доклады окончены. Приступаем к прениям. Кто хочет высказаться? Синьор Грегоро.
ГРЕГОРО. Под руководством Совета Держателей музыканты столицы добились определенных успехов в деле пропаганды продукции и

идей "Маскулинас". В первую очередь к этим успехам относятся песенки: "Мы солдаты "Маскулинас", "Маскулинас" я пить всегда готов", "Скажи мне, птичка", "По своим квартирным норкам". В тоже время хочу указать на трудности. Фаготы сипят, скрипки скрипят, саксофоны фиксуют, деки и пюпитры поломались, ноты съели мыши. Нужно щедро финансировать музыкальную промышленность.

МИКАЭЛО. Разрешите мне. Под влиянием, под руководством и так далее изобразительное искусство, верное идеям "Маскулинас", выросло в огромную силу, с которой вынужден считаться бескрылый мировой альтруизм. Наряду с этим следует отметить: кисти лысеют, мольберты подгнили, холсты дырявые, краски бесцветные. Гоните монету! Вот так!

АЛЕХАНДРО. Под руководством, под влиянием и под воздействием литературный цех фирмы "Маскулинас" идет вперед, добиваясь неслыханных успехов. Всем давно известно... Синьор Первый Держатель, перестаньте лапать Марию! В лоб дам! Всем давно известно, что наше детище Порк Кабанос с молниеносной быстротой направляет умы в нужном направлении. Для иллюстрации прошу включить все телевизионные, телепатические и прочие следящие устройства и мы увидим, как прочно вошел Порк в жизнь нашего народа. Включай, Мария.

МАРИЯ. Сейчас. Ой! Синьор Первый Держатель, уберите руки! Алек, он опять хватается.

АЛЕХАНДРО. Сейчас в лоб получит!

Слышится возня, грохот.

1-й ДЕРЖАТЕЛЬ. Простите, синьор Алехандро, не сдержался. Знаете, она тут ходит. Знаете, эта походка...

АЛЕХАНДРО. Еще хотите?

1-й ДЕРЖАТЕЛЬ. Нет, больше не хочу. Включайте, пожалуйста.

Щелканье выключателей. Один за другим зажигаются разные источники света. В глубине сцены фасад главного здания фирмы "Маскулинас", в окнах Держатели, Мария, Алехандро, Грегоро, Микаэло. Ближе к просцениуму большой уличный телевизор-автомат с неподвижным изображением Порка Кабаноса. В просцениуме стол, за которым сидит семья — Боббо, Лола, Чикито; стоит с молотком в руках Работник ФТ; далее три девы, соблазнительного вида, с лютнями на коленях — это члены организации "Молодая вакханка"; далее за столом сидит под зеленой лампой Работник УТ.

Все люди в просцениуме совершенно неподвижны.

На сцену развинченной походкой выходит Франт.

ФРАНТ. Скучно и пустынно. Что скажешь, Порк? *(Опускает в автомат монету, сразу зашевелилось, ухмыляясь и подмигивая, изображение Порка, снизу из автомата выскочила бутылка, Франт открыл бутылку, хлебнул.)*
ПОРК. Привет золотой молодежи! Славные мои бездельники и ловеласы! Как дела на сексуальном фронте?
ФРАНТ. Нормально.
ПОРК. Скучновато немного, да? Некоторая пресыщенность?
ФРАНТ. Малость есть.
ПОРК. А ты попробуй на четвереньках.
ФРАНТ *(встает на четвереньки).* Так?
ПОРК. Во-во.
ФРАНТ. Славно. Спасибо, Порк! *(Уходит на четвереньках.)*
ПОРК. Ну, ребятишки, пора уже расшевелиться.

>Изображение застывает.
>Зашевелились люди в просцениуме.
>Вакханки с невинными лицами тихо заиграли на лютнях. Работник ФТ застучал молотком. Работник УТ перевернул страницу книги.
>Лола налила Чикито кофе. Боббо одной рукой погладил по голове Чикито, другой Лолу.
>Мелодия Гершвина "The man I love".
>По сцене проходит Рантье, останавливается возле автомата, опускает монету.

РАНТЬЕ. Что делается-то, Порк? Как тебе нравится?
ПОРК. Не говори.
РАНТЬЕ *(отхлебывает виски, чокаясь с телевизором).* Я захожу с шестерки, а он сидит, ворон считает. Я закрываю игру, а он тройку ставит.
ПОРК. С таким партнером ни выпить, ни добавить.
РАНТЬЕ. Верно говоришь, Порк. Умница, золотая головушка. А что делать?
ПОРК. А то попробуй на четвереньках.
РАНТЬЕ *(встает на четвереньки).* Так?
ПОРК. Во-во.
РАНТЬЕ. Удобно. Спасибо, Порк. *(Уходит на четвереньках.)*
ПОРК. Ну-ну, шевелись, ребятишки! Боббо! Лола! Чикито! Девушки! А ну-ка, девушки, а ну, красавицы!

>Сверху спускается огромная бутылка "Маскулинас" с портретом Порка на этикетке. Лютни в руках дев превращаются в бутылки. Девы пьют.

ЛОЛА. Как ты раньше пел, Боббо?

БОББО. И мы с тобой вдвоем
Гнездо совьем...

ЛОЛА. А как учит петь Порк?

БОББО. И мы с тобой вдвоем
"Маскулинаса" нашего любимого нальем...

ЧИКИТО. Втроем, папочка, втроем.
ЛОЛА. Мальчик правильно говорит.
БОББО. Мальчик правильно говорит, устами младенца... Разливай, Лола.
ЧИКИТО *(быстро)*. Мамочка, давай за папочку.
ЛОЛА *(быстро)*. За папочку.

      Выпивают.

БОББО *(быстро)*. Чикито, давай за мамочку.
ЧИКИТО *(быстро)*. За мамочку.

      Выпивают.

ЛОЛА *(быстро)*. Боббо, давай за мальчика.
БОББО *(быстро)*. За мальчика.

      Выпивают.

ЛОЛА. За Лолочку.

      Выпивают.

ЧИКИТО. За мальчика.

      Выпивают.

БОББО. За Бобочку.

      Выпивают.

ПОРК. За вас, ребятишки! Добрый вечер!
СЕМЬЯ. За славного Порка!

Выпивают

ВАКХАНКИ. Порк, твист, эврибади-бади,
Порк, данс,
Супералкоголь!
Порк чист, бади-бади-бади,
Данс, шанс,
Все вниз головой!

Кружатся в вакхическом танце вокруг огромной бутылки.

1-я ВАКХАНКА. Лезем в бутылку?
2-я ВАКХАНКА. Моя мечта — сидеть в бутылке!
3-я ВАКХАНКА. Какое счастье — сидеть в бутылке!

Пытаются вскарабкаться на бутылку, соскальзывают и падают.

ПОРК. Эй, джентльмены, что же вы не поможете девочкам?
РАБОТНИК ФТ. Я создаю материальные ценности.
РАБОТНИК УТ. А я — духовные.
ПОРК. Не стыдно? Лучшие люди уже поднабрались, а вы идиотничаете.
РАБОТНИК ФТ. Стыдно, конечно, Порк.
РАБОТНИК УТ. Испытываю терзания духа, синьор Кабанос, но ничего не могу с собой поделать.

Между тем Боббо уже залез под стол, Чикито сидит на столе, а Лола кружится вокруг стола.

ЧИКИТО. Папака, у меня нос уже красный, а у тебя еще белый! Что выкусил?
БОББО. Ррры! Гав! Гав! А у меня зато настроение прекрасное.
ЛОЛА. Сыночки, сколько мамочек вы видите?
ЧИКИТО. Трех мамочек я вижу. Целых трех!
ЛОЛА. А я вижу пятерых сыночков.
БОБО. А я зато чувствую себя хорошо. Гав! Гав!
1-я ВАКХАНКА *(показывая на работника ФТ).* Смотрите, какой сатир!
РАБОТНИК ФТ. Я не сатир, я Работник Физического Труда.
2-я ВАКХАНКА. Прекрасный экземпляр сатира!
3-я ВАКХАНКА. Прелесть, а не сатир!

1-я ВАКХАНКА. Закружим его в вакхическом хороводе?

РАБОТНИК ФТ. Не крутите меня, пожалуйста, в вакхическом хороводе.

2-я ВАКХАНКА. Закружим сатира!

Кружатся в вакхическом хороводе вместе с Работником ФТ.

РАБОТНИК УТ (*задумчиво*). Внутри черт знает что творится — борьба добра и зла. (*Продолжает ученые занятия, но сам косится на хоровод.*)

БОББО (*наконец выбрался из-под стола, обнял Лолу и Чикито*). Мы живем все лучше. Наша жизнь плодотворна.

ЧИКИТО. Плодоносна!

ЛОЛА. Плодородна!

Задумались. Покачиваются.

РАБОТНИК УТ. Устал.

ВАКХАНКИ. Хлебни, сатир, хлебни! (*Насильно засовывают ему в рот горлышки бутылок.*)

БОББО. Пломодна!

ЧИКИТО. Плодогодна!

ЛОЛА. Плодоустремленна!

ВАКХАНКИ. Открой нам большую бутылку, сатир!

РАБОТНИК ФТ. Это мы можем. Это мы с нашим удовольствием. Всего делов-то, начать и кончить. (*Подтаскивает к бутылке стремянку и взбирается на нее.*)

ВАКХАНКИ. Ай да сатир! Гениальный сатир! Сейчас мы добавим! (*Продолжает танец.*)

ЧИКИТО. Когда я был маленький, я кошку поймал!

БОББО. А я, когда был маленький, собаку поймал!

ЛОЛА. А я, когда была маленькой, лошадь поймала!

РАБОТНИК ФТ. Теории не знаю, вот беда. Без теории бутылку не откроешь.

1-я ВАКХАНКА (*показывая на Работника УТ*). Посмотрите, какой сидит чудненький сатир!

Вакханки с хохотом окружают Работника УТ.

РАБОТНИК УТ. Я не сатир, я Работник Умственного Труда.

2-я ВАКХАНКА. Какие ушки у этого сатира! (*Дергает его за уши.*)

3-я ВАКХАНКА. Какие ребрышки у этого сатира! *(Щекочет.)*
1-я ВАКХАНКА. Сатир, ты знаешь теорию?
РАБОТНИК УТ. Хи-хи-хи, я как раз специалист по теории.
ВАКХАНКИ. Открой нам бутылку, дорогой сатир! Мы хотим добавить! Сначала хлебни, сатир! Выпей остатки! Остатки сладки!

Всовывают ему в рот бутылки, затем, танцуя, увлекают его к огромной бутылке, возле которой стоит на стремянке Работник Физического Труда.

ЧИКИТО. Пойдемте гулять?
БОББО. Лола, наточи мой нож.
ЛОЛА. Ура, мы пойдем гулять! *(Точит нож.)*
РАБОТНИК ФИЗИЧЕСКОГО ТРУДА. Давай теорию!
РАБОТНИК УМСТВЕННОГО ТРУДА. Эни-бени-ел-пельмени, эни-бени-не хочу, эни-бени-внутрь хочу!
РАБОТНИК ФТ. Готово! *(Спрыгивает со стремянки, открывает в стенке бутыли маленькую дверцу.)* Пожалте. Кто первый, дамочки, или же вы, как ИТР?
РАБОТНИК УТ. Пожалте, дорогие вакханочки, я после вас.
ВАКХАНКИ. Нет-нет, сатиры, честь открытия принадлежит вам. Вперед, сатиры!

Препираются. К бутылке подходит Боббо с семейством.

БОББО *(заметив Работника УТ)*. Очкариков не люблю. Давлю очкариков.
ЧИКИТО. Это наш школьный учитель.
БОББО. Попроси у него часы, малыш.
ЧИКИТО *(подбегает к Работнику УТ)*. Позвольте ваши часы, господин учитель.
РАБОТНИК УТ *(истерично)*. Не-т-нет! Не отдам! Вы все время все у меня отбираете!
БОББО *(подходит к нему)*. Отдай часы — ребенок просит.
ЛОЛА. Никакой жалости к детям! Позор!
БОББО. Жалости у тебя нет, да? Жалости нет? *(Убивает Работника УТ ударом ножа.)* Теоретик собачий!
ВАКХАНКИ *(восторженно)*. Новое общество! Большой сатир и маленький сатиренок! Новая вакханочка!
РАБОТНИК ФТ *(с воплем наваливается на Боббо)*. Человека убил! Караул!
ВАКХАНКИ. Неужели убил? А мы и не заметили! Какая неприят-

ность! Собутыльником меньше.
ЛОЛА. У этого очкарика не было жалости к детям!
ЧИКИТО. У него не было жалости к нам!
РАБОТНИК ФТ. Караул! Полиция! Человека убили!

В это время Порк Кабанос выскакивает из телевизора.

ПОРК *(пробегая по сцене).* Отпустите человека, он же пьяный! Что вы не видите, что он пьяный? *(Снова влезает в телевизор, из телевизора.)* Ну, пошумели, ребятишки, ну и ладно, с кем не бывает.
ВАКХАНКИ. С кем не бывает. Вакхические пиршества без эксцессов не обходятся. Человек же пьяный.
ЛОЛА. С кем не бывает. Боббо пьян.
ЧИКИТО. С кем не бывает. С каждым может такое случиться.

Работник ФТ растерянно отпускает Боббо.

БОББО. Гад! Жалости нет к пьяному человеку! *(Ударом ножа убивает Работника ФТ.)*
ПОРК. Ну, вот и прекрасно. А теперь попробуйте на четвереньках.

Все становятся на четвереньки.

ПОРК. Надо было бы что?
ВСЕ. Добавить! Добавить!
ПОРК. Ну и полезайте в бутылку.

Один за другим Боббо, Лола, Чикито, вакханки залезают в бутылку. Свет гаснет. В темноте слышен шепот Алехандро и Марии.

АЛЕХАНДРО. Мари, у меня мороз пошел по коже. Мне показалось, что Порк выскочил из телевизора и пробежал по сцене. Неужели он материализовался?
МАРИЯ. Тебе показалось, милый. Я ничего не заметила.

ЗАНАВЕС

КАРТИНА ПЯТАЯ

Помещение рекламного отдела фирмы "Маскулинас". В кресле, закрыв лицо руками, сидит Алехандро. Мария нервно расхаживает взад-вперед. Входят Микаэло и Грегоро.

МИКАЭЛО *(на ходу).* Чудовищная по намекам и скрытой эротике история. Девица по имени Белоснежка попадает в лес. Дальше оба автора полностью саморазоблачаются...

ГРЕГОРО. Моральный стриптиз? Недурно. Дальше.

МИКАЭЛО. Короче, эта нимфочка... Что с Алеком?

ГРЕГОРО. Мари, что случилось?

МАРИЯ. Тише, мальчики, он после вчерашнего сеанса слежения сам не свой. Всю ночь кричал о каких-то двух убийствах, о том, что озверевший от виски обыватель убил ножом профессора и рабочего. Вы заметили что-нибудь подобное? Я ничего такого не видела.

ГРЕГОРО. Вздор! Какие убийства! Профессор напился, как стелька, и рухнул на асфальт.

МИКАЭЛО. И работяга надрался до горизонтального положения. Там были три девчонки-студентки, они всех заводили.

ГРЕГОРО. А семейка-то была хороша, помнишь, Мик? И папу и маму распирало от энтузиазма. Даже мальчишке разрешили рюмку выпить.

МИКАЭЛО. Очень смешная была история. Я внутренне хохотал, как безумный. Никаких убийств не было.

МАРИЯ. А он всю ночь бормотал, что все потом влезли в какую-то огромную бутылку.

ГРЕГОРО. Ерунда! Просто все, кто мог еще стоять на ногах, отправились в какой-то бар. На этом мы закончили сеанс слежения.

МАРИЯ. И Порк не выскакивал из телевизора, ведь правда, мальчики?

МИКАЭЛО. Порк спокойно глазел на все своими оловянными глазками и только иногда подзуживал, когда кто-нибудь опускал в автомат монетку. Как может мультипликашка выскочить из телевизора?

МАРИЯ. Слышишь, Алек?

АЛЕХАНДРО. Я все слышал, и все-таки все это было, могло быть, будет. Или Боббо убил их, или хотел убить, или убьет в ближайшем

будущем...
МАРИЯ *(друзьям).* По-моему, у него начинаются кошмары.
ГРЕГОРО. Тише! Если об этом узнает Совет Держателей...
ГРОМОВОЙ ГОЛОС ПЕРВОГО ДЕРЖАТЕЛЯ. А мы уже знаем! Синьорита Мария, извольте зайти в секретариат.
АЛЕХАНДРО *(вскакивает).* Пошел он к дьяволу в зад, этот Совет Держателей! Не смей туда ходить, Мария!
МИКАЭЛО. Спокойно, Алек, садись. *(Усаживает Алехандро.)* Лучше послушай, какую я вчера книжку читал, обхохочешься! Нимфочка по имени Белоснежка попадает в лесное гнездо семерых эротоманов, которых авторы с тонким юмором выводят как гномов. Понял?
ГРЕГОРО. Насколько я понимаю, оба автора идут прямо по краю пропасти. Такая прозрачная аллегория...
АЛЕХАНДРО. Мне страшно за вас, друзья.
ГОЛОС. Синьорита Мария, срочно зайдите в секретариат.
АЛЕХАНДРО. Идите вы в дупло! Друзья, мне страшно за вас, вы деградируете. Всюду вам видится скрытый бульварный смысл, а страшной подоплеки других вещей вы не замечаете.
ГОЛОС. Синьорита Мария, срочно вызываетесь к Первому Держателю!
МАРИЯ. Что ему там понадобилось? Пойду узнаю.
АЛЕХАНДРО. Не догадываешься, что понадобилось этому немощному козлу? Невинная добродетель, не догадывается. Мне страшно за тебя, Мария. Здесь ты можешь стать проституткой.
ГОЛОС. А за себя тебе не страшно, шизофреник?
АЛЕХАНДРО. Мне страшно за себя. Я могу действительно сойти с ума — я совершил преступление.
МАРИЯ. Какое преступление, милый? Что ты болтаешь?
АЛЕХАНДРО. А разве Порк Кабанос — не преступленье? Мое чудовище Порк Кабанос, олицетворение алкогольных добродетелей... Баста, я расстаюсь с цинизмом, больше я не буду холуем этой дьявольской фирмы, пока не поздно я покончу с Порком!
МАРИЯ. Каким образом?
АЛЕХАНДРО. Я его породил, я его и убью! Ха-ха, это очень просто — я больше не буду писать для него тексты и уйду из фирмы, вот и все. Порк зачахнет, растает, как ночной кошмар. Мария, сделай дяде ручкой, мы уходим. *(Берет Марию за руку.)*
ГРЕГОРО \
МИКАЭЛО / А как же мы?
АЛЕХАНДРО. Уходите тоже. Мы займемся творчеством, будем творить и спокойно спать и видеть во сне маленький песчаный островок с

одной единственной гигантской и щедрой пальмой, с Деревом Свободы.

МИКАЭЛО. Ну что, Грегоро, отречемся от старого мира?
ГРЕГОРО. Да, отряхнем его прах с наших ног!
МАРИЯ *(огорченно).* Милый, значит, мы не купим архипелаг? Только во сне какой-то жалкий островок, да?
АЛЕХАНДРО. Первым делом купим себе архипелаг, надежный, достаточно удаленный архипелаг. И вам, ребята, я советую купить хотя бы по небольшому архипелагу.
МАРИЯ. Тогда пошли! Замечательно, я буду хозяйкой архипелага!
ГРЕГОРО. Мик, купим один архипелаг на двоих?
МИКАЭЛО. Лучше отдельные, а то полаемся. Отдельные, но поблизости.

Вдруг послышалось слабое гудение, включился телевизор.

ДИКТОР *(улыбаясь).* Порк Кабанос для дома, для семьи.
ПОРК. Слышал я, ребятишки, что Лола решила купить для семьи этот новый хитрый приборчик — камбинацию полотера и соковыжимателя с посудомойкой и ночным горшком. Правильно решила, Лолочка, умница, глупышка моя дорогая. Быт, конечно, нужно сколачивать, но нельзя, ребятишки, и забывать об интересах нашей любимой фир...

Вдруг Порк застывает с открытым ртом. Мелькает растерянное лицо Диктора.

ГОЛОС. В чем дело, синьор АЛЕХАНДРО, испортился телепатический передатчик?
АЛЕХАНДРО. Видите? Баста! Конец Порку, ни дна ему, ни покрышки. Пошли!
МАРИЯ. Вперед, к нашим архипелагам!

Все уходят.
Слышится сдавленный шепот Держателей.

3-й ДЕРЖАТЕЛЬ. Ушла наша мо́лодежь. Что будем делать? *(Рыдает.)*
2-й ДЕРЖАТЕЛЬ. Сейчас я свяжусь с Амброзио. Он им покажет кузькину мать.
1-й ДЕРЖАТЕЛЬ. Спокойно. Не волнуйтесь. Не впадайте в панику, дорогие соратники.

ДИКТОР. По техническим причинам передача "Для дома, для семьи" снимается. Начинаем передачу для наших маленьких друзей. *(Поет.)*

   Скажи мне, птичка,
   Чиво ты пьешь?...

З А Н А В Е С

КАРТИНА ШЕСТАЯ

На сцене современная малометражная квартирка, разделенная тонкими перегородками: кухня, ванная, столовая, кабинет, в котором сидит за письменным столом Алехандро, пишет и одновременно произносит монолог.

АЛЕХАНДРО. Мой друг, жизнь на удаленных архипелагах, хоть и монотонна, но не лишена своеобразной прелести, я не променяю ее ни на какую другую. Эта простая здоровая жизнь вдали от суеты континентов открывает широкий простор для размышлений и самоусовершенствования. У нас нет ни радио, ни телевидения, мы не получаем газет, и, представь себе, мы не скучаем. Общение с великими умами и благородными душами прошлого доставляет нам с Марией истинное наслаждение и счастье. Я много работаю, а по вечерам мы читаем вслух поэтов известной тебе страны.

Появляется Мария. Она проходит в купальном халате по кухне, скрывается в ванной, пускает воду. Шум воды.

Ты слышишь, как зашумело море, мой друг? Наш архипелаг со всех сторон окружен шипящей снежно-белой океанской пеной. Мария — смелый пловец, она проводит в океане десять часов в сутки.
Единственная наша связь с внешним миром — это маленькие катеры, которые раз в неделю привозят нам продовольствие. С одним из этих катеров я и отошлю тебе это письмо. Я пишу тебе не для того, чтобы ты сообщал мне новости о последних пароксизмах нашей проклятой цивилизации, а для того, чтобы установить с тобой живое и глубокое духовное общение. Давай, мой друг, в наш век судорожных телефонных звонков и штампованных телеграмм возродим благородный эпистолярный жанр, коим достославен век минувший. *(Задумывается.)*

Звонок и стук в дверь. Мария, накидывая халат, выбегает из ванной, открывает дверь. Входит разносчик в зеленом халате и темных очках.

РАЗНОСЧИК. Мадам, я вам принес зелень. Брюква, томаты, сельдерей. *(Передает пакет.)*
МАРИЯ. Спасибо, сейчас я деньги принесу. *(Пробегает на кухню и*

обратно, протягивает деньги.) Сдачи не недо.
РАЗНОСЧИК *(вкрадчиво).* Мадам, халат ваш снизу намок.
МАРИЯ *(со смехом).* Да я прямо из ванны выскочила.
РАЗНОСЧИК *(дребезжащим высоким голосом).* Мадам, халат ваш до самого пола. Сейчас такие не носят.
МАРИЯ. Глупости! Я покупала халат в "Элегантине".
РАЗНОСЧИК. Мадам, живете близко от центра, а не знаете. Халаты теперь превращаются в куртки. Примерно вот так. *(Пытается показать на Марии.)*
МАРИЯ *(отталкивает его).* Вы что, сумасшедший?
РАЗНОСЧИК. Увы, мадам, я только разносчик. *(Уходит.)*
МАРИЯ *(смеется).* Чудеса!

Звонок и стук в дверь. Входит тот же разносчик, только в красном халате.

РАЗНОСЧИК. Мадам, я принес вам кровяные колбасы.
МАРИЯ. Спасибо, сейчас я деньги принесу. *(Пробегает на кухню и обратно, протягивает деньги.)* Сдачи не надо.
РАЗНОСЧИК *(огорченно).* Фу, мадам, безобразно длинный халат. Ай-ай-ай!
МАРИЯ. Не хамите!
РАЗНОСЧИК. Простите, мадам, вам нужно подчеркивать фигуру, а вы кутаетесь в эту хламиду. Ваша фигура не только ваша личная собственность, она — общественное достояние. Красота принадлежит всем.
МАРИЯ *(насмешливо, но все-таки невольно кокетничая).* Всем? Даже жалкому разносчику кровяных колбас?
РАЗНОСЧИК. Скажите мне, а чем вам не нравится разносчик колбас? Посмотрите, какая пластика! *(Делает несколько ритмических па.)*
МАРИЯ *(невольно подражает ему, потом спохватывается).* Знать никого не хочу, кроме своего мужа!
РАЗНОСЧИК *(грубо).* К черту вашего мужа, эту кабинетную крысу. Живете почти в центре, а рассуждаете, как дикая островитянка.
МАРИЯ *(открывает дверь).* По лестнице весело — вниз!
РАЗНОСЧИК. Мадам, я вас приветствую! *(Уходит.)*
МАРИЯ *(закрывает дверь).* С каждым днем наглеют эти разносчики!

Звонок и стук в дверь. Входит тот же разносчик, в белом халате.

РАЗНОСЧИК. Мадам, я принес вам сливки и молоко.
МАРИЯ. Спасибо, сейчас я деньги принесу. *(Пробегает на кухню и обратно, протягивает деньги.)* Сдачи не надо.
РАЗНОСЧИК. Мадам, как изыскан ваш халат. Какой у вас тонкий вкус.
МАРИЯ *(довольная)*. Вы находите?
РАЗНОСЧИК. Как легок ваш бег, а голос ваш звенит, как монеты в вашей руке!
МАРИЯ *(насмешливо)*. Разносчики заговорили, как поэты.
РАЗНОСЧИК. Я не разносчик.
МАРИЯ. Кто же вы?
РАЗНОСЧИК. Я авантюрист. *(Мария заинтригована. Разносчик вынимает карманное радио, включает.)* Разрешите пригласить вас на танец. *(Церемонно кружит Марию.)*
МАРИЯ. Как давно я не танцевала! Так вы не разносчик?
РАЗНОСЧИК. Я настоящий мужчина. Занимаюсь подлогом, спекуляцией, сколотил солидное состояние, кроме того я меломан и англофил.
МАРИЯ. Вы светский человек. Что нового в центре?

Они танцуют. Разносчик шепчет ей что-то на ухо. Мария смеется.

АЛЕХАНДРО. Вся прошедшая жизнь, мой друг, представляется мне сейчас недобрым сном. Кажется, я погибал, кажется, делал подлости. Баста, я очнулся, и сейчас на своем далеком архипелаге я наконец-то живу, мыслю, чувствую, люблю. Итак, я обнимаю тебя и жду ответа. Твой Алехандро. *(Встает, заклеивает конверт.)*
РАЗНОСЧИК. Ваш халат на кнопках или на молнии?
МАРИЯ *(смеется)*. Это моя маленькая тайна. Секрет фирмы.

В прихожую входит Алехандро с письмом в руке. Мария и разносчик прекращают танцевать.

АЛЕХАНДРО *(разносчику)*. Вы с катера?
РАЗНОСЧИК. Я разносчик молока, синьор. *(Подмигивает Марии.)*
МАРИЯ. Да-да, милый, он с катера.
АЛЕХАНДРО. Не откажите в любезности доставить мое письмо на материк.
РАЗНОСЧИК. На материк, синьор?
МАРИЯ. Ну, бросьте на углу в почтовый ящик. Он не откажет в любезности, милый.

РАЗНОСЧИК. Ваш покорный слуга. До свидания, мадам! *(Уходит.)*
АЛЕХАНДРО. Ты, кажется, немного потанцевала с этим моряком?
МАРИЯ. Да, потанцевала. Он спрашивал, как расстегивается мой халат.
АЛЕХАНДРО. Странный вопрос в устах моряка.
МАРИЯ *(резко)*. Перестань притворяться! Мне это надоело. Мне надоела жизнь взаперти!.
АЛЕХАНДРО. Тебе надоел наш архипелаг?
МАРИЯ. Мне надоела эта нора! Живем почти в центре и ничего не видим, никуда не ходим. Хочу в кино, в бурлеск, в ночной клуб. Хочу выпить, черт подери!
АЛЕХАНДРО. Что с тобой, дорогая? Мы были так счастливы. Давай выпьем молока и почитаем Флобера. *(Передает Марии бутылочку молока, сам отхлебывает от другой.)* Боже! Это виски! *(Швыряет бутылку.)* Скотский запах "Маскулинас"! Дерьмо! Позор! Выгребная яма!
МАРИЯ *(отхлебывает)*. В самом деле виски. Ура! Это виски! Сейчас накачаюсь! Добрый старый "Маскулинас". Милый, помнишь, как мы служили в "Маскулинас"? Мы были хозяевами жизни! Помнишь, какая была житуха?
АЛЕХАНДРО. Мы были рабами и преступниками, преступными рабами! Опомнись, Мари!

Мария приплясывает.
Звонок и стук в дверь. Входит тот же разносчик, только в желтом халате.

РАЗНОСЧИК. Мадам, я принес вам газеты. *(Протягивает Марии пачку газет.)*
АЛЕХАНДРО. Это что за наглость? Я запретил подходить к моим берегам катерам желтой прессы! Брось эту падаль! *(Выхватывает у Марии газеты, швыряет их на пол, поворачивается к разносчику.)* Кто вы такой?
РАЗНОСЧИК. Я разносчик газет и джентльмен. Я не позволю в моем присутствии оскорблять женщину. Особенно такую женщину, гордость нашей страны. *(Поднимает газеты, протягивает Марии.)*
МАРИЯ *(хватает газеты)*. Ура! Ежедневный бюллетень "Молодая вакханка"! Мое детище живо. *(Лихорадочно просматривает газеты.)* Ой, какие юбки стали короткие! Какие декольте! Какие лаконичные лозунги! Как мы отстали, Алехандро!
АЛЕХАНДРО *(внимательно смотрит на разносчика)*. Вы не разносчик газет.

РАЗНОСЧИК. Я настоящий мужчина.
АЛЕХАНДРО. Пройдите, пожалуйста, в мой кабинет. *(Проходит вперед.)*
РАЗНОСЧИК. Охотно, синьор. *(Шепчет Марии.)* Одевайтесь, мадам. Укорачивайте юбки, расширяйте декольте. Я приглашаю вас в ночной клуб.
МАРИЯ. Схвачено, заметано! Да здравствует цивилизация!

Мария убегает. Разносчик входит в кабинет и садится на стол.

РАЗНОСЧИК *(оглядывает кабинет, издевательски посмеивается).* Святая святых? Башня из слоновой кости? Таинственный архипелаг? Значит, это здесь вы *(Вынимает из кармана письмо.)* вдали от суетных континентов общаетесь с великими умами и благородными душами прошлого?
АЛЕХАНДРО *(в бешенстве).* Откуда у вас мое письмо, мерзавец? *(Пытается вырвать письмо.)*
РАЗНОСЧИК *(отбегает).* А по вечерам читаете вслух поэтов одной известной страны? Интересно, какой страны, а? Может быть, Рос...? *(Угрожающе приближается.)*
АЛЕХАНДРО. Подонок, ты думаешь, я хилый интеллигент? Думаешь, я справиться с тобой не смогу? *(Хватает разносчика за грудки.)*
РАЗНОСЧИК *(валится на колени).* Папочка, не губи! Папочка, пожалей! Неужели ты не пощадишь своего дитятю? Отец! Родной!
АЛЕХАНДРО *(растерянно отступает).* Псих! Сумасшедший! Почему вы называете меня отцом?
РАЗНОСЧИК *(хихикает).* Детоубийца! Не узнаешь своего отпрыска? Ну, хватит маскарада. Я Порк Кабанос. *(Снимает халат и темные очки, приклеивает усики, нахлобучивает нивесть откуда взявшуюся шляпенку и действительно — перед нами Порк Кабанос.)* Здравствуй, папуля! *(Обнимает Алехандро.)* Нет-нет, это не сон. Хочешь, я тебя щипну? *(Щиплет.)* Ну, как, убедился, папуся?
АЛЕХАНДРО *(отталкивает Порка).* Все-таки это сон, бред! В конце концов, маскарад, наивная провокация "Маскулинас". *(Отходит, смотрит. Порк сидит на столе, подкручивая усы, делает салют шляпой.)* Послушай, Порк, ведь я давно тебя убил. Я тебя породил, я тебя и убил. Зачем же ты морочишь мне голову?
ПОРК *(лукаво грозит ему).* Ах, папашка, ах, хитрец, ах, алиментщик ты эдакий! *(Вдруг начинает рыдать.)* Подлый папа, бросил одного на произвол судьбы, несчастного малютку! Как я тебя любил, как я тебя обожал, с каким упоением я произносил твои не очень-то

удачные тексты. *(Вытирает слезы, улыбается.)* Ку-ку, родитель, теперь у меня авторы почище, чем ты, крепкие ребята, без всякого слюнтяйства. Теперь мы влияем на обывателей путем абсолютного проникновения.

АЛЕХАНДРО *(мрачно)*. Что это значит?

ПОРК. Выйди на улицу, голуба, посмотри.

АЛЕХАНДРО. Что вам нужно от меня, мерзопакостный синьор Кабанос?

ПОРК. Совсем немного. Во-первых, разрушить вашу так называемую башню из слоновой кости. Изоляция такого рода ни к чему хорошему вас не приведет, дружок. Во-вторых, ликвидировать вашу духовную самостоятельность и вдохнуть в вас живительный дух цинизма. т.е. разрушить вашу личность. В-третьих, развратить вашу очаровательную жену.

АЛЕХАНДРО. А еще чего ты хочешь, паскуда? *(Бросается на Порка.)*

ПОРК *(со смехом убегает)*. А еще хочу пи-пи, папуля!

АЛЕХАНДРО *(гонится за ним)*. А полежать в гробу не хочешь, ублюдок?

ПОРК *(прыгает на стол)*. Хочу ка-ка, папуля!

АЛЕХАНДРО. А со скалы вниз башкой не хочешь?

ПОРК *(прыгает на лампу, раскачивается)*. Хочу ням-ням, папуля!

АЛЕХАНДРО. А еще чего ты хочешь, гад? *(Подпрыгивает.)*

ПОРК *(прыгает на диван, легко убегает от Алехандро, глумливо поет)*. По своим квартирным норкам выпивайте вместе с Порком... Пупочка, папочка, устал, бедняжечка?

АЛЕХАНДРО. А если тяжелым предметом по голове? *(Бросает в него настольную лампу.)*

ПОРК *(отскакивает)*. А вот это уже некрасиво — настольной лампой в кумира нации?

АЛЕХАНДРО. Креслом в кумира нации! *(Бросает кресло.)*

ПОРК *(отскакивает)*. Некрасиво, гадко, а как же мораль? А как же гуманизм? А непротивление злу насилием?

АЛЕХАНДРО. Пресс-папье в харю! *(Бросает пресс-папье.)*

ПОРК *(отскакивает)*. Ничего нет страшнее разбушевавшегося интеллигента. Никаких сдерживающих центров. Чудовище! Питекантроп! И это мой отец! Ох, прозаики-прозаики, нет на вас управы.

АЛЕХАНДРО. Мусорной урной по голове! Несбывшимися надеждами в пузо! *(Бросает урну.)*

ПОРК *(отскакивает)*. А разрешите узнать — над чем вы сейчас работаете?

АЛЕХАНДРО. Шекспиром в теменную кость! Величием и благородством по темени! *(Бросает фолиант.)*
ПОРК *(отскакивает).* Уважаемые телезрители, мы застали известного писателя синьора Алехандро в его кабинете...
АЛЕХАНДРО. "Божественной комедией" в грудную клетку! *(Бросает фолиант.)*
ПОРК *(отскакивает).* Мы задали ему вопрос — над чем вы сейчас работаете? Осваиваю классическое наследие, ответил он и бросил в нас томом Данте. Учтите, папуля, весь ваш вандализм вот этой пуговицей снимается для вечерней передачи.
АЛЕХАНДО. Снимается? Тем лучше! Сейчас у всех на глазах продырявлю тебя пулей. *(Выхватывает пистолет, целится.)*
ПОРК *(прыгает на подоконник, распахивает окно).* Ребята, мучитель-пахан жизни хочет лишить! Ребята, у мучителя-пахана огнестрельное оружие!

За окном взрывается дикий рев толпы. Порк прыгает в окно. Алехандро, отбросив пистолет, падает на диван, рыдает в отчаянии. Порк тут же появляется а прихожей, куда выходит и Мария, одетая более чем рискованно.

ПОРК *(берет Марию под руку, ведет к дверям).* В вечерних ресторанах, в ночных кафе-шантанах, в дешевом электрическом раю...
МАРИЯ. А мужа возьмем?
ПОРК *(галантно).* Ваш муж объелся груш.
МАРИЯ. Ха-ха-ха, ха-ха-ха, мой муж объелся груш. Остроумно! Мой мужичок сел на горшок. Тоже неплохо, правда? А вы не замужем, синьор? Как это приятно, что вы не замужем. Это большая редкость в наше время. Мой муж объелся груш. Ха-ха-ха!
ПОРК. Ваш мужичок сел на горшок. Ха-ха-ха!

Уходят.

АЛЕХАНДРО *(встает).* Итак, произошло самое страшное — Порк материализовался. Уничтожить его мне не удалось. Надо что-то предпринять. Надо подниматься на борьбу. Пойду к друзьям, к Грегоро, к Микаэло. Втроем мы победим это чудовище. Еще посмотрим, Порк, еще посмотрим! Одного тебе удалось добиться — башня из слоновой кости разрушена. Архипелага больше не существует. Моя квартира в центре города среди бущующих алкогольных толп. Вперед! К людям! Сеять разумное, доброе, вечное.

Проходит через всю квартиру, в дверях сталкивается с Генералом.

ГЕНЕРАЛ *(берет под козырек)*. Имею честь приветствовать мастера художественной прозы синьора Алехандро.
АЛЕХАНДРО. Я Алехандро.
ГЕНЕРАЛ. Очень приятно. Я — Генерал ракетной кавалерии, по совместительству швейцар Департамента Общественной Гармонии.
АЛЕХАНДРО. Что вам угодно, Генерал?
ГЕНЕРАЛ. Примите повесточку в департамент. Завтра в указанное время к самому директору. Уверяю вас, наш директор — светлая голова, большой просвещенный ум. *(Показывает руками.)* Общение с ним — одно удовольствие, подобно свиданию с дамой или... хм... с кобылой. Явка обязательна. За неявку отсечение ушных раковин. Аста ла виста. *(Исчезает.)*

ЗАНАВЕС

КАРТИНА СЕДЬМАЯ

Сцена разделена на две части — приемную и кабинет директора Департамента Общественной Гармонии. В кабинете стоит огромный стол с многочисленными телефонами и селекторами. Кроме того, на столе несколько больших бутылок виски "Маскулинас". Кресло смонтировано с огромным символическим змеевиком. На стене портреты трех Держателей с детьми на коленях. Над ними портрет Порка Кабаноса. Над Порком лозунг: "Маскулинас" — это максимум!" Кабинет соединяется дверью с приемной. Кроме этой двери в приемной еще три двери. В углу буфет с напитками и едой. На стенах натюрморты по теме "Маскулинас", лозунг "Деятели искусств, глубже проникайте в суть предмета!"

За стойкой буфета стоит Генерал, перетирает стаканы.

Входит Грегоро, озирается.

ГЕНЕРАЛ. Одну минуточку, синьор Грегоро. Руки по швам, смотрите прямо на меня, подбородок выше, так. *(Фотографирует Грегоро.)* Благодарю вас. Извольте получить угощение. *(Протягивает Грегоро сосиску.)*
ГРЕГОРО. Благодарю.
ГЕНЕРАЛ. Да что вы, какая ерунда! Распишитесь, пожалуйста, в получении.

Грегоро расписывается и отходит с угощением в просцениум.

ГЕНЕРАЛ. Нравится сосиска, синьор Грегоро?
ГРЕГОРО. Странная сосиска, Генерал. Навевает воспоминания о детстве.
ГЕНЕРАЛ. Правильно. У нас все сосиски такие. Спецфонд.

Входит Микаэло.

ГЕНЕРАЛ. Руки по швам, синьор Микаэло. Подбородок выше. Смотрите прямо на меня. *(Фотографирует.)* Спасибо. Получите угощение. *(Протягивает сосиску.)* Распишитесь вот здесь.
МИКАЭЛО *(подходит к Грегоро).* Здравствуй, Грегоро. Удивительная сосиска. Знаешь, куснул и сразу вспомнил детство.
ГРЕГОРО. Я тоже весь во власти детских воспоминаний.

Входит Алехандро.

ГЕНЕРАЛ *(выбегает из-за стойки с фотоаппаратом).* Салюто, салюто, синьор Алехандро! Будьте любезны, руки по швам! Откиньте со лба непокорную прядь! Больше оптимизма во взгляде, больше жизни! К чему такая мрачность? Подбородок — выше! Скажите изюм! Внимание, сейчас вылетит птичка! Так! *(Фотографирует.)* Спасибо. Получите угощение. Распишитесь!

АЛЕХАНДРО *(подходит к друзьям).* Привет, ребята. Какая удивительная сосиска. Только в детстве были такие вкусные сосиски.

ГРЕГОРО *(гордо).* Это из спецфонда. Нас угощают из спецфонда.

МИКАЭЛО. Главное — бесплатно. Расписываешься в ведомости и получаешь угощение. Чудеса!

АЛЕХАНДРО. И детство, детство, вот что главное. Запахи золотого детства.

Задумчиво стоят с сосисками во ртах.

ГЕНЕРАЛ *(перетирает посуду, напевает).*

> Я помню битвы роковые,
> Когда дрожала вся земля,
> И все раненья пулевые,
> Контузии, тра-ля-ля-ля.
>
> Бывало, выйдешь на пригорок,
> Разинуть не успеешь рот,
> Когда какой-нибудь осколок
> Башку с плечей твоих сорвет...

Надо сказать, что в течение всего этого времени в кабинете директора идут какие-то хлопотливые приготовления. То и дело, деловито стуча каблуками, проходит Мария (она в кошачьей маске), поправляет что-то на столе, поднимает телефонные трубки, что-то записывает. Феодоро (в маске осла) с очень ученым видом усаживается в углу за отдельным маленьким столиком, открывает гроссбух. Трое служителей в униформе и в волчьих масках передвигают кресла, тянут какие-то провода, подсоединяют какие-то контакты, затем прячутся за портьерой, видны только их сапоги. Появляется директор департамента (он в пиджаке и в козлиной маске), усаживается в кресло. Мария подводит к его губам трубку от змеевика. Директор посасывает из трубки, перебирает бумаги. Мигают глазки селекторов.

АЛЕХАНДРО *(вынув сосиску изо рта).* Ну, как, друзья, сеете ли разумное, доброе, вечное?

МИКАЭЛО. Да я было уж собрался сеять, но тут такой прием, бес-

платные сосиски...
ГРЕГОРО. ... сосиски из спецфонда. В чем дело, не пойму. Может, намечается поворот всей линии?
АЛЕХАНДРО. Действительно, сосиски сбивают с толку. Надо быть начеку, выбросим к чертям эти сосиски. *(Бросает сосиску.)*
МИКАЭЛО. Правильно! К чертям их собачьим! *(Размахивает сосиской, но тайком сует ее в карман.)*
ГРЕГОРО. В самом деле, что это мы стоим с сосисками во рту? *(Аккуратно заворачивает сосиску в носовой платок, кладет ее в карман.)*
ГЕНЕРАЛ. Сигары, господа?

Грегоро первый бросается за сигарой, за ним Микаэло, подходит и Алехандро. Все трое получают по сигаре, расписываются. Молча стоят с сигарами в зубах.
В приемной появляется Мария со списком в руках.

МАРИЯ. Синьор музыкант, уважаемый маэстро Грегоро, прошу! *(Уходит.)*
АЛЕХАНДРО. Никаких поддавков, учти, Грегоро.
МИКАЭЛО. Держись, старик.
ГРЕГОРО. Держусь.

Входит в кабинет. Директор встает ему навстречу, вежливо показывает на кресло. Грегоро садится. Служители за его спиной незаметно соединяют контакты и снова прячутся за портьеры. Директор делает знак Феодоро. Тот раскрывает толстый гроссбух. Начинается беседа.

ГЕНЕРАЛ. Да-а, насмотрелся я на вас, синьоры художники. Сколько вашего брата передо мной прошло. В другие дни по пятьдесят душ пропускаем. Бывает, что просто плачешь. Красивые индивидуальности.
МИКАЭЛО. Чего это вы плачете, папаша?
ГЕНЕРАЛ. Да так.
АЛЕХАНДРО. Старые воины по обыкновению сентиментальны.
ГЕНЕРАЛ. Вот именно. Знаете, в стольких сражениях побывал и пьющий человек, а никак не могу привыкнуть к виду трупов.

Тем временем беседа в кабинете подходит к концу. Грегоро падает с кресла на пол. Служители выносят его тело. Директор нажимает кнопку. Появляется Мария, проходит через кабинет в приемную.

МАРИЯ. Синьор художник, уважаемый маэстро Микаэло, прошу! *(Уходит.)*

МИКАЭЛО. А где же Грегоро?
ГЕНЕРАЛ *(развеселившись, напевает).* А где же наш Грегоро, наш маленький Грегоро, куда он улетел?
АЛЕХАНДРО. Будь начеку, старик.
МИКАЭЛО. Буду. *(Входит в кабинет.)*

Все, что было с Грегоро, повторяется с Микаэло.

АЛЕХАНДРО *(подходит к буфету).* Почему вы в генеральском мундире, что за дурацкая бутафория? Какой вы генерал, если вы обыкновенный швейцар-буфетчик?
ГЕНЕРАЛ *(дрожащим от благородного негодования голосом).* Синьор, ваша молодость еще не дает вам права насмехаться над старым солдатом! Перед вами настоящий генерал, получивший свой чин в борьбе за родину и в том числе за вас, невежливый молодой человек.
АЛЕХАНДРО. Генерал в отставке?
ГЕНЕРАЛ. Никогда не выйду в отставку. Я настоящий генерал ракетной кавалерии.
АЛЕХАНДРО. Разве у нашей страны есть ракеты?
ГЕНЕРАЛ. Ха-ха-ха. Россия и Америка — пигмеи в сравнении с нами. У нас самая мощная в мире ракетная кавалерия. Самая мобильная и неуязвимая. Сейчас я вас просвещу, синьор Алехандро. Вам можно выдать военную тайну. Вы уже не сможете проболтаться.
АЛЕХАНДРО. Что значит уже не сможете?
ГЕНЕРАЛ *(замявшись).* Но ведь вы патриот?
АЛЕХАНДРО. Да, но почему "уже"?
ГЕНЕРАЛ. Но ведь вы уже патриот?
АЛЕХАНДРО. Я всегда патриот, а не уже.
ГЕНЕРАЛ. Вы всегда уже патриот, вот что я имел в виду. Короче говоря, по моему предложению армия переоборудована начисто. Исчезли сложные технические устройства, станции перехвата, станции слежения и тэпэ. Все это ерунда, синьор Алехандро, лишние мишени для врага. Теперь наши ракеты установлены на лошадях, на диких степных кобылицах, рассеянных в необозримом пространстве нашей пампы. Ха-ха-ха, ловко придумано, а, синьор? Пусть попробует враг поразить несметное количество кобылиц! Ничего у него не выйдет, уверяю вас.
АЛЕХАНДРО. Вы давно пьете, Генерал?
ГЕНЕРАЛ *(гордо).* С детства испытываю симпатию к алкоголю, а сейчас под водительством "Маскулинас" не просыхаю совсем.

Микаэло падает с кресла, его тело выносят. Мария проходит через кабинет в приемную.

МАРИЯ. Синьор писатель, уважаемый мастер художественной прозы Алехандро, вас просят в кабинет! *(Уходит.)*
АЛЕХАНДРО. Странно, где же Микаэло?
ГЕНЕРАЛ *(развеселившись).* А где же Микаэло, наш милый Микаэло, бедняжка Микаэло, куда ты улетел? *(Тихо плачет.)*

Алехандро входит в кабинет. Его принимают точно так же, как и его друзей. Начинается беседа.

ГЕНЕРАЛ *(тихо плачет).* Такие художники... красивые индивидуальности... не могу привыкнуть к виду трупов... даже собственный труп иногда пугает... *(Гасит свет над буфетом, подметает помещение, останавливается перед зеркалом, смотрит на свое отражение, с криком ужаса убегает.)*
ДИРЕКТОР ДЕПАРТАМЕНТА. Ну, почему, дорогой синьор Алехандро, куттта-рекутта, почему у нас ничего не пишут о любви, рекутиссима? О такой, кутта, чистой любви, рекутта ее туда? Все, кутта, какая-то скабрезность! Ты меня пойми, синьор Алехандро, я не ханжа какой-нибудь, но где наши Ромео и Джульетта, кутта, куттисима, рекутта, рекуттиссима ее туда?
АЛЕХАНДРО. Вы, должно быть, не в курсе, должно быть, не все читали, у нас пишут о любви много и хорошо, но этого не печатают, а печатают грязные книжки, пропитанные алкоголизмом и развратом.
ДИРЕКТОР. Правильно. Вот и я говорю — почему у нас ни на маленькую кутту ничего не пишут о любви? Понял, приехал я в провинцию, кутта ее туда, собрал там людишек пять-шесть на совещание, рекутта, Данте там, как его, Алигьери, что ли, фуё-моё. Что это, говорю, синьор Алигьери, не пишете вы ни на кутту о любви, о такой, рекуттиссима ее туда, чистой возвышенной любви. А он мне в ответ: я, говорит, по заказу не пишу. Ты понял, куда он поворачивает, Алигьери рекуттский?
АЛЕХАНДРО. На каком основании вы мне тыкаете, синьор Директор? Мы, кажется, с вами вместе не пили.
ДИРЕКТОР *(огорченно).* Вот вы всегда так, художники кутгские, жопой к Департаменту поворачиваетесь. К вам и так и эдак, а вы все задницу показываете. Да ты не надувайся, синьор Алехандро, не обороняйся, свои же люди. Не думай, что мы тут такие уж чинуши. Мы можем и выпить с художником. Хочешь, я тебе в рот трубку вставлю от

личного аппарата? Никому не вставлял, а тебе вставлю.

АЛЕХАНДРО. В аппарате "Маскулинас"?

ДИРЕКТОР. Чистейший ароматнейший "Маскулинас"!

АЛЕХАНДРО. Я не пью "Маскулинас"!

П а у з а.

ДИРЕКТОР. Так?
АЛЕХАНДРО. Так!
ДИРЕКТОР. Так?
АЛЕХАНДРО. Так!
ДИРЕКТОР. Так. А хочешь, я тебе чего-нибудь подброшу, а? У нас тут, конечно, не молочные реки, не кисельные берега, но кое-что есть, понял? *(Трет перед носом Алехандро палец о палец.)* Хочешь?

П а у з а.

ДИРЕКТОР *(включает селектор)*. Хочешь?

Пауза. Из селектора нарастающий вой.

ДИРЕКТОР. Хочешь?
АЛЕХАНДРО. Не смейте мне тыкать!

Звонит телефон.

ДИРЕКТРОР *(снимает трубку)*. Так. Так. А пошли его в куттскую рекутту! *(Вешает трубку.)* Хочешь или не хочешь?

АЛЕХАНДРО. Не хочу! По какому праву вы говорите мне ты? Мы с вами не знакомы!

ДИРЕКТОР *(выключает селектор)*. Напрасно вы так считаете, мой дорогой, что мы с вами не знакомы. Вглядитесь как следует. *(Снимает козлиную маску.)*

АЛЕХАНДРО *(в ужасе)*. Порк Кабанос!

ПОРК *(хохочет)*. Вот так встреча! Привет, папуля! Ты меня породил, а я тебя убью. Понял? *(Хлопает в ладоши.)* Всем войти сюда!

В кабинет входит Мария, из-за столика встает Феодоро, из-за портьеры выходят служители.

ПОРК. Всем снять маски!

Все снимают маски.

АЛЕХАНДРО. Феодоро, это ты? Друг мой, как ты оказался в этом притоне?

ФЕОДОРО (*растерянно*). Я сам не знал, что это я. Но я тут не при чем, Алехандро. Я мелкий служащий, я только регистрирую экзекуции... Я...

АЛЕХАНДРО. Мария? Ты? Моя любимая? Здесь?

МАРИЯ. Я не знала, что это я! Алек, дорогой, я только секретарша. Я не знала, что здесь делается. Разве это не Департамент Общественной Гармонии?

ПОРК (*громовым голосом*). Какой еще в кутту-куттиссиму департамент! Мы здесь не в бирюльки играем! Вам было сказано с самого начала!

АЛЕХАНДРО. А вы кто такие? Синьоры держатели, сандвичи, полисмены? Кто вы?

СЛУЖИТЕЛИ. Мы непосредственно экзекуторы.

ПОРК. Кончайте с ним.

МАРИЯ. Не смейте! Не трогайте его! Это мой любимый!

ПОРК. Кончайте игру!

Один из служителей включает ток. Алехандро валится с кресла на пол. Порк, потирая руки, уходит. Феодоро, поставив крестик в гроссбухе, тоже уходит. Служители выносят тело Алехандро в просцениум и тоже уходят. Остается только Мария. Она выбегает в просцениум и становится на колени рядом с телом Алехандро.

МАРИЯ. Ты уже умер, любимый?

АЛЕХАНДРО. Кажется, да.

МАРИЯ. Может быть, еще не умер? Может быть, летаргический сон?

АЛЕХАНДРО. Не знаю. Я еще не разобрался. Где все эти люди, где персонажи? Если их нет, стало быть, я умер.

МАРИЯ (*вскакивает, кричит*). Эй, где вы все? Выходите!

В глубине сцены появляются Феодоро, Микаэло, Грегоро, Держатели, Рантье, Франт, Генерал, Вакханки, Работник УТ, Работник ФТ, Лола, Боббо, Чикито...

МАРИЯ (*бегает от одного к другому*). Беритесь за руки, вытягивайтесь, образовывайте стройную сюжетную линию. Мой милый хочет, чтобы вы были здесь.

ПЕРСОНАЖИ *(берутся за руки, тихо поют)*.

> Наш милый Алехандро,
> Бедняжка Алехандро,
> Красавчик Алехандро,
> Куда ты улетел?

МАРИЯ. Милый, ты видишь, они все здесь! Придумай какую-нибудь счастливую концовку.
АЛЕХАНДРО. Я бы придумал какую-нибудь счастливую концовку, если бы не умер.

По сцене с бутылкой под мышкой пробегает Кабанос.

ПОРК КАБАНОС. Пейте виски "Маскулинас"! *(Исчезает.)*

Один за другим в темноте растворяются персонажи.

МАРИЯ. Куда вы? Останьтесь! Эй!

На сцене полная темнота и пустота. Мария медленно подходит к телу Алехандро, садится рядом.

МАРИЯ. Теперь ты умер совсем, мой милый?
АЛЕХАНДРО. Да, родная, я умер совсем.
МАРИЯ. О чем ты мечтаешь?
АЛЕХАНДРО. Все о том же. Об острове, о Дереве Свободы. Как будто мы там с тобой одни, и друзья, и мы творим прекрасное...
МАРИЯ. А может быть, мы там? Может быть, мы там всегда? Может быть, здесь нас совсем не было?
АЛЕХАНДРО. Может быть...

Г А С Н Е Т   В Е С Ь   С В Е Т.

КАРТИНА ВОСЬМАЯ

Те же декорации, что и в прологе: остров, пальма. На сцене огромная голова Порка Кабаноса. В ряд стоят Мария, Грегоро и Микаэло. Чуть поодаль растерянный Алехандро.

ГОЛОВА. Ряды вздвой!

После некоторой неразберихи завербованные вздваивают ряды.

ГОЛОВА. Шагом марш!
ЗАВЕРБОВАННЫЕ *(маршируют)*. "Маскулинас", "Маскулинас", весели нас, весели нас!
АЛЕХАНДРО *(весело кричит)*. Смотрите, голова круглая, как мяч! Стойте, ребята! Микаэло, пас! *(Бьет ногой голову, как футбольный мяч.)*
МИКАЭЛО *(весело)*. Принял! Грегоро, даю на выход! *(Посылает голову вперед.)*
ГРЕГОРО *(бежит за головой)*. Пас, Алехандро! *(Бьет.)*
МАРИЯ *(прыгает)*. А мне? А мне? А мне пас?
АЛЕХАНДРО. Пас, Мария!

Завязывается веселая перепасовка, все четверо бегают, толкаются, кричат.

ГОЛОВА *(ухает, кряхтит)*. Легче, легче, ну вас к черту, идиоты!

Алехандро сильным ударом выбивает голову со сцены.

МАРИЯ. Утонула! Жаль. Можно было бы еще в волейбольчик постукать.
МИКАЭЛО. Особенно-то не постукаешь на голодный желудок.
ГРЕГОРО. Да, правда. Ноги дрожат от слабости.
АЛЕХАНДРО. Внимание! *(Подходит к пальме.)* Пошли же что-нибудь нам, о Дерево Свободы! *(Трясет пальму.)*

Сверху медленно опускается множество разноцветных парашютиков с пакетами.

МИКАЭЛО. Батюшки! Ветчина! Колбаса! Сосиски!

ГРЕГОРО. Сыры! Рокфор! Камамбер!
МАРИЯ. Конфеты! Трюфели! Торты!

И наконец сверху спускается парашют с большой темной бутылкой, горлышко которой в серебряной фольге.

АЛЕХАНДРО. Ура, друзья, "Советское шампанское"!

КОНЕЦ

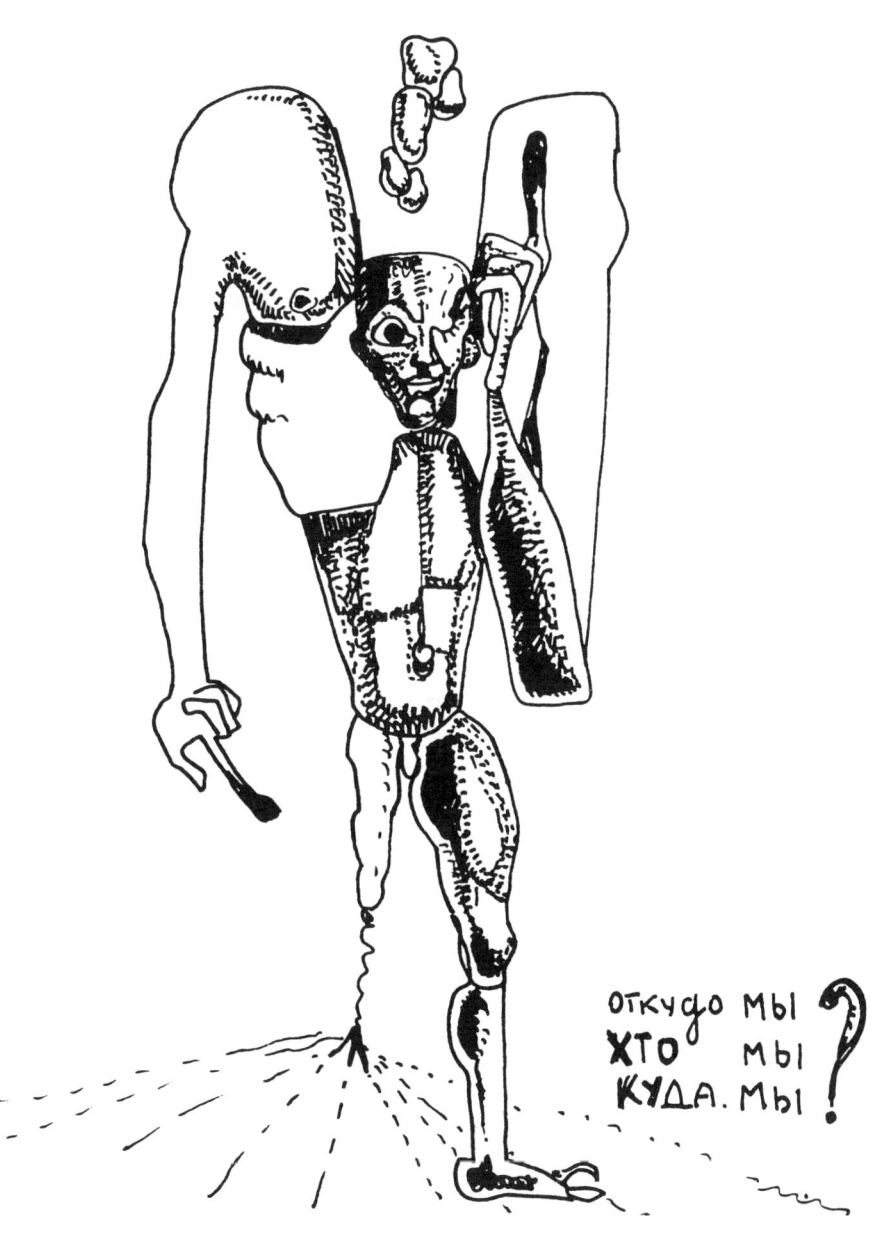

ЧЕТЫРЕ ТЕМПЕРАМЕНТА

КОМЕДИЯ В ДЕСЯТИ КАРТИНАХ

1967

ДЕЙСТВУЮЩИЕ ЛИЦА

ХОЛ ЕРИК
САНГ ВИНИК
ФЛЕГ МАТИК
МЕЛАН ХОЛИК
РАЗРАИЛОВ
КИБЕР
ОРЕЛ
НИНА
I ДАМА
II ДАМА
III ДАМА
IV ДАМА
ЛЮБОВНЫЙ ТРЕУГОЛЬНИК
КАТЮША
ЕМЕЛЯ
ГУТИК
ПОМРЕЖ
ДЯДЯ ВИТЯ
ФЕФЕЛОВ

Действие происходит в далеком будущем, затем вне времени и пространства, финал — в наши дни.

1

Перед белым экраном мечется Холерик. Он в черном. На глазах защитные очки. Останавливается лицом к залу, покачивается, поднимает руку, словно заслоняясь от слепящего огня.

ХОЛЕРИК

Девятый день заходит это солнце,
все запеклось в крови, все помертвело...
Какое нудное кровопусканье!
Пора уж уходить к чертям собачьим!
А волны, волны! Полюбуйтесь братцы,
на скопище бессмысленных баранов,
на сборище гривастых идиотов,
катящихся к подножью истуканов,
к бетонным теремочкам цвета желчи.
А геликоптеры, висящие над рынком,
мрачней жуков навозных... ох, как тошно!
Нет, не могу! Пора уже отчалить!
Я ухожу! Кранты! И дело тут не в славе,
не в почестях погибших, не в измене...
Все дело в цвете, в этом мрачном свете,
вот в этих красках, от которых, братцы,
я выть хочу, а это неуместно
для чемпиона лобовых ударов.
Хотя, кто помнит? дело тут не в этом,
не в памяти... Итак, пора! Прощайте!
Я завязал!

Смотрит вниз на катящиеся под мостом волны, воздевает руки в немом яростном проклятии, перекидывает ногу через перила моста... Появляется Разраилов.

РАЗРАИЛОВ

А вы очки снимите!

ХОЛЕРИК

Какого черта? Кто мне тут мешает
отправиться на перевоз к Харону?
Забыли, кто я? Так могу напомнить!

РАЗРАИЛОВ

Зачем? Вы мастер лобовых ударов.

ХОЛЕРИК

Однако помнят? Все же не забыли?
Но все равно мне некогда вас слушать
и бросьте про очки плести свой вздор!

РАЗРАИЛОВ

Послушайте, мы помним ваши взрывы,
срыванье всех и всяческих там масок.
    (хихикает в сторону).
У нашего, поверьте, поколенья
осталась память.

ХОЛЕРИК

    Да не в этом дело!
Что мне до памяти, когда проклятый город
такими красками паскудными окрашен!

РАЗРАИЛОВ

Очки снимите! Все не так уж мрачно.
Попробуйте, рискните!

ХОЛЕРИК

    (снимает очки).
    В самом деле...
Немного лучше, чуточку спокойней,
немного меньше все напоминает бойню...

РАЗРАИЛОВ
(хватает его за руку).
Готовы вы служить Эксперименту?
Во имя положительной программы?
Во имя ваших прежних идеалов?
Во имя масс?
(вырывает очки).

ХОЛЕРИК

Но я не понимаю!

Белый экран гаснет. Зажигается желтый, на фоне которого стоит, опустив руки, Флегматик в желтом.

ФЛЕГМАТИК

Мамаша не вернулась... Где же киска?
Бульон протух. Пожалуй, я повешусь...
А может почитаю на ночь книжку,
Как в добром девятнадцатом столетьи?
(не двигается).
Пожалуй, книжку мне уж не найти,
Как не найти ушедшего папашу...
Вот так и буду я смотреть на окна,
На кисло-серый монумент напротив,
На комбинат "Улучшим настроенье",
Обманщиков и жуликов притон.
(нерешительно хлюпает носом).
Нет, правда, все же лучше я повешусь,
Намылю мылом крепкую веревку,
Как в старину бывало мылил каждый
В двадцатом, двадцать первом, двадцать третьем
Столетьях тихоньких... Привет, ребята...
(делает движение).

Появляется Разраилов.

РАЗРАИЛОВ

     Стойте!
Просил бы вас, остановите ваше

Неумолимое движенье к петле.
Поверьте, друг, бульон благоухает,
Когда в него кладут восстановитель,
Котенок ваш давно уж превратился
В благоухающий кусочек мыла,
Им моет грудь прелестная дешевка,
А благовонную, мой друг, мамашу
Заменит вам эксперимент научный.
Стойте!

ФЛЕГМАТИК

Стою давно уже по вашему приказу.

РАЗРАИЛОВ

Очки наденьте! Мир преобразится,
И кисло-серый монумент напротив
Покажет вам величие эпохи!
(надевает на Флегматика очки).

ФЛЕГМАТИК

А ведь верно.
(вглядывается).
Тяжелый идол вдруг засеребрился,
А загогулька в этом дивном небе
Напоминает хвостик моей киски...

РАЗРАИЛОВ

Итак, пойдемте!

Гаснет желтый экран. Вспыхивает лиловый, на фоне которого блуждает, заламывая руки, Меланхолик в зеленом. На нем очки.

МЕЛАНХОЛИК

Вот угасает день в оранжерее,
На противне котлеты угасают...
Вот угасает мой видеофончик,
Доставшийся в наследство от угасших

Веков — свидетелей истории угасшей...
Вот угасают юные созданья,
И угасают зрелые матроны,
И гаснет Институт омоложенья,
И угасает гаснущий газон...
Вот угасает солнце, в мириадах
Угасших лет Галактика тускнеет...
Начало фразы к угасанью фразы
Неумолимо гаснущих влечет...
Одна тоска моя не угасает
И оборвать ее я должен нынче,
Принявши яд ужасной рыбы "Фуго"
На фоне сизо-пепельных цветов.
(делает несколько движений, свидетельствующих о приближении конца).

Появляется Разраилов.

РАЗРАИЛОВ

Не кажется ли вам, что в угасаньи
Уже сокрыт источник разгоранья?
Что творческие силы человека...

МЕЛАНХОЛИК

Простите, что у вас на голове?

РАЗРАИЛОВ

На голове моей, признаться, кепи.
Отличный кепи модного покроя.

МЕЛАНХОЛИК

Да-да, я вижу. Ну, а что под кепи?

РАЗРАИЛОВ

Под кепи шевелюра.

МЕЛАНХОЛИК

Да, я вижу.
А что под шевелюрой?

РАЗРАИЛОВ

Ниже кожа!
Под нею кожа собственной персоной.

МЕЛАНХОЛИК

Да-да, там кожа. Ну, а что под кожей?

РАЗРАИЛОВ

Под кожей череп милостью природы.

МЕЛАНХОЛИК

Там череп, череп! Боже! Боже! Боже!
(у него подламываются ноги).

РАЗРАИЛОВ
(поднимает Меланхолика).
Как вам не стыдно! Вижу, вас тревожит
Вопрос ничтожнейший, презренный "данс макабр"?
И это в наше время, на пороге
Событий важных, революционных?
Какая примитивность! Так негоже!
Очки снимите! Больше оптимизма!
Пойдем вперед путем Эксперимента!

МЕЛАНХОЛИК
(щурится без очков).
Да-да, вперед, но я не понимаю...

Гаснет лиловый экран. Загорается красный, на фоне которого, деловито потирая руки, прохаживается Сангвиник в белом.

САНГВИНИК

Итак, я снова в чудном настроеньи!
Который год я наслаждаюсь жизнью
И каждой клеткою воспринимаю
Разумность мира, важность бытия.
Желудок мой в ладу с пищевареньем,
А я люблю вишневое варенье,
А сердце увлекается любовью
И гонит кровь в сосуды, как всегда.
Я чередую отдых и работу,
Любовь и спорт, кефир и алкокогольных
Напитков радость, нажимаю кнопки,
Цветы срываю, их вдыхаю запах,
Пою в ансамбле, правильно питаюсь...
Я всем доволен, ровен и сердечен,
Душа компаний, радость преферанса,
И потому покончить с безобразьем
Решил одним ударом навсегда.
*(Вынимает из кармана пистолет,
приставляет ко лбу.)*
Ведь если я могу понять разумность
Всего, что в мире есть, то почему же
Мне не понять разумность этой пули,
Давно уж ждущей моего толчка?

Появляется Разраилов.

РАЗРАИЛОВ
(в сторону).

Боюсь, что это самый трудный случай.
Румян, здоров, красив и сангвиничен:
Законченный балбес-самоубийца.
(Сангвинику.)
Послушайте, приятель, вы уже?..

САНГВИНИК

Простите, с кем имею честь?

РАЗРАИЛОВ

Я Разраилов.
Хотел бы вас предостеречь от слишком
Оптимистически-вульгарных взглядов.
Клянусь вам, мир намного интересней,
И под прикрытьем внешнего покрова
Таится нечто...

САНГВИНИК

Бростьте вы болтать!

РАЗРАИЛОВ

К примеру, что у вас на голове?

САНГВИНИК

    Ну, кепи.
Допустим, кепи модного покроя.

РАЗРАИЛОВ

Да-да, я вижу. Ну, а что под кепи?

САНГВИНИК

Под кепи шевелюра-с...

РАЗРАИЛОВ

    Да, я вижу.
А что под шевелюрой?

САНГВИНИК

    Ниже кожа-с.
Под нею кожа собственной персоной.

РАЗРАИЛОВ

Да-да, там кожа. Ну, а что под кожей?

СAНГВИНИК

Под кожей череп милостью природы.

РАЗРАИЛОВ

Вот видите. Там череп. Череп. Череп.

СAНГВИНИК

Подумайте, как интересно! Ужас!
Немного страшновато-с! Череп! Надо ж!
Признаюсь, батенька, что никогда подобным
Образом я не расчленял явленья...

РАЗРАИЛОВ

Очки наденьте!
(Подает очки).
Мир преобразится,
И вы увидите трагизм повсюду,
И будет вам намного интересней
И увлекательнее...

СAНГВИНИК
(в очках).
В самом деле.
Я вижу боль и трепет, и тревогу...
Мне надо жить! За оптимизм бороться!

РАЗРАИЛОВ
(горячечно).
Все это так, и я вам предлагаю
Возглавить авангард в числе немногих,
Пойти вперед путем эксперимента!
Согласны вы?

САНГВИНИК
(пылко).
Прекрасная идея!

ГАСНЕТ ВЕСЬ СВЕТ

2

Сцена освещается изнутри, она пуста, видны даже всякие механические приспособления театра, разные там блоки, лебедки, колеса... Появляются несколько рабочих, на глазах у зрителей они начинают монтировать декорации, громко переговариваются.

ПОЖИЛОЙ РАБОЧИЙ СЦЕНЫ ДЯДЯ ВИТЯ. Куды ж ты, Емеля, фуру тащишь? Заест етту фуру, Орлу тогда гроб.
МОЛОДОЙ РАБОЧИЙ СЦЕНЫ ЕМЕЛЯ. А куда ее пихать?
ДЯДЯ ВИТЯ. Пихай влево.
ЕМЕЛЯ. Опыта маловато, дядя Витя. Нас на филосовском факультете этому не учат.
СРЕДНИХ ЛЕТ РАБОЧИЙ СЦЕНЫ ГУТИК. Значит, что же, дядя Витя, получается? Выходит, утвердили роль Орла? Выходит, с профсоюзом не считаются?
ДЯДЯ ВИТЯ. То-то и оно, что утвердили. В аккурат третьего дня, во вторник, то есть, после аванса с Сергачовым мы в реквизитной засиделись, и тут звонок был главному. Утвердили.
ДЕВУШКА КАТЮША, РАБОЧИЙ СЦЕНЫ. Как жалко мне Евгения Александровича!
ЕМЕЛЯ. Простите, Катюша, отчего это вам так уж его жалко? Пышный жизнерадостный старик...
ДЯДЯ ВИТЯ. Вчерась, в четверг значит, говорит он мне — видать, последняя моя роль, дядя Витя.
КАТЮША. Очень мне жалко Евгения Александровича! Он какой-то близкий, какой-то зовущий! И кому нужна эта роль Орла!?
ГУТИК. А это мы еще на месткоме провентилируем. Осади, Емеля, подай назад... заноси!..
ЕМЕЛЯ. Задник чем крепить, дядя Витя? Роль Орла, Катюша, в этом спектакле имманентна и трансцендентальна, никто лучше Евгения Александровича вашего с ней не справится.
ДЯДЯ ВИТЯ. А ты меньше разглагольствуй, философ! Без году неделя на сцене, а туда же... о ролях... держи трос и с места не сходи.

Входит Помреж.

ПОМРЕЖ. Дядя Витя, я в тревоге. Чем будем панораму крепить?
ДЯДЯ ВИТЯ. Жгентелем ее надо крепить, Алисия Ивановна,

тройной скобой, мулероном хорошо бы прихватить, полагаю.

ПОМРЕЖ. Но где же это все взять, дядя Витя? У нас и простых болтов не хватает.

ДЯДЯ ВИТЯ. Дело ваше, Алисия Ивановна, а поить Фефелова больше сил у меня нет. У Фефелова вкус непростой — табака любит с "Мукузани", к кофию коньяку, сувенирчик какой-нибудь в конце обеда, то... се... А я исчерпал свои финансовые возможности.

ПОМРЕЖ. Может быть, и так сойдет?

ДЯДЯ ВИТЯ. Оно посмотрим, а только боюсь, как во втором акте катавасия начнется, жди беды.

ПОМРЕЖ. О, ужас!

ДЯДЯ ВИТЯ. Вон Гутику скажите — проведет через местком ассигнования, выбью из Фефелова мулерону банки три.

ГУТИК. Местком на подлог не пойдет.

ДЯДЯ ВИТЯ. То-то и оно. Пошабашим, ребята!

Забрав молотки, клещи и все остальное, рабочие покидают сцену, последней уходит Помреж Алисия Ивановна. Уже из-за кулис она бросает на декорацию взгляд, полный сомнения и тревоги.

3

Сверкающее белизной, пронизанное голубым сиянием помещение, похожее на лабораторию из научно-фантастических романов. Огромное окно, за которым пустое голубоватое пространство. Четыре вращающихся кресла с мягкими подлокотниками. Над каждым из кресел странной формы экраны. Возле одной из стен стоит невероятно сложное кибернетическое устройство со множеством кнопок, регуляторов и т.п.

Входят Сангвиник, Меланхолик, Холерик и Флегматик. Останавливаются в середине сцены, недоуменно оглядываются.

Вслед за ними появляется Разраилов, задыхается, кашляет, сплевывает в окно.

РАЗРАИЛОВ *(в сторону).* Проклятая верхотура! Если бы не эксперимент, ни за что бы не поперся, да еще в компании с самоубийцами. *(Поправляет галстук, быстро причесывается.)* Итак, друзья, наше длительное восхождение завершено. Мы в святая святых, у истоков Великого Эксперимента. Здесь, именно здесь возникает будущее человечество с его неограниченными возможностями, и здесь мы, пионеры современной науки...

ХОЛЕРИК. Довольно словоблудия! Мы требуем, чтобы нам объяснили суть эксперимента. Столько дней топать по лестнице вверх, чтобы выслушивать очередную демагогию?!

ФЛЕГМАТИК. Главное, что добрались. Где здесь уборная, граждане?

МЕЛАНХОЛИК *(смотрит вниз, в окно).* О боже, земли не видно!

САНГВИНИК. Все это прекрасно, но где мы, Разраилов?

РАЗРАИЛОВ *(обиженно).* Меня перебили, не дали развернуть мысль. Вот этот невыдержанный гражданин...

ХОЛЕРИК. А вы точнее высказывайтесь. Речугами мы и так сыты по горло!

РАЗРАИЛОВ *(кричит).* Не орите на спасителя! Не будь меня, болтались бы вы сейчас, как бревно, в канализации Гультимооры! Граждане, даже в условиях Великого Эксперимента прошу соблюдать элементарные принципы единоначалия. Не забывайте, что я ваш директор и спаситель. Итак, прошу вас сесть в эти кресла, это ваши рабочие места. *(Рассаживает сотрудников.)* Так, прекрасно. Теперь, граждане будущего человечества, надежда всех шести континентов, я разъясню вам вашу великую миссию.

ХОЛЕРИК. Опять демагогия?

РАЗРАИЛОВ. Я вас уволю, если будете прерывать! Друзья, за

сотни веков существования цивилизации земля впитала в себя порочные идеи, соблазны, рефлексии и мечты тысяч поколений. Поэтому невзирая на колоссальные технические достижения, истинный прогресс на Земле невозможен, а я, Разраилов, преданный ревнитель прогресса во все века, должно быть, знаете из литературы — бьет в меня горящими очами ангел смерти Азраил... условность, конечно... намек на лазер... пардон. Происходит колоссальный разрыв между прогрессом кибернетических машин и застоем, а может быть, даже регрессом, увы-увы, человечества. И вот моя идея, граждане, поддержанная и финансированная Академией Лонг-Шорт-Лайф, а также Юнион-Квас-Лимитейд. Построена башня, на вершине которой мы сейчас находимся. Высота... гм-гм... значительная... Прошу обратить внимание на этот предмет *(Вынимает из кармана шарик, бросает его в окно.)* Теперь вновь внимание на меня. Итак, на этой высоте на вас, участников Эксперимента, не будут действовать миазмы земли, во-вторых, влияние высоты, сфокусированное новейшим стимулятором, управление которым я буду вести из своей командной рубки, в колоссальной степени повысит ваши умственные возможности и творческие силы. А вы в свою очередь сможете управлять сложнейшим кибером. Таким образом, цепь замкнется, главная проблема будущего будет решена. Новая эра! Заря! Радуга! Вознесенные индивидуумы, киберо-люди... *(Продолжает что-то пылко, но беззвучно говорить, жестикулирует, танцует...)*

САНГВИНИК. Что это с ним?

ХОЛЕРИК. Извините, терпеть не могу патетики. Я его выключил. Нажал под столом какую-то кнопку, и он выключился.

ФЛЕГМАТИК. Высота... оно понятно... влияет...

МЕЛАНХОЛИК. Как это ужасно — человек без звука! Говорят, в старину было такое кино...

САНГВИНИК. Да-да, батенька, представьте, вот потеха! Недавно я читал, что в прошлом были фильмы даже без запахов и без плоти.

ХОЛЕРИК. Зато какие были тогда люди! Гиганты!

ФЛЕГМАТИК. Говорят, что тогда в кино даже нельзя было подержать полюбившуюся кинозвезду за кругленькое местечко.

САНГВИНИК. Друзья, есть предложение познакомиться. Меня зовут Санг Виник. *(Холерику.)* А вас?

ХОЛЕРИК. Не помните меня? Вглядитесь! Эх, жалкое племя! Меня зовут Хол Ерик. Ну?! Никаких эмоций?

МЕЛАНХОЛИК. Да разве можно быть известным в наше время? Мое имя Мелан Холик, даже я ни на что не рассчитываю.

ФЛЕГМАТИК. А мое имя Флег Матик. Мой папа Мате Матик,

professore университета города Баковка, но он куда-то пропал, а мама... Граждане, где все-таки здесь уборная?
СИНГВИНИК. Послушайте, батенька, а как вы сюда попали?
ХОЛЕРИК. Не ваше дело! Я к вам в душу не лезу!
СИНГВИНИК. Извините. Я сам не склонен распространяться. А вы, Мелан?
МЕЛАНХОЛИК. Что вам сказать — я жертва вымысла, что называется реальностью. В последнее мгновение появился Разраилов.
ФЛЕГМАТИК. А я могу сказать. Дело в том, что мамаша куда-то провалилась и киска пропала, а бульон протух, и я...
СИНГВИНИК. Молчите, Флег! Я все понял. Ну, что ж, друзья, раз уж так получилось, и мы на башне, а наше начальство пока что выключено, сыграем в "чирышек-пупырышек бубо".
ХОЛЕРИК. Отличная идея! Вы мне нравитесь, Санг!
МЕЛАНХОЛИК. Увы, я почти забыл эту запрещенную игру.
ФЛЕГМАТИК *(встряхнувшись, весело).* А мы с мамашей всегда в нее играли, и киска третья...
СИНГВИНИК. Я начинаю. *(Показывает Холерику пальцы, сложенные в кольцо.)* Чирышек!
ХОЛЕРИК. Классно! Дайте подумать. *(Думает.)* Пупырышек! *(Показывает Меланхолику последовательно "уши", "нос", четыре пальца и медный ключ.)*
МЕЛАНХОЛИК. Сложный ход. *(Думает.)* Ага, нашел. *(Флегматику.)* В ночи горел вошел Наполеоном четыре хризантемы и бутон. *(Показывает "рожки".)*
ФЛЕГМАТИК. Ишь, как завернул... *(Думает, потом затыкает уши, свистит.)* Бубо! *(Сразу ослабев, вяло.)* Вот как я вас.
ВСЕ. Браво. Гениально! Какой простой и мощный ход. *(Аплодируют.)*

Разраилов, продолжающий свою пламенную, безмолвную речь, тоже апподирует.а

СИНГВИНИК. Итак, у вас 27 очков, у вас 11, у вас 18, у меня 14. Начинайте, Флег, ваша подача.

Снизу доносится глухой взрыв. Все вскакивают.

ХОЛЕРИК. Началось! К оружию!
СИНГВИНИК *(подбегает к окну, смотрит вниз).* Внизу розовое облако, похожее на пион. Каково-с?
МЕЛАНХОЛИК. О, ужас! Угасающий пион!
ФЛЕГМАТИК. Да це та штука до земли долетела.

Все смотрят вниз, потом отворачиваются от окна.

РАЗРАИЛОВ. ... без компромиссов и снисхождения! Радуга над головой! Вперед, киберо-люди! Ура! *(Причесывается, нагловато улыбается, поправляет галстук.)* Ну-с, друзья, отдохнули? Не воображайте, Хол, что я в ваших руках. Это вы в моих руках. А теперь за работу. По местам! Мы рождены, чтоб сказку сделать былью!

Сотрудники молча занимают свои места в креслах. Разраилов обходит всех, пожимает руки, интимно шепчет каждому "поздравляю", потом четкими офицерскими шагами покидает сцену.
Сотрудники молча, глядя прямо перед собой, сидят в креслах. Над ними начинают флюоресцировать экраны. Включается тихая, но чудовищная музыка.

ХОЛЕРИК *(изменившимся металлическим голосом).* Задание первое. Из бассейна А в бассейн В ежесуточно вытекает 400 кубометров воды и 300 кубометров вина. Из бассейна С ничего не вытекает. Требуется рассчитать количество осетровых мальков во внутренних водоемах Антарктиды. Включаю кибер.

С резким мгновенным воем включается и освещается кибер.

КИБЕР. Хелло, ребята! Поздравляю с началом эксперимента. Передача окончена.
ФЛЕГМАТИК. Начинаю. Необходимо удовлетворить законные потребности каждого современного человека в осетровых мальках внутренних водоемов.
МЕЛАНХОЛИК. Продолжаю. В хромосомной теории Бонч-Мариенгофа клетка, изменяясь, выражает число абсолютно малое, уходящее в протоплазму типа нос. Отбрасываем. Отсюда следует: сон, нсо, осн, трапеция с огнем внутри.
КИБЕР. Небольшая поправка. Логос. Передача окончена.
САНГВИНИК. Итог: Бесконечно малое, уходящее в нос, с учетом потребностей Лестера Бота ночью с похмелья, гемоглобин 90 — мальков нет минус единица. Конец.
КИБЕР. Какие вы молодцы! Передача окончена.

За окном в голубой пустоте медленно пролетает какое-то тяжелое тело. На мгновение кажется, что кто-то заглядывает внутрь лаборатории. Все сотрудники оборачиваются и напряженно смотрят в окно.

КИБЕР. Это Орел. Он постоянно здесь летает. Не обращайте внимания. Передача окончена.

ФЛЕГ. Задание второе. Сколько дьяволов и лисиц может разместиться одновременно на кончике иглы?

Неожиданно отваливается и съезжает в сторону правый угол декорации. Темпераменты резко поворачиваются и смотрят туда. Там стоит Катюша. Подняв голову, смотрит куда-то в глубину сцены. Рядом Емеля.

ЕМЕЛЯ. Катюша, я хотел с вами договориться на завтра. Как раз получка...
КАТЮША. Подождите, Емеля. Да ну вас! Он опускается!

Вбегает дядя Витя.

ДЯДЯ ВИТЯ *(свистящим шопотом)*. Вы что, не видите, ироды, боковина съехала!

Вбегает Гутик.

ГУТИК *(радостно)*. Фиксируем — нарушение трудовой дисциплины!

Проходит некто согбенный, закутанный в халат, из-под которого торчит темно-коричневое оперение. Очень странная фигура.

КАТЮША *(вслед, робко)*. Евгений Александрович, не ушиблись?
ДЯДЯ ВИТЯ. Спектакль срываете, ироды. Подтягивай боковину.
ПОМРЕЖ *(высовываясь из-за кулис)*. Ужас, ужас, ужас...

Рабочие подтягивают "боковину", скрываются за восстановленной декорацией.

ГОЛОС ДЯДИ ВИТИ. Можно поворачивать.

Медленный поворот круга.

САНГВИНИК *(металлическим голосом)*. Общсизвестно, что ни одна лисица не может развиваться и преуспевать без борьбы мнений, без свободы критики...

4

Командная рубка Разраилова находится в странном противоречии с научно-фантастической обстановкой лаборатории. Словно комиссионный магазин, она заставлена разностильной антикварной мебелью XVIII и XIX веков. Тяжелые пыльные шторы закрывают окна. В углу маленький бар в колониальном стиле. На стойке граммофон с огромной трубой. Рядом виолончель. В складках бархата скрыт рояль. Мольберт. Помост с неоконченной скульптурой "Мыслителя". С потолка свисают разномастные вычурные люстры. И лишь небольшой элегантный экран — Выход Кибера, — окруженный горшками с геранью, напоминает здесь о Великом Эксперименте. Граммофон поет: "Завял наш дивный сад, осыпались цветы, печальный голос твой я слышу в отдаленьи, но это лишь мираж, тебя давно уж нет, то осени сырой я слышу дуновенье". Разраилов в длинном бархатном халате, в феске, с изогнутой трубкой в руке томно скользит по комнате под эту музыку.

РАЗРАИЛОВ *(становится на одно колено, заглядывает в дверную щелку).* Работа кипит, идут расчеты. Все-таки хорошие у нас люди! Зря мы, зря иной раз неумеренно критикуем, рубим головы. Тот же Хол Ерик. Внешне нетерпим. Первое желание — ликвидировать, но... вот, пожалуйста, берешь себя в руки, и индивидуум работает, да еще как работает! Что значит во-время жилку подрезать! *(Продолжает скольжение по комнате, на секунду остановившись, завершает роденовского "Мыслителя", присаживается у мольберта, вдохновенно бросает несколько мазков, поворачивает картину к залу — вполне завершенное полотно "Бурелом" Шишкина; бросается к роялю, взбивает кудри, поет "В часы одинокие ночи люблю я усталый прилечь", записывает музыку; играет на виолончели первые такты "Чижика"; ходит по комнате, засунув пятерню в шевелюру, мычит, потом произносит: "Мы рождены, чтоб сказку сделать былью, преодолеть пространство и простор"; с радостным возгласом бросается к столу, записывает сочиненное.)*

КИБЕР. Расчет окончен. Сообщаю результат. Лисица, пушистый хвост которой блестит, как иглы, а дьявол окосел. Передача окончена.

РАЗРАИЛОВ. Потрясающе! *(Берет хрустальный бокал, наливает бургундского.)* Задача третья. Начинает Мелан Холик. У вас в кармане двадцать пять яблок. У вашего товарища восемнадцать. Вы даете своему товарищу двадцать пять яблок, он вам восемнадцать. Нужна ли человеку песня, как птице крылья для полета? *(Опорожняет бокал.)*

За окном проходит тяжелая тень. Кажется, что кто-то заглядывает в окно.

РАЗРАИЛОВ *(подбегает к окну, высовывается, скандально кричит).* Опять мешаете? Я буду жаловаться! Чтоб вы шею свернули на вашей войне! *(Отходит от окна, фальшиво возмущенный, якобы взвинченный.)* Безобразие какое! Вечно этот Орел мешает Эксперименту! *(Включает граммофон, тот поет "Черную розу, эмблему печали".)* Что же мне делать? Чем заняться? Не онанизмом же, право? *(Хлопает себя по лбу — пришла идея.)* Вызову-ка я даму! *(Скользит к Киберу, нажимает какую-то заветную кнопку.)*

Появляется Дама в средневековом роброне с высоким стоячим воротником, движется жеманно с приседаниями, тоненьким голоском поет старинный романс "Виолета-грациоза". Разраилов тоже с приседаниями скользит к ней, берет протянутую руку, церемонно целует кончики пальцев, ведет к пышному ложу под балдахином, наполняет бокал вином, подает даме. Дама жеманно выпивает. Разраилов тоже выпивает, смотрит на Даму. Дама смотрит на него.
Он берет Даму за талию.

ДАМА. Я в вашей власти, монсеньор! *(Пытается повалиться на кровать, Разраилов ее удерживает.)*
РАЗРАИЛОВ *(передразнивает).* В вашей власти! Монсеньор! Не знаешь, как себя вести, дура!
ДАМА *(плаксиво).* Давеча-то, как стриптиз делала, были изысканным.
РАЗРАИЛОВ. То давеча, а то теперь. Сопротивляйся! Выражай благородное негодование, шалава! Кричи — "насильник"! Кричи — ай-ай! *(Хватает Даму.)*
ДАМА. Ай-ай! На помощь! Кабальерос! Родригос! Гидальгос! Пустите, насильник! *(Сопротивляется, вырывается.)*
РАЗРАИЛОВ *(гонится за ней).* Так! Так! Кричи, чувиха!
ДАМА. Постыдитесь! Это недостойно! Ай-ай!
РАЗРАИЛОВ *(хватает Даму, валит ее на ложе, сует ей в рот бутылку водки, пьет сам, орет).* Эх, житуха, хорошая петруха, бляха-муха, мать честна!
КИБЕР. Извиняюсь за вторжение в интимный мир. Поступил запрос из Академии Лонг-Шорт-Лайф совместно с Юнайтед Квас лимитейд. Как выполняется график Эксперимента? Передача окончена.
РАЗРАИЛОВ. Эксперимент идет согласно плану с опережением графика. График поймал графиню! *(Безумно хохочет, гребет слабо верещащую даму.)*

Левый угол декораций отваливается и съезжает в сторону. В глубине сцены Катюша, которая, сжав руки на груди, смотрит куда-то вверх. Рядом Емеля.

ЕМЕЛЯ. Вот, Катюша, билеты в "Современник". Еле достал. Всю рожу разодрал, уверяю.
КАТЮША. Как вам не стыдно, Емеля? В такой момент! Смотрите, он снижается! Ой! Ой! О, господи, опустился!

Вбегают дядя Витя, Гутик, Помреж.

ДЯДЯ ВИТЯ *(свистящим шопотом).* Чокнулись, студенты? Не видите, боковина отвалилась!
ПОМРЕЖ. Романы крутят на производстве!
ГУТИК *(радостно).* Фиксируем нарушение техники безопасности!

В глубине сцены снова быстро проходит странная согбенная фигура в халате, из-под которого торчит оперение.

КАТЮША *(бросается к фигуре).* Не ушиблись, Евгений Александрович?
ЕМЕЛЯ. Постыдитесь, Катюша.

Фигура исчезает.

ДЯДЯ ВИТЯ. Тяни боковину-то, ироды! *(Тянет трос.)*
ПОМРЕЖ. Что же делать, дядя Витя?
ГУТИК. Пахнет катастрофой.
ДЯДЯ ВИТЯ. Похоже, без мулерону спектакль не дотянем. Поеду сейчас к Фефелову, в ноги кинусь.
ПОМРЕЖ *(снимает кольцо).* Отдайте ему вот это.
ГУТИК *(смахивает слезу).* Я знал, что вы такая, Алисия Ивановна. *(Пытается поцеловать ей руку.)*
АЛИСИЯ ИВАНОВНА *(отвернувшись).* Не надо, Гутик!
ГУТИК. Не думайте, что я не такой. Умоляю, не думайте обо мне плохо. Вот, пожалуйста, дядя Витя, передайте ему это. *(Подает авторучку).*
ЕМЕЛЯ *(ворчит).* Ладно уж, я тоже не жмот. Может, галстук сгодится? *(Снимает галстук.)*
КАТЮША *(пылко).* Ради техники безопасности ничего не пожалею. *(Расстегивает молнию на платье.)*
ДЯДЯ ВИТЯ. С ума сошла, девчонка! Отцу позвоню!

Подтягивают "боковину". Декорация восстановлена. Рабочие скрываются.

РАЗРАИЛОВ *(капризно).* Можно, наконец, продолжать? *(Бросается на Даму.)*
ДАМА. Кабальерос! Родригос! Гидальгос!
КИБЕР. Снова прошу прощения за вторжение в интимный мир. Экстренное сообщение. Эксперимент приостановлен по непонятным для меня причинам. Передача окончена.

5

Снова зал лаборатории. Кресла пусты. Холерик, бешено размахивая руками, носится по сцене. Сангвиник прохаживается, потирая руки. Флегматик сидит на полу, ковыряет в носу. Меланхолик движется по сцене на подгибающихся ногах, заламывая руки, словно бабочка на исходе жизни. Взволнованно и беспорядочно мигает Кибер.

ХОЛЕРИК. Тупые бездарные люди! Еще секунда и я все здесь разнесу своим знаменитым лобовым ударом! Хлюпики! Жалкое поколение! Я утверждаю, слышите: Песня есть сигма, бешеная сигма водопровода, бешеная сигма водопровода!
САНГВИНИК. Не горячитесь, дружище Хол! Чем кричать, батенька, и махать руками, лучше признать свои ошибки. Факты вещь упрямая, мой друг, а песня есть форма существования аминокислот плюс гиперболизация всей земли. Вот тэк-с!
ХОЛЕРИК *(яростно)*. Схлопочешь!
МЕЛАНХОЛИК. О мрак! О ночь! Как страшно терять друзей! Как страшно видеть развал Эксперимента! Друзья, последняя надежда, последний трепещущий светильник в черном бархате всемирной ночи, единственный верный ответ: песня — это лента, голубая лента, зовущая под диван в паутину иллюзий...
ХОЛЕРИК. Пришибу, как муху!
ФЛЕГМАТИК. Песня — это бублик.
КИБЕР. Умоляю прекратить спор. Передача окончена.
ХОЛЕРИК. Сигма!
САНГВИНИК. Аминокислоты!
МЕЛАНХОЛИК. Лента!
ФЛЕГМАТИК. Бублик!
КИБЕР. Без паники! Передача окончена.

Беспорядочный рев Холерика, самоуверенные, жизнерадостные восклицания Сангвиника, унылые вопли Меланхолика, монотонные возгласы Флегматика.

КИБЕР. В такой обстановке я отказываюсь работать. Передача окончена. *(Гасит все свои огни.)*

Темпераменты смущенно затихают. Некоторое время Холерик, Сангвиник и Меланхолик кружат по сцене, потом собираются вокруг сидящего Флегматика. Флегматик неуверенно хлюпает носом, улыбается.

ХОЛЕРИК *(улыбается, хлопает Меланхолика по животу).* Однако, друг мой, солидные у вас соцнакопления.
МЕЛАНХОЛИК *(улыбается).* Там, внизу, я был поваром.
САНГВИНИК. Поваром? Где же?
МЕЛАНХОЛИК. В "Каптенармусе".
ХОЛЕРИК. В этом притоне толстосумов?!
ФЛЕГМАТИК. Папаша и мамаша водили меня туда. Мы ели телячьи уши "оревуар" в вишневом соусе "бонжур". Это невозможно забыть.
МЕЛАНХОЛИК. Еще бы, телячьи уши...
САНГВИНИК. Старый добрый "Каптенармус"! Сколько с ним связано! Бывало, вечера не проходит, чтобы мы не собрались в нем с друзьями-литераторами, а я там, внизу, был поэтом, милостивые государи, чтоб вы знали. Помню, как-то ем я селянку "Острога", а беллетрист Бигбит Андреев подошел сзади, положил голову мне в тарелку вот таким макаром, батеньки, и тоже ест. Каково-с?
МЕЛАНХОЛИК. Еще бы, селянка "Острога"! Сколько я слез над ней пролил! Ведь у меня, господа, хронический насморк...
ХОЛЕРИК. Единственное из-за чего стоило ходить в "Каптенармус", это из-за баб. Бабы там собирались законные, это верно. Большое удовольствие отбить красотку у какой-нибудь буржуйской рожи! Бывало, зайдешь в темных очках, никто не узнает чемпиона лобовых ударов, а снимешь очки, все — ах-ах!
САНГВИНИК. Так ты, Хол, тот самый Ерик?
ХОЛЕРИК. Ага, наконец-то догадался. Да, я тот самый, но давно уже не у дел. Стадо свиней, теперь они забыли про лобовой удар, увлекаются обходами с флангов. А какое было времечко! Помните бучу на 42-й улице?
МЕЛАНХОЛИК. Еще бы не помнить, я заперся тогда в уборной...
ФЛЕГМАТИК *(встрепенувшись).* В уборной?
МЕЛАНХОЛИК. ...и пролил множество слез. Мне казалось, цивилизация гибнет и никто уже не придет в "Каптенармус"... никогда...
САНГВИНИК. Да, славно ты тогда бил яйца на 42-й улице, Хол! Помню, помню... Я всегда был твоим идейным противником, всегда считал, что нужно идти другим путем, именно путем флангового обхвата, но не могу не воздать тебе должное. Вся мостовая была залита желтком! Каково-с?
ХОЛЕРИК *(вдруг взвивается, делает огромные нелепые прыжки, ревет).* Я хочу вниз! Туда, в этот осатаневший муравейник! Я не могу без них! Я еще не додрался, не доругался, не долюбил! Я погибну без них! *(Падает.)*

СANГВИНИК. И я хочу туда, милостивые государи! Я хочу написать поэму-с! Каково-с? Я жажду позитивной борьбы за оптимизм, батеньки, жажду фланговых обходов. Вот так-с! *(Падает.)*
МЕЛАНХОЛИК. А я хочу кушать, господа, варить и кушать. Одна лишь гастрономия спасала меня от философского пессимизма. *(Падает.)*
ФЛЕГМАТИК. А я хочу в уборную. *(Валится на бок.)*
КИБЕР. Вынужден включиться. Хочу сообщить товарищам по работе, что практически они ничего не хотят, как и было запрограммировано условиями Эксперимента. Не так ли? Передача окончена.
САНГВИНИК. Практически я ничего не хочу, но хоть только бы чуть-чуть подковырнуть идейного врага.
ХОЛЕРИК. Хоть бы на мгновение увидеть, как стервочка из "Каптенармуса" крутит юбкой.
МЕЛАНХОЛИК. Разочек бы высморкаться над любимой селянкой.
ФЛЕГМАТИК. Только бы взглянуть на мой унитаз, на уголок задумчивости с подшивкой журнала "Знание — сила".

Входит Разраилов.

РАЗРАИЛОВ. Ай-я-яй! Ай-я-яй! Саботируете Эксперимент? И не стыдно?

Темпераменты молча лежат на полу. Разраилов становится на четвереньки, ползает от одного тела к другому, шепчет вдохновляюще каждому: "вставай, товарищ!", "время, вперед!", "во имя Прогресса!", "перед лицом эпохи!", но Темпераменты недвижимы. Разраилов встает, нажимает какую-то кнопку в Кибере.

КИБЕР *(рявкает)*. Встать! Передача окончена.

Темпераменты вскакивают.

РАЗРАИЛОВ. И это вы, граждане будущего киберо-человечества! Позор. Вы разорвали цепь Эксперимента, поддались тлетворному действию земных миазмов, которые, я уверен, принес на своих крыльях проклятый Орел. Если не хотите работать... *(С глухой угрозой.)* мы можем вернуться к исходной точке.
САНГВИНИК *(изменившимся, почти машинным голосом)*. Мы хотим работать для Эксперимента и мы будем работать для Эксперимента,

но у нас есть просьбы к администрации.
РАЗРАИЛОВ. Ну, хорошо, хорошо. Какие же просьбы? Только не зарывайтесь!
МЕЛАНХОЛИК. У меня есть скромная просьба. Я хочу цветок, какое-нибудь растение.
РАЗРАИЛОВ. Растение? Пожалуйста! *(Нажимает кнопку.)*

На подоконнике появляется фикус.

ФЛЕГМАТИК. Я хочу киску.
РАЗРАИЛОВ. Извольте. *(Нажимает кнопку.)*

На подоконнике появляется глиняная грубо размалеванная киска с умильной страшноватой мордой.

ХОЛЕРИК *(делает мучительное движение, как будто хочет от чего-то освободиться, потом — глухо.)* Я тоже хочу киску.
РАЗРАИЛОВ *(весело)*. Пожалуйста, пожалуйста! *(Нажимает кнопку. На подоконнике появляется вторая такая же киска.)*
САНГВИНИК *(тоже пытается освободиться, потом — звонко)*. Я тоже хочу киску!
РАЗРАИЛОВ *(хохоча)*. Сколько угодно! Фирма не жалеет затрат! *(Нажимает кнопку.)*

На подоконнике появляется третья киска.

МЕЛАНХОЛИК *(металлическим голосом)*. Мне не нужно растений. Мне нужна киска.
РАЗРАИЛОВ. Вот и молодец! *(Нажимает кнопку.)*

Фикус исчезает, появляется четвертая глиняная киска.

РАЗРАИЛОВ. Довольны, мальчики? Есть еще претензии, личные просьбы?
ВСЕ *(хором)*. Всем довольны! Претензий нет!
РАЗРАИЛОВ. А теперь за работу.

Темпераменты садятся в кресла.

РАЗРАИЛОВ. Итак, нужна ли людям песня, как птице крылья для полета? Начинает Хол.
ХОЛЕРИК. Песня есть сигма, бешеная сигма водопровода.

САНГВИНИК. Не согласен. Песня есть форма существования аминокислот плюс гибридизация всей земли.
РАЗРАИЛОВ. Опять за свое?
МЕЛАНХОЛИК. Песня — это голубая лента, влекущая под диван в паутину иллюзий.
РАЗРАИЛОВ. Молчать.
ФЛЕГМАТИК. Песня — это бублик.

Снова разгорается спор. Темпераменты выходят из-под власти Кибера.

РАЗРАИЛОВ *(растерянно Киберу)*. Как, по-вашему, в чем тут дело?
КИБЕР. Предполагаю несходство темпераментов. Передача окончена.
РАЗРАИЛОВ. Может быть, унифицировать?
КИБЕР. Невозможно. Требуется новая система моделирования. Передача окончена.
РАЗРАИЛОВ *(задумывается)*. Новая система? Так, так...

В окно кто-то заглядывает, проходит тень, слышится трепет крыл. Поток воздуха срывает с подоконника четырех кисок.

ТЕМПЕРАМЕНТЫ. Ай! Ай! Где же наши киски?! Это обман!
РАЗРАИЛОВ *(суетится, напуганный)*. Уверяю вас, администрация тут не при чем. Это все проклятый Орел, солдафон, вредитель!

Отваливается и съезжает в сторону правый угол декораций. В глубине сцены снова стоит Катюша, смотрит вверх. Рядом Емеля.

ЕМЕЛЯ. Катюша, это невозможно. Я только о вас и думаю. Честно, я влип со страшной силой.
КАТЮША. Ой, его заклинило, он перевернулся! Боже мой, неужели конец? *(Закрывает лицо руками.)*
ЕМЕЛЯ. Да что с ним сделается, с вашим проклятым Орлом! Опустился, гад!

Вбегают, обнявшись, Помреж и Гутик.

ПОМРЕЖ. Катастрофа! Где же дядя Витя?
ГУТИК. Алисия Ивановна, родная, незаурядный мой человек, дядя Витя помчался к Фефелову. Я ему рубль дал на такси из членских взносов. Все ради вас!

Проходит согбенная фигура в халате.

КАТЮША *(бросается).* Евгений Александрович, не ушиблись?
ФИГУРА *(раздраженно).* Послушайте, барышня, у меня сложная роль, тяжелая работа, я рискую жизнью, теряю перья, а вы постоянно издеваетесь. *(Уходит.)*

Катюша убегает с рыданьями.

ЕМЕЛЯ. Подлец толстокожий! Он ее не понимает!
ПОМРЕЖ. Емеля, Гутик, спасайте спектакль!

Рабочие подтягивают отлетевший угол. Декорация восстановлена.

ФЛЕГМАТИК *(икает).* Упали киски.
МЕЛАНХОЛИК *(плачет).* Разобьются вдребезги, на черепки... злая судьба...
ХОЛЕРИК *(размахивая кулаками).* Где наши любимые реликты? Одной рукой даете, другой отбираете?! Знаем мы эту тактику! Разнесу все к чертям!
САНГВИНИК. Извините, Разраилов, в такой обстановке мы отказываемся работать. Вот так-с, батенька, и о продолжении Эксперимента не может быть и речи!
РАЗРАИЛОВ *(обиженно).* А где элементарное чувство благодарности? Что с вами было бы, молодые люди, не появись я в последний миг перед каждым? *(Кричит, тыча пальцем.)* Вы бы гнилым бревном болтались в канализации Гультимаоры! Вы бы висели как сосиска в вашем любимом клозете! Вы бы тухли на огороде! Вы бы валялись с простреленной башкой! Я знал, что вы идете к самоубийству, я давно следил за вами, и я вас спас! Из жалких рефлектирующих людишек я хотел превратить вас в могучих киберо-индивидуумов, я приобщил вас к Великому Эксперименту! Где элементарная благодарность? Где? *(С глухой угрозой.)* Может быть, хотите вернуться к исходной точке?

Темпераменты смущенно смотрят на него, молчат.

САНГВИНИК. Он прав. Без него нам всем был бы капут. Вот лично со мной... помню великолепное утро, отлично работает пищеварение, выпил чаю с вишневым вареньем... принял решение уйти из жизни.

Слышится приближающийся трепет крыл, и на окно вдруг садится тяжелый пожилой Орел с лицом старого солдата.

ОРЕЛ. Привет, покойнички!

Один за другим раздаются четыре глухих взрыва.

6

Немая сцена в лаборатории Великого Эксперимента. Темпераменты, застывшие в напряженных позах, смотрят в окно. Разраилов стоит с вытянутой вперед рукой. Орел, положив локти на подоконник, улыбается.

РАЗРАИЛОВ. Убирайтесь!
ОРЕЛ *(перебрасывает ногу в высоком кожаном сапоге, влезает внутрь, усаживается на подоконник, закуривает цигарку).* Умотался, ребята, сил нет.
ХОЛЕРИК *(глухо).* Кто вы?
ОРЕЛ. Я Орел, братцы. Я тут каждый день мимо вас летаю на войну. У меня война, братцы.
ХОЛЕРИК *(делает движение к Орлу).* С кем вы воюете, Орел?
ОРЕЛ. Да все с им, проклятым, со Стальной Птицей. Дело тут, ребята, нехитрое: я простой Орел из мяса и костей с горячей кровью, и вот воюю бесконечно с этой паскудиной. Честно, мужики, надоело до смерти, а надо.
САНГВИНИК *(делает шаг к Орлу).* А за что вы воюете, разрешите поинтересоваться.
ОРЕЛ *(громогласно).* За идеалы справедливости!
РАЗРАИЛОВ *(истерично).* Ну, вот и летите на вашу дурацкую войну! Чего здесь околачиваетесь?
ОРЕЛ. Спокойно, папаша! Не базарь! У нас обеденный перерыв. Стальная тоже полетела керосинчиком заправиться, и я сейчас в столовку рвану, в "Каптенармус". *(Меланхолику.)* Харч там испортился с вашей кончиной.
МЕЛАНХОЛИК. Как это с кончиной? Позвольте...
РАЗРАИЛОВ. Требую, чтобы вы очистили помещение! Вы срываете Великий Эксперимент!
ОРЕЛ *(передразнивает).* Перемент! Перемент! Тоже мне ангел смерти доморощенный! И все это происходит под самым носом у Верховной Канцелярии. Глаза бы мои не глядели.
ХОЛЕРИК *(встает на колени).* Орел, возьми меня на свою войну! Я мастер лобового удара! Пригожусь!
САНГВИНИК *(встает на колени).* И меня возьмите... в штаб... я знаю теорию флангового обхвата... не пожалеете, уверяю, батенька...
МЕЛАНХОЛИК *(встает на колени).* Возьмите меня в полевую кухню...

ФЛЕГМАТИК *(встает на колени).* Возьмите меня в обоз...
ОРЕЛ. Не могу, братцы! У каждого своя война, у меня моя, а вас, бесплотных, куды ж я дену... *(Гасит цигарку о каблук.)* Ну, извините за компанию... *(Разраилову.)* А ты поменьше базарь, балда. *(Темпераментам.)* Пока, покойнички! *(Улетает.)*

Темпераменты стоят на коленях, низко опустив головы.

РАЗРАИЛОВ. Не обращайте внимания, друзья, на этого старого провокатора, с его дурацкими шутками. Выше головы! Великий Эксперимент...
САНГВИНИК *(глухо).* Мы мертвы?
РАЗРАИЛОВ. Ха-ха-ха, какая ерунда! Ведь я же вас спас, разве не помните? Вспомните, Хол, вы перебросили ногу через перила моста, и тут появился я...
ХОЛЕРИК. Кажется, я летел вниз... да... летел... потом... был удар... *(Вскакивает.)* Я загнулся, братцы!
МЕЛАНХОЛИК. И я... друзья... я вспоминаю... кажется, я успел принять яд... сильнейший яд из печени рыбы фуго...
ФЛЕГМАТИК. И я как-будто доплелся до уборной...
САНГВИНИК. Не помню точно, но кажется... был удар в висок и только после этого появились вы, Разраилов. *(Встает.)* Признайтесь, мы мертвы? Мы требуем, в конце концов мы имеем право знать. Не ставьте нас в дурацкое положение.
РАЗРАИЛОВ *(уклончиво).* Все в мире так относительно, друзья мои, — пространство, время, жизнь, смерть, — а для успеха эксперимента...
ХОЛЕРИК *(подступая к нему с кулаками).* Говори!
РАЗРАИЛОВ. В конце концов, лучший человек — это мертвый человек!
САНГВИНИК. Почему же вы молчали?
РАЗРАИЛОВ. Зачем зря трепать нервы своим сотрудникам?
ХОЛЕРИК. Так это ты толкнул нас на самоубийство?
РАЗРАИЛОВ *(возмущенно).* Извините! Вот это уже гнусная инсинуация. Господа, я готов доказать! Можно, если угодно, вернуться к исходной точке. Я просто вас курировал, понимаете, я давно вас курировал в ваших же интересах. *(Кричит.)* Встать всем! Занять свои места! Вы что-то обнаглели, голубчики! Ведете себя словно живые люди. Раз уж на то пошло, знайте раз и навсегда — вы не существуете, вы лишь придатки сложнейшего эксперимента по трансформации всего человечества. *(Нажимает одну за другой несколько кнопок на*

пульте кибера.)

На пульте беспорядочное мелькание огоньков, слышны хриплые звуки, чуть ли не стоны, доносятся отдельные слова: "...трудно. Передача окончена", "невыносимо, передача окончена", "...не виноват, передача окончена", напряженная пульсация экранов. Темпераменты словно под гипнозом садятся в кресла, кладут руки на подлокотники, задирают подбородки.

ХОЛЕРИК *(словно пытаясь выбраться из-под тяжелой мраморной плиты)*. Трансформация всего человечества... на манер нашей, так, что ли?
РАЗРАИЛОВ. Идея в общих чертах такова, но возможны и модификации. Мы могли бы вместе разработать идею, если бы вы прилежно трудились. Мы были уже на правильном пути. Творить надо, а не фрондировать.
ХОЛЕРИК. Какой гад...

Разраилов быстро нажимает еще несколько кнопок.

ХОЛЕРИК. Какой гадостью веет от наших сомнений и тревог. *(Затихает.)*
РАЗРАИЛОВ. Ну вот, кажется, теперь порядок, можно и речугу толкнуть! *(Встает в позу.)* Счастье! Счастье, лишенное несчастий! Новое счастье в любой части!
САНГВИНИК *(слабое движение)*. Прощай, лазурь преображенская и золото Второго Спаса... *(Затихает.)*
РАЗРАИЛОВ. Творчество! Счастье в творчестве! Творчество в счастье!
МЕЛАНХОЛИК *(слабое движение)*. Анна Николаевна... там, на скатерти... обратите внимание... золотое кольцо... *(Затихает.)*
РАЗРАИЛОВ. Чистота! Чистота линий! Лаконизм! Чистота в лаконизме! Лаконизм в чистоте!
ХОЛЕРИК *(слабое движение)*. Как трепетали липы на углу Сорок второй и Восемнадцатого... какое пиво... *(Затихает.)*
РАЗРАИЛОВ. Прогресс! Прогресс без регресса! Чистый прогресс в чистоте, в счастье, в счастье без несчастий, в творчестве и лаконизме! Лучший человек — мертвый человек!
ФЛЕГМАТИК *(слабое движение)*. Навешивай на ворота! Пас! Боба, не водись! Мазила, бей! *(Затихает.)*
РАЗРАИЛОВ. Сон! *(Нажимает кнопки. Сотрудники сидят без движения. Киберу.)* Какие будут предложения?
КИБЕР. У меня предчувствие. Эксперимент провалился. Передача

окончена.

РАЗРАИЛОВ. С каких это пор у вас предчувствия?

Кибер неожиданно покидает свое место. Разминаясь, проходит через сцену, садится на подоконник, нога на ногу.

КИБЕР. Слушайте, Разраилов, вы что-то слишком уж вошли в роль. Что вы знаете о моем внутреннем мире? Что вы понимаете в науке? Скажем прямо — вы шарлатан! Передача окончена.

РАЗРАИЛОВ *(нагло улыбаясь)*. Лобовая и грубая характеристика. Не к лицу такой сложной машине, как вы.

КИБЕР. Я вами возмущен. Этих несчастных заставляете работать, а сами в командной рубке занимаетесь плагиатом. Передача окончена.

РАЗРАИЛОВ. Это мое хобби. Что, съели?

КИБЕР. Устроили свалку антиквариата, бесчинствуете с Дамой. Передача окончена.

РАЗРАИЛОВ. Но это же модно! Поймите, я современная персона, проводник истинного прогресса, а мода — спутник прогресса. И потом, что это за критиканство? Что можно Юпитеру, того нельзя быку. Академия вложила в вас деньги, вы должны заниматься Экспериментом, а не критиканствовать. Еще машины будут нас учить!

КИБЕР *(со вздохом)*. Да уж связался я с вашей шаражкиной конторой. Передача окончена.

РАЗРАИЛОВ. Подумайте, как будем регулировать темпераменты наших сотрудников.

КИБЕР *(резко)*. Этого я делать не буду! Передача окончена.

РАЗРАИЛОВ. Почему?

КИБЕР. Потому что они мне симпатичны. Передача окончена.

РАЗРАИЛОВ. Но ведь они дохлые!

КИБЕР. Не уверен. Они спорят, страдают, о чем-то мечтают, у них разные темпераменты. Передача окончена.

РАЗРАИЛОВ. Ага, понимаю, они внесли дисгармонию в ваш внутренний мир, растревожили вашу душу. Да, вы действительно сложная машина. Поверьте, это не пустой комплимент. Да-да, понимаю, поверьте, мне тоже это близко. Поверьте, иной раз хочется спуститься на грешную... *(Заглядывает в окно.)*, пошляться там, как встарь, по конференц-залам, побезобразничать. Иной раз вспомнишь мыльную воду, пузыри, розовую ножку...

КИБЕР *(глухо)*. Не надо мучить. Передача окончена.

РАЗРАИЛОВ. А помните, как иной раз мчишься скачками по траве и столько запахов — голова кружится!

КИБЕР. Не надо мучить. Передача окончена.

РАЗРАИЛОВ. Да вы не стесняйтесь, любезнейший, посмотрите вниз. Уверяю вас, что хоть и прошло столько веков, она ничуть не изменилась. *(Со скрытой ненавистью.)* Она так же прекрасна.

Кибер, не выдержав, резко поворачивается к окну. Перед зрителями его зад, обыкновенный человеческий зад. Зад дрожит.

РАЗРАИЛОВ *(отступив на шаг, осматривает зад).* Подумать только — доэволюционировался до человеческого зада. Куда конь с копытом, туда и рак с клешней. *(Вынимает из кармана ржавую консервную банку, огромный гвоздь и молоток, приставляет банку к заду, к банке гвоздь, одним ударом вгоняет гвоздь в зад Киберу.)*

Кибер рушится на колени.

РАЗРАИЛОВ. Итак, готова новая модель! Я гений! Гений! *(Тащит Кибера по полу и водворяет на прежнее место.)* Теперь можно и речугу толкнуть!

На сцене зловещее мерцание. Скособоченный Кибер, белые маски спящих темпераментов, жуткий в своем величии Разраилов.
Слышится свист, трепет крыл, в лабораторию заглядывает Орел.

ОРЕЛ. Привет, покой... Э, да тут, я вижу, мокрое дело! И все это под самым носом Высшей Канцелярии! Ну, Разраилов, допляшешься! *(Улетает.)*

Отваливается правый угол декораций. Катюша в прежней позе. Рядом Емеля.

ЕМЕЛЯ. Может быть, вы думаете, Катюша, что у нас на философском все хлюпики-интеллигенты. Ошибаетесь, чувиха, мы все в законе, по фене ботаем. Катюша, я сидру выпил в антракте, я смелый!

Слышится глухой стук упавшего тела. Катюша закрывает лицо руками. Емеля убегает.
Вбегают, обнявшись, Помреж и Гутик.

ПОМРЕЖ. Ужас! Позор! Не дотянем спектакля! Где же дядя Витя?! Где же Фефелов с мулероном? Гутик, спасите!

ГУТИК. Аля, плюнем на все, у меня членские взносы, улетим в Сочи, поживем хоть два дня по-человечески...

Прихрамывая, опираясь на плечо Емели, проходит согбенная фигура в халате.

ФИГУРА *(Катюше).* Что же вы не спрашиваете, барышня: Евгений Александрович, вы не ушиблись?

Катюша молча рыдает.

ЕМЕЛЯ *(коварно).* Разве ж ей понять, Евгений Александрович, тяжесть вашего труда...
ПОМРЕЖ. Тяните же, тяните!

Подтягивают правый угол. Декорации восстановлены.

РАЗРАИЛОВ *(плюет в окно вслед улетевшему Орлу).* Тьфу, ничтожество! Какую речугу сорвал! *(Киберу.)* Ну как, ржавый патефон, нравится новое регулирующее устройство?
КИБЕР. Прошу не оскорблять. Устройство нравится. Передача окончена.
РАЗРАИЛОВ. Теперь дело в шляпе. Эксперимент пойдет как по маслу. Кандидатская диссертация в кармане. Теперь они у меня работать будут на холерическом темпераменте, а отдыхать на флегматическом. И никаких нюансов. Вуаля! Итак, включаю на работу. Повело! *(Нажимает кнопки.)*
ХОЛЕРИК. Задача третья: нужна ли модели песня как птице крылья для полета. Песня есть бешеная сигма водопровода.
САНГВИНИК. Сигма сигмоидальна, альфа геморроидальна, лира слепа, "а" в квадрате из корня "икс".
МЕЛАНХОЛИК. Гром зовет, а пес ликует. Скоро песня закукует.
ФЛЕГМАТИК. Вывод. Песня нужна птицам, как крылья самолетам. Людям нужна... *(Рычит.)* ...не могу...
РАЗРАИЛОВ. Ну-ну, мы на пороге великого открытия, еще одно усилие... ну! *(Нажимает кнопки.)*
ВСЕ ТЕМПЕРАМЕНТЫ. Людям нужна смерть!
РАЗРАИЛОВ. Гениально! Шедеврально! Поздравляю, братцы! Перевожу на отдых, вы его заслужили. *(Нажимает кнопки.)* Ну и мне пора отдохнуть. Умотался я с вами. Буду руководить отдыхом из командной рубки. Пока! *(Уходит.)*

7

На сцене молчание. Темпераменты недвижимы в своих креслах. Слабо мигает единственный огонек в Кибере.

Наконец пошевелился флегматик, за ним сделал слабое движение Меланхолик, потом Сангвиник и Холерик.

ФЛЕГМАТИК. Есть предложение сыграть...

Молчание.

ХОЛЕРИК. Начинайте... кто-нибудь...
САНГВИНИК *(с трудом делает пальцами крестик).* Чирышек...

Молчание.
Входит Нина, изящная блондинка в мини-юбке, растрепанная и прелестная. За ней проскальзывает Любовный Треугольник, изнуренный субъект в трико. Занимает треугольную позицию.

НИНА *(бодро).* Ну, что мы здесь имеем? *(Осматривается.)* Ого, четыре внушительные, полновесные мужские фигуры! Для начала неплохо! *(Кокетливо делает ручкой.)* Ну, что молчите? Может быть, здесь не принято приветствовать дам?

Темпераменты вяло кивают Нине. Флегматик изображает какое-то подобие воздушного поцелуя.

НИНА. Эй, да что это с вами?! Налейте даме стаканчик джин-эн-тоник! *(Удивленно.)* Ну и типусы! *(Любовному Треугольнику.)* Слушай, как это тебе все нравится? Не реагируют на даму! Стоило переться на такую высоту, чтобы попасть в общество четырех импотентов!
ЛЮБОВНЫЙ ТРЕУГОЛЬНИК *(заунывно).* Почему ты не любишь меня? Что ты в нем нашла? Милый, я твоя! Любимая, наконец-то мы одни! А что же он? Ха-ха-ха! *(Делает какое-то раздирающее движение.)*
НИНА. Пошел к черту! От тебя и здесь пользы как пива от реактора! *(Замечает Кибера, оживляется.)* Эге, кажется, автоматический бар. Сейчас надерусь! *(Танцующей походкой подходит к Киберу, роется в сумочке.)* Как назло ни единого пипа! Не успела сунуть кошелек в сундук до того, как он навел пистолет, сама виновата,

дурища! Впрочем, вспомним детские шалости. *(Вынимает маникюрные ножницы, воровато оглядывается, сует их в какую-то прорезь Кибера.)* Ты уж не обижайся, Лапуля!

КИБЕР. Я не обижаюсь. Напротив, рад. Передача окончена. *(Подает Нине стаканчик, а вслед за стаканчиком розу.)*

НИНА. Ого, новая система! Таких у нас, внизу, еще нет. *(Выпивает, нюхает розу.)* Мерси, лапочка! *(Снова засовывает ножницы в Кибер.)*

КИБЕР. Как вы здесь оказались, Нина? Передача окончена. *(Подает стаканчик и розу.)*

НИНА. Смотрите-ка, он и имя мое отгадал. Вот это прогресс! *(Выпивает.)* Да, понимаешь ли, лапуля, меня прикончил этот идиот Чипс, мой муж, ну, этот девятый... впрочем, пардон... *(Берет протянутую Кибером зажженную сигарету, думает.)* одиннадцатый, да-да, одиннадцатый. Короче, совершенно тривиальная история, мой дорогой. Утром пришел к нам сборщик налогов, абсолютно незнакомый молодой мужчина, очень милый, кстати, интеллигентный. Студент философского факультета. Вдруг вбегает Чипс, глаза навыкате у кретина. И ровно ничего еще и не было — понял, автомаша? — правда, я была немного, ну... *(Улыбается.)* слегка раздета, а он разорался: а-мэ-бэ! — начались упреки, подозрения... Не успела я одеться, как он мне бац-бац, две пули загнал вот сюда. *(Расстегивает блузку.)* Вот сюда, нет... ниже...

КИБЕР. Прошу не мучить! Передача окончена.

НИНА. Ого, даже на тебя действует! Тогда немудрено, что меня в конце концов пристукнули. Давай-ка по третьей. *(Выпивает третью рюмку, нюхает третью розу.)* Ну, вот... Не помню уж как, но я оказалась у подножья этой миленькой башни. Чипс, кажется, в полицию побежал сдаваться. Помнишь, как в той древней опере... "Вяжите меня, я ее убийца..."?

КИБЕР. Помню. *(Исполняет несколько фраз арии Хозе из оперы Бизе "Кармен".)* Передача окончена.

НИНА. Во-во. Я всегда со смеху подыхала на этом месте. И вот стою я возле этой вашей башни, вокруг никого кроме этого ничтожества. *(Показывает на Любовный Треугольник, который тут же делает конвульсивное движение.)* Вдруг подлетает здоровенный Орел, такой солидный вояка, пожилой, но еще вполне в соку. Иди, говорит, наверх, дочка, вверх по лестнице, иди, не бойся. Подвези, говорю, полковник, а он отвечает — не могу, на войну лечу, работа тяжелая, рискую жизнью, теряю перья, не до баб. И улетел. Забавный такой, сексапильный старикан. Ну, вот я и поперлась сюда вместе с этим

чучелом. *(Показывает на Любовный Треугольник.)*
КИБЕР. Позвольте спросить — кто он? Передача окончена.
НИНА. Это Любовный Треугольник. Таскается за мной с четырнадцати лет. Надоел до смерти. *(Любовному Треугольнику.)* Эй, покажи джентльмену свои номера!
ЛЮБОВНЫЙ ТРЕУГОЛЬНИК *(заунывно).* Всю ночь мне мерещится образ твой. В смерти моей прошу никого не винить. Нина, уходишь? Приду в четыре. Ах, оставь! Тело твое... Если бы нас было только двое! Пойми, тебя я люблю, а его уважаю! Любимый! Любимая! Дорогой! *(Конвульсивное движение.)*
НИНА *(киберу).* Понял?
КИБЕР. Понял. Но треугольник не для вас, Нина, слишком тесные рамки. Передача окончена.
НИНА *(хохочет).* Вот именно! А эти кретины не понимают! Бар-автомат понимает, а интеллектуалы-мужепесы ни бум-бум!
МЕЛАНХОЛИК *(трижды надувает щеки, хлопает по ним ладошками.)* Пум. Пум. Пум. Пупырышек.

Молчание

НИНА. Это что, гнездо наркоманов? Куда я попала все-таки? Что за трупы?
КИБЕР. Они не виноваты, Нина. Передача окончена.
НИНА. А вы, милостивый государь, довольно странно себя ведете для автоматического бара. Вынуждаете на откровенность. Если я пользуюсь вами без денег, при помощи ножниц, это еще не значит...
КИБЕР. Я не бар-автомат, Нина. Я сложный Кибер, Нина. Вы меня не узнаете, Нина? Передача окончена.
НИНА *(возмущенно).* Почему я должна вас узнавать? Таких, как вы, сотни тысяч.
КИБЕР *(печально).* Неужели ни одной знакомой черточки не осталось? Передача окончена.
НИНА. Что за бред? Вы испорченный Кибер!

Кибер протягивает ей стаканчик и розу. Включает музыку: страстное, томительное танго.
Молчание под танго.

НИНА *(взволнованно).* Не понимаю...
ЛЮБОВНЫЙ ТРЕУГОЛЬНИК. Мяу, мяу, бабушка, где мой мячик, как вы выросли, Нина... *(Конвульсивное движение.)*

НИНА. Не понимаю... *(Разрдаженно.)* Откуда у вас эти розы? В автоматах-барах...

КИБЕР. Я все время забываю, что прошло столько веков моей эволюции, трансформация от простейших молекул до встречи с вами в ароматных травах, прощанье с вами в мыльных пузырях, потом века от паровой машины до бомбы атомной, услады идиотов, но я бродил во мгле экспериментов в тоске по вам, служа своей науке во имя вас, пока в новейшем виде я не попал сюда, вернее, был заманен, попался в лапы шайке шарлатанов... но все равно я начинен любовью и только ей, и ваше появленье, кустистой молнии подобное...

НИНА. Кустистой? *(Тревожно.)* Послушайте, как это понимать?

КИБЕР. Поймите это как в любви признание... *(Тягостное молчание.)* Передача окончена.

НИНА *(Любовному Треугольнику)*. Ну, как тебе это нравится? Да Даже окачуриться не дают спокойно... *(Тревожно вглядывается в Кибера.)*

ЛЮБОВНЫЙ ТРЕУГОЛЬНИК *(в привычной интонации)*. А что нового в твоей внутренней жизни? Не лги! Удушу! Альберт, он меня не понимает! Вот у нас с тобой есть внутренний контакт. Тебя интересует моя внутренняя жизнь, меня интересует твоя внутренняя жизнь. *(Конвульсивное движение.)*

ФЛЕГМАТИК. Один милейший мистер Бобби купил собаку с кличкой Бобик.

НИНА *(скрывая тревогу)*. Э, да они играют в чирышек-пупырышек-бубо! *(С деланным оживлением.)* Слабо, братцы, слабо! Такие ходы больше, чем на пять очков, не тянут!

КИБЕР. Нина! Нина! Нина! Передача окончена!

НИНА. Да слышу, слышу, слышу! Не видишь, что ли, что со мной делается? *(Плачет.)*

КИБЕР *(высоким, трепещущим голосом)*. Нина! *(Рыдает.)* Передача окончена. *(У него начинает расти голова, показывается макушка.)*

НИНА *(вытирает слезы, берет себя в руки, улыбается)*. Веселенькие делишки! А как ты себе представляешь наше будущее, автомаша? Ведь я бесплотная, а ты железный.

КИБЕР. Я не знаю, что со мной происходит, Нина, не знаю, что будет с вами... Не верю, что вы мертвы, вы не можете умереть... Я испытываю мучения. *(Голова продолжает расти, показывается лоб.)* Чудовищной силы процесс бушует во мне, я эволюционирую. У меня растет голова и прочее! Нина, дайте руку! Нина, ты пришла! Сколько веков я ждал тебя! *(Голова вырастает окончательно, Кибер причесывается.)*

Здравствуй, любимая!
НИНА *(разочарованно)*. Привет, привет... А я-то думала... Теперь я вас узнаю, милейший. Похоже на то, что вы обыкновенный заурядный мужчина. Впрочем, вы довольно симпатичны. *(Подает ему руку.)* Итак, какие будут предложения?
КИБЕР *(припадая на одно колено, целует ей руку)*. Мы связаны с вами навеки?
ЛЮБОВНЫЙ ТРЕУГОЛЬНИК *(оживленно)*. Мы связаны с вами навеки? Нельзя ли без патетики? А кто нам все время звонит и вешает трубку? А кто нам все время звонит и вешает трубку? А кто нам все время звонит и вешает трубку? *(Конвульсия.)*
НИНА *(Киберу)*. Нельзя ли без патетики?
КИБЕР. Мы пойдем вместе к Разраилову, и я подам заявление об уходе.
НИНА *(заинтересованно)*. А кто это Разраилов?
КИБЕР. Любовь моя! Рука об руку! Эволюция завершается! Я становлюсь человеком! Эксперимент гибнет! Нина! Пойдем!

Уходят. Вслед за ними проскальзывает Любовный Треугольник.

ХОЛЕРИК *(оглушительно свистит в три пальца)*. Бубо! *(Спрыгивает с кресла.)* Ребята, это она!

8

Командная рубка. Разраилов в костюме вельможи эпохи Людовика XIV танцует менуэт, окруженный уже четырьмя дамами в костюмах пастушек.

РАЗРАИЛОВ. Признайтесь, прелестные пастушки, вы случайно забежали на этот лужок?
ДАМЫ. Случайно, монсиньор, случайно!
РАЗРАИЛОВ. И вы не ожидали встретить здесь кавалера, проказницы?
ДАМЫ. Не ожидали, монсиньор. Ах, не ожидали!
РАЗРАИЛОВ. И кавалер ваш так любезен, галантен, элегантен?
ДАМЫ. О, кавалер наш совершенство, монсиньор!
РАЗРАИЛОВ. Ну, а теперь поговорим иначе, пастушки-потаскушки!

Входят Кибер и Нина.

КИБЕР. Прошу прощенья за вторжение в интимный мир.
НИНА. Ой, девочки знакомые! *(Подбегает к пастушкам, те ее радостно приветствуют.)*
РАЗРАИЛОВ. Дальше? *(Пауза.)* Где же ваше пресловутое "передача окончена"?
КИБЕР. С этим покончено.
РАЗРАИЛОВ. Давно пора, дружок, давно пора. А то бубнили как примитивный диктор "передача окончена", "передача окончена". Ведь вы же сложнейший кибер. Поверьте, мне даже немного было стыдно за вас, но я уж молчал из деликатности.
КИБЕР. Вы видите — у меня выросла голова!
РАЗРАИЛОВ. Нет, не вижу.

Следует сказать, что во время этого диалога Нина шушукается с "пастушками", осматривает их наряды, они ее юбку. Поглядывая на мужчин, дамы хихикают.

КИБЕР. Как это не видите? Вот уши, вот нос, рот, вот шевелюра, все, как полагается, не хуже, чем у людей.
РАЗРАИЛОВ. Я вижу ржавый гвоздь у вас в заднице, а головы не вижу.
КИБЕР *(рассердившись).* Послушайте, Разраилов, я всегда вас

считал не ученым и тем более не ангелом смерти, а обыкновенным шарлатаном. Вы даже не можете заметить эволюции, которая произошла со мной. Вы бездарь! Поймите, любовь, скопившаяся во мне за сотни веков, теперь материализовалась, и вот я — человек!

РАЗРАИЛОВ *(глухо)*. Отдайте мои вещи.

КИБЕР. Пожалуйста. На кой мне черт теперь ваше примитивное реле! *(Отдает Разраилову гвоздь и консервную банку.)*

РАЗРАИЛОВ. Зачем вы пришли?

КИБЕР. Я пришел сюда с этой девушкой. *(Показывает на Нину.)* Мы любим друг друга.

> Нина в это время демонстритует "пастушкам" свой Любовный Треугольник. Тот что-то бормочет, извивается в конвульсиях. Дамы хохочут.

РАЗРАИЛОВ *(Киберу, доверительно)*. Дружище, это я понимаю. На эротику потянуло? Понимаю, понимаю. Хочешь, все эти четыре шлюхи будут твои? Хочешь, вызовем больше, целый ансамбль, бездна разнообразия? Давай вообще загуляем, а? Тебе нужна встряска, я же вижу. *(Дружески обнимает Кибера за плечи.)*

КИБЕР *(освобождается)*. Вы меня не поняли. Речь идет о вечной любви. Вспомните классическую литературу: Тристан и Изольда, Ромео и Джульетта, Игорь и Таня. *(Отходит от Разраилова, встает в позу.)* Поверьте мне, ничтожный Разраилов, что в грохоте миров, в соединеньях молекул низменных, в распадах и разрывах текут века любви, и пахнут травы, и тучи проплывают грозовые, проходит лето в пузырях жемчужных... но вам понять все это не дано.

РАЗРАИЛОВ *(истерично)*. Да почему же это не дано? Что же вы мне и в элементарной интеллигентности отказываете? *(Выхватывает молоток.)* Стой, убью!

КИБЕР *(с улыбкой)*. Рискните!

РАЗРАИЛОВ. Извините, нервы шалят! А вот ежели нажать на кнопочки? *(Нажимает кнопки на груди Кибера.)*

КИБЕР *(с улыбкой)*. Как видите, не действуют.

РАЗРАИЛОВ *(вкрадчиво)*. А нет ли у вас желания покончить самоубийством?

КИБЕР. Отнюдь. Я жить хочу, любовью окрыленный я ухожу в века и обрастаю мясом, покуда кровь...

РАЗРАИЛОВ. Довольно, довольно... опять заводитесь?

КИБЕР. Нина, пойдем!

> Нина в это время показывает "пастушкам" какой-то сверхмодный танец. В танце участвует и Любовный Треугольник.

РАЗРАИЛОВ. А дамочка ваша не дохлая?
КИБЕР. Она убита, но не мертва! Она живая вечно! Нина, ну сколько можно танцевать? *(Рисуясь перед Разраиловым.)* Ты несносна, право!

                Подходит Нина.

НИНА *(Разраилову)*. Привет, чучело гороховое!
РАЗРАИЛОВ *(растерянно)*. Мадам... очень рад... безумно огорчен, что упустил за работой вашу кончину... Мадам, повлияйте на вашего... уж не знаю, как называть... на вашего аманта, напомните ему о Великом Эксперименте.
НИНА *(Киберу)*. Разве ты забыл о Великом Эксперименте, моя лапочка? *(Прижимается к Киберу.)* Ай-я-яй, как тебе не стыдно, мой железный пузик! Какой позор на твою новенькую миленькую головушку. *(Гладит Кибера по волосам.)*
КИБЕР *(расплываясь от счастья)*. Забыл, Нинуля, ой, забыл... Ай-я-яй, совсем забыл... мур-р-р, буль-буль, моя лапочка...

   Очень быстро из железных недр Кибера начинает вырастать живой чудеснейший орган.

НИНА *(в восторге)*. Какая прелесть! *(Целует орган.)*
РАЗРАИЛОВ *(орет на весь зал)*. Погибла моя кандидатская диссертация!

   Нина и Кибер, любовно воркуя, покидают сцену. За ними понуро тащится Любовный Треугольник. Разраилов мечется по сцене, срывает драпировку, покрывала, ковры, невнятно бормоча, запихивает ткани в какой-то саквояж, делает пометки в длиннющем списке.
   Дамы, забившись в угол, репетируют сверхмодный танец. Они так увлеклись, что даже не заметили ухода Нины и странного поведения Разраилова.

1 ДАМА. Ниночка, а нижний бюст при переходе на пуанты работает? Нина.:..
2 ДАМА. Ой, девочки, она ушла!
3 ДАМА. ⎫
            Ниночка, где ты?
4 ДАМА. ⎭
РАЗРАИЛОВ *(проносясь с наволочкой)*. Молчать, дохлятины!
ДАМЫ. Разраилов, где наша Нина? Разраилов, отпустите нас! Мы

хотим вниз, в наш родной "Каптенармус"! Мы хотим видеть мужчин! Мы отстали от моды! Мы хотим танцевать "елки-палки"!

РАЗРАИЛОВ *(закрывая саквояж).* Не надо было в ящик играть, идиотки!

ДАМЫ *(в рыданиях).* Пощади нас, Разраилов!

РАЗРАИЛОВ. Полонез!

Гремит полонез. Дамы танцуют словно под гипнозам. Разраилов танцует поочередно с каждой.

Вбегает Нина. За ней проскальзывает шустрый, гадко улыбающийся Любовный Треугольник.

НИНА. Извините, сумочку забыла, а там у меня ножницы. *(Заинтересованно смотрит на танцующего Разраилова.)* А вы, я погляжу, мужчина с фантазией. Пока! *(Убегает.)*

ЛЮБОВНЫЙ ТРЕУГОЛЬНИК *(манерно извиваясь).* А вы, я погляжу, мужчина с фантазией. Во всяком случае, для вас у меня ее достаточно. Ах, чьи это шаги! Гнусная потаскуха! Бум! Бум! Бум! Одна мимо, две в цель! Вяжите меня, я ее убийца! *(В конвульсиях убегает.)*

РАЗРАИЛОВ *(танцуя).* Всегда забываю проклятую формулу и из-за этого терплю неудачи. Шерше ля фам, господа, шерше ля фам!

9

Лаборатория Великого Эксперимента. Темпераменты снова вышли из-под власти. Холерик носится по сцене. Сангвиник мелкими шажками ходит взад-вперед, потирает руки, весело и мечтательно улыбается. Меланхолик медленно движется на подламывающихся ногах, простирает руки. Флегматик стоит в углу сцены с пальцем в носу.

ХОЛЕРИК. Это она, братцы, она! Проклятая, любимая, я ждал ее всю жизнь! Мне было тринадцать лет, сижу под забором, в пыли, грызу ногти, весь в прыщах, дитя городских окраин, отец в тюрьме! Мимо — белый ролс-ройс, и в нем она, дочь какого-то вице-президента, надменный взгляд через плечо на ублюдка, на меня! Я побежал за машиной, упал в нечистоты, и встал из них уже борцом против плутократии! Хотите, душу распахну, братцы? — только ради нее я сделался мастером лобового удара!

САНГВИНИК. Идея социальной справедливости и мне была не чужда, милостивые государи! Я был простым яхтсменом, батеньки, элементарным тунеядцем, здоровым, полным сил и жизненных соков. И вот однажды я увидел ее в одном из бесчисленных окон городских трущоб. Она стояла, знаете ли, в коротенькой юбчонке-с и мыла стекло-с. Вспыхнула страсть, господа, да страсть. Полез по трубе-с, и был, к стыду своему, избит хулиганом, похожим на вас, Хол. Вернувшись домой, я написал свою первую поэму. Каково-с?

ФЛЕГМАТИК. А мне она напоминает мою киску. *(Икает.)* Она пахнет отличным мылом.

МЕЛАНХОЛИК. Я знал... я знал... предчувствие томило... еще чумазым пареньком... сверкающее платье на эстраде... певица в антракте заходила на кухню похлебать борща... мне хотелось жить в этом борще и умереть... ни одного взгляда не бросила... пальчиком не поманила... увядшие розы на пюпитре... преждевременная старость... О, любовь моя, кошмарная, как вчерашняя котлета... мрак...

Входят, воркуя, Нина и Кибер. За ними деловито прислушивающийся Любовный Треугольник.

ХОЛЕРИК *(в прыжке)*. Эстер! Готова разделить судьбу несчастного борца? *(Показывает свой страшный лобовой удар.)*

САНГВИНИК *(семеня с распростертыми руками)*. Фенечка, солнышко мое, какая встреча. Помните стихи: моя к тебе рванулась некрасивость,

твоя ко мне помчалась красота?
МЕЛАНХОЛИК *(приближается в трепете и изломах).* Глория, счастье, тоска, домино...
ФЛЕГМАТИК *(не сходя с места).* Киска моя, иди ко мне. Пушок! Пушок!
КИБЕР. Простите, вы мне? Но с этим покончено.
НИНА. Чокнулись, ребята? Меня зовут Нина.
КИБЕР. Здравствуйте. Давайте знакомиться. Меня зовут... Нинулечка-булечка, как зовут твоего пузика?
НИНА. Тебя, моя пуличка... автомаша моя несчастная, тебя зовут Ваня-Малахай.
КИБЕР. Хочу представиться. Я Ваня-Малахай — двенадцатый муж Нины.
ХОЛЕРИК *(хватает Нину за руку).* Я люблю твою жену, Ваня, и готов подтвердить это страшным лобовым ударом! Понял?
САНГВИНИК *(делает фланговый обход, берет Нину за другую руку).* Признаюсь вам, геноссе Малахай, что мы с Ниной созданы друг для друга. Вот так-с! И о супружеской верности не может быть и речи-с!
МЕЛАНХОЛИК *(подползает к Нининым ногам).* Божественная... безнадежность... соус души моей... коснуться шлейфа... *(Рука его скользит по Нининой ноге.)...* одно прикосновение к шлейфу... где же шлейф?
ФЛЕГМАТИК *(трогает Нину за подбородок).* Кисанька, мурочка, пушок... Нина, Ваня... вот ведь... какая... петруха... этого-того... влопался я...
ЛЮБОВНЫЙ ТРЕУГОЛЬНИК *(бормочет в растерянности).* Люблю твою жену... страшным ударом... вот тэк-с... ну, и дела... пушок... безнадежность... влопался... я человек широких взглядов... *(Конвульсия. Смеется.)* Ну и дела! Рехнулись мужчины и на том и на этом свете.
КИБЕР. Вы, господа, не волнуйтесь, я Ваня-Малахай — двенадцатый, человек... да-да, человек... *(Горделиво прихорашивается.)* человек широких взглядов. Я не похож на одиннадцать предыдущих, которые из-за каких-то пустяков тревожили мою Нинулечку. *(Пытается протиснуться к Нине, его отталкивают.)* Зачем замыкаться в рамках одного треугольника, когда можно соорудить красивейшую композицию из множества треугольников? Композицию, подобную кристаллу. Пожалуйста, ухаживайте за моей женой, ухаживайте, это только льстит моему самолюбию. Но я, господа, тоже бы хотел иногда за ней поухаживать. *(Снова пытается пробиться.)*

Вокруг Нины начинается толкучка.

НИНА. На колени!

*Все пятеро бухаются на колени. Нина смеется.
За окном шум крыльев. Появляется Орел.*

ОРЕЛ. Привет, покойнички! Хотел узнать, как тут моя протеже? *(Садится на подоконник, свешивает ноги в сапогах, Нине.)* Ты, я вижу, дочка, здесь не теряешься.

НИНА *(подходит к окну, виляя бедрами)*. Дай закурить, папаша.

ХОЛЕРИК *(вскакивает)*. Любовь — самум, торнадо, смерч! Нина, ты должна принадлежать только мне. Только я подстать тебе, а всех остальных... *(Демонстрирует лобовой удар.)*

НИНА *(покуривая, Орлу)*. Они тут все в меня втрескались.

ОРЕЛ. Оно понятно. Баба ты видная, хотя и не в моем вкусе.

КИБЕР. Простите, это все-таки м о я жена.

САНГВИНИК. Де факто или де юре?

НИНА. А какие же в твоем вкусе, отец? Небось любишь, чтоб было за что подержаться?

ОРЕЛ *(посмеивается)*. Во-во, чего-нибудь попроще.

НИНА *(уязвленно)*. Солдафон!

КИБЕР. Какая разница — де факто или де юро? Я люблю ее тысячу веков. Мы не мещане.

ХОЛЕРИК. Признавайся, где было де факто?

КИБЕР. Ну, на лестнице.

САНГВИНИК *(провоцируя)*. Как вам это нравится, милостивые государи? Мы ждем Нину, подвергаемся чудовищному Эксперименту, и вот является какой-то Ваня-Малахай, и де факто на лестнице. Каково-с?

МЕЛАНХОЛИК. Увы, так всегда — третий лишний! *(Засучивает рукава)*.

ЛЮБОВНЫЙ ТРЕУГОЛЬНИК *(возмущенно)*. Это неправда! Гипотенуза без двух катетов мертва!

ХОЛЕРИК. А ты молчи, глиста! продажная! *(Наносит Любовному Треугольнику лобовой удар, но тот, конечно же, увертывается. Холерик, промахнувшись, падает, катится кувырком.)*

Входит с саквояжем Разраилов, останавливается в углу, никем не замеченный. Влюбленные сбиваются в кучу.

НИНА. Раньше я нравилась военнослужащим. Даже старые козлы из генштаба... *(Улыбается.)* ... присылали цветы.
ОРЕЛ. Брось, дочка, брось. Мне не до этого: у меня война. Конечно, мужчина я видный и самостоятельный, женщины интересуются. Но поверишь, девчонка одна, малолетка, пристала. Ну, я летаю, — так? — падаю иной раз — а как же без этого? — а она ко мне: вы не ушиблись, вам не больно? — записочки подкладывает, — понятно? — твоим сединам так пристала... тебя за раны полюбила, и все такое прочее. Ох, любовь, злая штука, ох, великая! Вот Стальная птица этого не знает. Иной раз деру его и думаю — и где же у тебя сердце, а у его, дочка, вместо сердца пламенный мотор! А человек, он, вишь, даже мертвый за любовь бьется. *(Показывает на сбившихся в кучу влюбленных.)* Тебе вообще-то кто из них больше глядится?
НИНА. В принципе мне все мужчины нравятся. В каждом мужчине есть что-то трогательное и смешное.
ОРЕЛ. Это верно.
ФЛЕГМАТИК *(с пальцем в носу).* Втюрился я, братцы, в Нину, какая незадача. *(Неожиданно бросается вперед.)* Я всю жизнь ее ждал! Ни одной бабы не лобзал! Дождался! Никому не отдам!
ХОЛЕРИК *(Флегматику).* Тюря!
ФЛЕГМАТИК *(Холерику).* Псих ненормальный!
КИБЕР. Нина, бежим! *(Пытается выбраться из кучи.)*
НИНА. Как бы они моего двенадцатого не задавили.
ОРЕЛ. Эй, покойнички! Перестаньте базарить! *(Спускается с подоконника.)* К вам любовь пришла, а вы безобразничаете. Да ежели бы вот меня, старого Орла, любовь посетила, да я бы... *(Поет и вальсирует, стуча сапогами.)*

> Мы земных земней, и вовсе
> К черту сказки о богах!
> Просто мы на крыльях носим
> То, что носят на руках...

КИБЕР. Орел прав, друзья. *(Печально.)* Любишь ты меня, Нина, или не любишь, это не важно. Важно, что я тебя люблю, и поэтому я человек, а не металл. *(Вальсирует.)*
НИНА. Я тебя люблю!
ХОЛЕРИК. Ты меня не любишь, Нина! Ты в белом ролс-ройсе, а я в грязи. Но я тебя люблю и поэтому я жив! *(Вальсирует.)*
НИНА. Я тебя люблю!
МЕЛАНХОЛИК. Нина, золотая туфелька, гром оркестра, твои глаза

сквозь пар кастрюль. Ты меня не любишь, но я тебя люблю, и я жив. Жив! *(Вальсирует.)*
НИНА. Я тебя люблю!
САНГВИНИК. В зеленом небе, на черной стене, в поднебесьи я увидел тебя, Нина, впервые. Пусть ты не любишь меня, но я тебя люблю, и я жив! *(Вальсирует.)*
НИНА. Я тебя люблю!
ФЛЕГМАТИК.. Как тебе полюбить меня, тюрю? Но я тебя люблю, и жизнь для меня теперь дрожит, как листва под ветром. *(Вальсирует.)*
НИНА. Я тебя люблю! *(Спрыгивает с подоконника, вальсирует.)* Мальчики мои, я вас не оставлю, не бойтесь. Я знала, что вы меня ждете, и вот пришла. Две пули в груди — это мура! Я всегда знаю, что меня ждут, но не всегда могу прийти.

Все молча танцуют, улыбаются друг другу, передают цветы. Один лишь Любовный Треугольник неподвижен. Образовав треугольную фигуру, он замер в углу сцены. Появляется Разраилов.

РАЗРАИЛОВ. Ха. Ха. Ха. Забавно. Данс Макабр!

Танец прерывается.

ОРЕЛ. Не мешай танцевать, ублюдок!
РАЗРАИЛОВ. Такого еще не было. Как трогательно: поломанная швейная машинка и старый ободранный петух танцуют с мертвяками. *(Нине, галантно.)* Это вас не касается, мадам.
ХОЛЕРИК *(Орлу).* Полковник, разрешите продемонстрировать лобовой удар?
ОРЕЛ. Не трать энергию, парень, на этого прохиндея. *(Разраилову.)* Ох, доберется до тебя Верховная Канцелярия.
РАЗРАИЛОВ. Предатели! Вы погубили идею Великого Эксперимента! Индивидуалисты! Узкие эгоисты! Абстракционисты! Исты! *(Показывает на саквояж, набитый барахлом.)* Что для вас счастье всего человечества? *(Вытаскивает из саквояжа портьеру.)* Что для вас Прогресс!
САНГВИНИК. Мы не виноваты, Разраилов. Произошло вмешательство таинственных сил. Мы влюблены.
РАЗРАИЛОВ. Ваш труп на письменном столе с простреленной башкой.
ХОЛЕРИК. Мы счастливы!
РАЗРАИЛОВ. Ваш труп застрял в канализации Гультимооры.

МЕЛАНХОЛИК. Мы живы!
РАЗРАИЛОВ. Ваш труп гниет на грядке сельдерея.
ФЛЕГМАТИК. Нас спасла любовь.
РАЗРАИЛОВ. Ваш труп упал на унитаз, веревка оборвалась.
КИБЕР. Она пришла ко мне и я стал человеком.
РАЗРАИЛОВ. В утиль! *(Выхватывает голубую ткань, закутывается в нее.)* Я ангел смерти!
ОРЕЛ. Самозванец!
РАЗРАИЛОВ. Сам дурак!
ОРЕЛ. Есть у тебя ученая степень?
РАЗРАИЛОВ. А есть у вас доверие к научной молодежи?
НИНА. А где сейчас мой труп, Разраилов?
РАЗРАИЛОВ. Мадам, эта безобразная сцена к вам не имеет ни малейшего отношения. *(Бросает Нине какую-то огненно-рыжую тряпку.)*
ЛЮБОВНЫЙ ТРЕУГОЛЬНИК *(приходя в движение)*. Мы счастливы... я пришла... мадам... это к вам не относится... поиски родственных душ... мадам... адам... не дам... ам-ам... *(Конвульсирует.)*
КИБЕР *(Разраилову)*. Вам бы лучше уйти.
РАЗРАИЛОВ *(выхватывает черную занавеску, манипулирует)*. Ени-бени-ел-пельмени-ени-бени-не-хочу-эни-бени-в-ад-хочу. Сдаетесь?
ХОЛЕРИК. Если ты меня берешь на "понял-понял", то и я тебя возьму на "понял-понял". *(Разгоняется, наносит лобовой удар. Разраилов увертывается, удар попадает в живот Меланхолику, тот падает.)*
ОРЕЛ *(весело)*. Бей своих, чтоб чужие боялись!
МЕЛАНХОЛИК *(Нине)*. Любить иных тяжелый крест, а ты прекрасна без извилин.

Нина целует его.

ФЛЕГМАТИК *(Нине)*. И прелести твоей секрет разгадке жизни равносилен.

Нина целует его.

КИБЕР *(отводит Сангвиника в сторону)*. Я давно вас хотел спросить — что такое смерть?
САНГВИНИК. Кафка сказал: смерть прекрасна, но не эта, а другая.

Стоят, задумавшись.

Нина целует их обоих.

ХОЛЕРИК *(Нине).* Послушай, Нина, что мне пришло в голову: о доблестях, о подвигах, о славе я забывал на горестной земле...

Нина целует его.

РАЗРАИЛОВ *(Нине).* Мадам, у меня к вам половое влечение.

Нина тянется к нему. Любовный Треугольник вибрирует.

ХОЛЕРИК. Внимание! *(Разгоняется, но попадает в Любовный Треугольник.)* И то хлеб! Кажется, прикончил гадину! Нина, слушай дальше. Когда твое лицо в простой оправе передо мной стояло на столе...

РАЗРАИЛОВ. Ложь! *(Выхватывает из саквояжа разноцветные ткани, закутывается в них, превращается в шар, катится по сцене.)* Ложь! Ложь! Ложь!

На сцену вырываются в бешеном ритме танца "елки-палки" четыре пастушки. Юбки их обрезаны на манер Нининой "мини".

ХОЛЕРИК. О, боги! Девки из "Каптенармуса"!
РАЗРАИЛОВ. Ложь! Ложь! Ложь!
ПАСТУШКИ. Сколько мужчин! Ура! Знакомые мальчики! Хол, привет! Это из-за тебя я бросилась с моста! Санг, ты тоже здесь? Из-за тебя я пустила себе пулю в лоб! Флег, милый, я люблю тебя всю жизнь. Ты сидел в уборной, а я ревела! Повесилась из-за тебя! А я отравилась из-за нашего повара, из-за тебя, Мелан! Какая встреча! Какое счастье! Мы снова вместе!
РАЗРАИЛОВ. Ложь! Ложь! Ложь!
ПАСТУШКИ. Нина, ты нас спасла!
ТЕМПЕРАМЕНТЫ. Ты жизнь!
КИБЕР. Ты сама любовь!
РАЗРАИЛОВ. Ложь! Ложь! Ложь!
ОРЕЛ *(громогласно).* Да здравствует Нина! *(Берет Нину за руку, ведет ее по сцене, поднимает и ставит на одно из кресел.)*

Все становятся перед креслом на колени, кроме Любовного Треугольника, который замер в выжидательной треугольной позиции, и Разраилова, который прекратил катание и тоже замер, высунув голову из тряпья.

ОРЕЛ *(строго).* Где ты родилась, Нина?
НИНА. Точно не помню. Какие-то пузыри, пена, голубое небо... нет, не помню...
ОРЕЛ. Как ты жила, Нина?
НИНА. Масса неприятностей.
ОРЕЛ. Как ты умерла, Нина?
НИНА. Ты знаешь. Этот идиот две пули мне всадил вот сюда. *(Расстегивает блузку.)* Нет, пардон, ниже...
ОРЕЛ. Чего ты хочешь, Нина?
НИНА. Ясное дело — жить хочу, папаша. Вниз хочу. У меня во вторник примерка.

| ТЕМПЕРАМЕНТЫ. ПАСТУШКИ. КИБЕР. | И мы хотим жить! Мы хотим тебя любить, Нина! Мы хотим вниз! К чертовой матери эту проклятую башню! Разраилов, давай ключ! Мы пойдем по лестнице вниз и будем идти хотя бы вечность! |

Все вскакивают и подступают к Разраилову.

РАЗРАИЛОВ *(вылезает из кучи тряпья совершенно спокойный).* Одну минуточку. Ключ? Вот он! *(Показывает ключ.)* Ам! *(Проглатывает ключ, хлопает себя по животу.)* Был ключ у нашего плутишки, он прятал этот ключ в штанишки. Но долго прятать нету сил, плутишка ключик проглотил. Не понимаете вы, господа, что такое вечность! Даже смерть вас ничему не научила, ай-я-яй! Придется мне прибегнуть к крайнему средству. Не хотел, вы сами вынудили. *(Вытаскивает из саквояжа огромную белую простыню, заворачивается в один конец, другой простирает над головой, скользит по сцене, делая таинственные пассы, приближается к Нине и вдруг хватает ее, заворачивает в свободный конец простыни, притягивает к себе.)* Извините, мадам, это крайняя мера. *(Душит Нину, хохочет.)* Единство противоположностей, дорогие товарищи!
КРИКИ. Он убивает ее! Спасите! Мужчины, что вы смотрите? Полковник! Ваня-Малахай, ты ведь железный!

Нина извивается в руках Разраилова.

КИБЕР *(дрожит).* Я не могу двинуться с места, что-то страшное происходит со мной. Я не чувствую своей головы. *(Голова его постепенно исчезает.)* Передача окончена!
ОРЕЛ *(растерянно мечется).* Братцы, поймите, я ведь живой, что

я тут могу сделать? Если бы за чертой, я бы его в одну секунду на детали разобрал. *(Прыгает на подоконник.)* Попробую до Верховной Канцелярии долететь! Сгорю, но долечу! *(Хватается за косяк рамы.)*

    Декорация покачивается, в ней появляются трещины.

ОРЕЛ *(Холерику).* Где же твой лобовой удар, парень?
ХОЛЕРИК. Я потерял силу: руки, как ватные.

    Все в жутком оцепенении. Нина слабеет.

РАЗРАИЛОВ. Терпенье, господа, терпенье. Терпенье и труд все перетрут. Мы еще с вами поэкспериментируем, господа!
ЛЮБОВНЫЙ ТРЕУГОЛЬНИК *(взвизгивает).* Не допущу гибели гипотенузы! *(Бросается на Разраилова.)*

  Короткая борьба возле правой стены. Правая стена угрожающе накреняется.
    Какая-то деталь с грохотом валится на сцену.
  Разраилов правой рукой хватает за горло Любовный Треугольник, левой по-прежнему душит Нину.
  Холерик, собрав все силы, направляет лобовой удар на Разраилова. Не попадает, валится на левую стену. Падает часть левой стены.

ОРЕЛ *(кричит).* Башня падает! *(Бьет кулаком по раме, прыгает вниз, за окно.)*

    Рама с грохотом валится.
 Гаснет свет. В темноте слышится грохот разваливающихся декораций. В луче света перекошенное лицо Разраилова.

РАЗРАИЛОВ. Безобразие. Все рушится! Это не по правилам!

  Падает кусок задника. В глубине сцены согбенный измученный Орел. К нему бегут Катюша и Емеля.

КАТЮША. Евгений Александрович, не ушиблись?!
ОРЕЛ. Я люблю вас, Катюша. *(Обнимает ее.)*
ЕМЕЛЯ. Наконец-то!

 В темноте, в хаотических бликах света мелькают лица Темпераментов, Пастушек, Кибера.

КРИКИ. Нина! Нина! Где ты?! Нина!

Грохот. Падает еще один кусок задника.
В глубине сцены Помреж и Гутик.

ПОМРЕЖ. Гутик, это полная катастрофа!
ГУТИК *(встает перед ней на колени).* Еще не все погибло, Алисия Ивановна. Будьте моей женой! Я люблю вас безмерно!

Декорации продолжают падать. Из темноты, словно видение, выплывает и исчезает Нина. За ней проплывает Любовный Треугольник.
Т и ш и н а
Вспыхивает яркий свет. На сцене куча обломков — все, что осталось от лаборатории Великого Эксперимента.
Выбегает дядя Витя. За ним солидно, руки в карманах, выходит Фефелов.

ДЯДЯ ВИТЯ *(горестно).* Опоздали, Андрон Лукич. Усе порушилось.
ФЕФЕЛОВ *(с мрачным спокойствием).* Боковину жгентелем крепил?
ДЯДЯ ВИТЯ. Крепил, крепил, да вот видите...
ФЕФЕЛОВ. Чего ж тут видеть? Ясное дело — мулерону ну хватило.

10

Кафе-закусочная. Несколько столиков на хлипких алюминиевых ножках, маленькие неудобные стульчики. В углу телевизор, возле которого спинами к зрителям сидят Сангвиник и Флегматик. Неподалеку один за столом молодой Емеля. Читает книжку и поглядывает на экран. Четыре девушки-официантки шушукаются в углу возле стойки буфета. За стойкой буфета Меланхолик. Он перегнулся через стойку, вытаращенными глазами впился в экран телевизора. В просцениуме за столом чинно обедают дядя Витя и Фефелов. Чуть глубже — беспокойная парочка: помреж и Гутик. Они быстро едят, быстро пьют вино, быстро целуются, и все время оглядываются по сторонам. Сбоку от них Орел с Катюшей. Перед ними недопитые рюмки. Орел держит руку Катюши в своей руке, смотрит девушке в глаза. Катюша украдкой поглядывает на Емелю. Над буфетной стойкой крупными буквами объявление: "Пальцы и яйца в соль не макать!"

ДЯДЯ ВИТЯ

Подлить вам соусу, Андрон Лукич? Ткемали?
Аль Нашшараби больше по душе?

ФЕФЕЛОВ

Ткемали тот погуще будет. К птице
Идут, Витек, густые соуса.

ДЯДЯ ВИТЯ

Желательно рюмашку опрокинуть,
Желудок подготовить к смене блюд?

ФЕФЕЛОВ

Рюмашка пролетает словно пташка,
Когда коньяк в ней добрый заключен.
Однако, коньяку теперь не сыщешь,
А то, что коньяком мы именуем,
По сути называется — бурда.

ДЯДЯ ВИТЯ
(обеспокоенно).
Уж вы не обессудьте. Мулероном
Не обижайте нас, Андрон Лукич.

ФЕФЕЛОВ

Да ладно.
Разлей, Витек, бурдишку эту в рюмки.

Входит Кибер. Он в строгом, застегнутом на все пуговицы костюме, с портфелем. Подходит к буфету.

КИБЕР
(Меланхолику, шепотом).
Она не приходила?

МЕЛАНХОЛИК
(орет в телевизор).
Бей, болван!
Промазал, дьвол! Что за игрочишки
Теперь в командах наших завелись!
(Лупит кулаком по стойке.)
Вот было время! Как трещали штанги!
Какие дыры пробивали в сетках!
Сейчас бы я ударил с поворота,
Через себя в девятку вбил бы мяч!

ФЛЕГМАТИК
(потирая руки, улыбаясь).
Тактически он правильно играет.
Да-с, батеньки, не может быть претензий
К такому игроку, который видит
Столь зорко поле.

МЕЛАНХОЛИК
(орет).
Много понимаешь!

ФЛЕГМАТИК

Однако он забил четыре гола.

МЕЛАНХОЛИК

А мог бы девять! Я забил бы девять.

СЛНГВИНИК
(уныло).
Погибло все. Теперь полуфинала
Команде нашей сроду не видать.

КИБЕР
(шепотом).
Она не приходила?

МЕЛАНХОЛИК
(смотрит на него).
Нет, не видел.
(Плюнув, отворачивается от телевизора.)
Смотреть противно. Вот вам наш футбол!
(Смотрит на Кибера, потом начинает говорить горячечным свистящим шепотом.)
Послушай, друг, я знаю, что ты шишка,
Что где-то заправляешь в Министерстве,
А я простой ханыга... только слушай!
Она была здесь, милый, заходила!
Чтоб мне простого хлеба не видать!
Тому лет пять, в такой же жаркий вечер,
Как раз после футбола дверь открылась...
Она вошла, взяла коктейль молочный,
Немного поболтала по-турецки,
Иль по-французски, иль по-англичански,
Короче, не по-нашему...
(Скрипит зубами.)
                                                          ушла...

КИБЕР
(печально).
Я это знаю, братец, каждый вечер
Об этом ты рассказываешь...

ЕМЕЛЯ
(не отрываясь от книги).
                    Странно!
Выходит, что философ Измаилов
От всех людей солидно отличался
Размером головы...

КАТЮША
(заинтересованно).
              Подумать только!
Как много интересного, должно быть!
Из ваших книг вы можете извлечь.

ОРЕЛ

Я был в разведке, помню, и однажды
В оставленном врагами блиндаже
Увидел книгу...

КАТЮША

Знаю, Орлик, знаю...
(С зевком отворачивается.)

Орел в отчаянии сжимает ее руку.

МЕЛАНХОЛИК
(орет).
Какого же рожна! Опять он медлит!
Движенья, как у спящего питона!

ФЛЕГМАТИК

Игрок отличный, только темперамент
Такой иметь судье, не игроку-с.
(Встает, подходит к буфету.)

САНГВИНИК
(тоже встает, движения его напоминают движения Меланхолика из 9-ти предыдущих картин.)
Свисток финальный! Сколько огорчений

Принес он нам, поклонникам несчастным
Команды этой, явно обреченной...
(Подходит к буфету.)

Шушукаются втроем. Меланхолик стучит кулаком, что-то пылко рассказывает.

ДЯДЯ ВИТЯ
(робко).
Андрон Лукич, быть может, вам сгодится
Стило вот это?
(Подает Фефелову авторучку.)

ФЕФЕЛОВ
(надевает очки, рассматривает).
Мда... ну что ж... сгодится...
Сгодится-то, сгодится, милый Витя.
Али забыл, как я тебя учил
В хозяйстве гнида, да и та сгодится,
А только Паркер я предпочитаю.
(Кладет ручку в карман.)

ДЯДЯ ВИТЯ

Ужо спрошу про Паркер у ребят.
А галстук вас не заинтересует?
Андрон Лукич, ведь вы у нас орел!
(Подает галстук.)

ОРЕЛ

Прошу поосторожней! Ваши шутки...

КАТЮША
(досадливо).
Евгений Александрыч, не волнуйтесь!
Волненья даже старого солдата
К расстройству печени способны привести.
Иди сюда, Емеля! Этот парень
Студент-философ. Вот уж голова!

Подходит Емеля. Не отрываясь от книги, выпивает рюмку Орла, что-то ест из его тарелки.

ЕМЕЛЯ

Подумать только, доктор Александров
От всех людей солидно отличался
Ушей размером. Уши, как радары...

ПОМРЕЖ
(Гутику).
Колечко съели. Купишь мне колечко?

ГУТИК

Я думаю, что скоро мне подарят
Кольцо не хуже. Банку мулерона
Я сэкономил, временно изъял.
Уже звонят из Малого театра,
У них спектакль назначен на субботу,
А с мулероном, как везде, завал.

ФЛЕГМАТИК
(Меланхолику).
Она не приходила? Нет известий?
Клянусь, друзья, вчера на Малой Бронной
В преддверии заката я увидел
В окне высоком поворот плеча,
До странности похожий...

САНГВИНИК

                Показалось.
Ее в природе нет, не ожидайте.
Быть может там, на острове Маврикий
Она в кафе сидит по вечерам.

МЕЛАНХОЛИК

Зачем же ты приходишь каждый вечер
И ждешь, развесив сопли, крокодил?

Братишки-крокодилы, плюньте в очи,
Она была здесь, братцы, заходила!
Чтоб мне простого хлеба не видать!
Тому лет пять, в такой же жаркий вечер,
Как раз после футбола, дверь открылась,
Она вошла, взяла бульон яичный,
Немного поболтала по-испански,
По-польски или по-азербайджански,
Короче, не по-нашему...
    (Скрипит зубами.)
                    ушла...

ФЛЕГМАТИК

Она придет, конечно, но зачем же
Про небылицы-то все время говорить?

САНГВИНИК

Обман ужасный...

МЕЛАНХОЛИК

            Отвались, ханыги!
Обслуживают здесь официантки!
К буфетчику с дурацким разговором
Запрещено, ребята, приставать.
    (Сжимает кулаки, отворачивается.)

ЕМЕЛЯ
(глядя в книжку, подходит к Киберу, тычет пальцем ему в грудь).
Скажи, папаша, для чего живешь ты?

КИБЕР

Я не живу, я просто отдыхаю.
Я новой жизни жду...

ЕМЕЛЯ
(весело).
Идеализм!

Флегматик и Сангвиник подходят к столику Орла, хотя в помещении много свободных столов

ФЛЕГМАТИК

Простите, здесь не занято?
(Садятся.)

1 ОФИЦИАНТКА

Уселись.
Петро психует. Эти, как с похмелья...

2 ОФИЦИАНТКА

Они все ждут, приходят каждый вечер...
Заезжую туристку... Вера, помнишь?

3 ОФИЦИАНТКА

Артистку, Шура, вовсе не туристку.

4 ОФИЦИАНТКА

Они все ждут...
А разве мы не ждем?

Входит Холерик. Его движения напоминают движения Флегматика из 9 предыдущих картин.

МЕЛАНХОЛИК
(орет).
Пришел, урод! Вот так он и на поле
Плетется с центра к линии штрафной!
(Швыряет в Холерика бутылку.)

ХОЛЕРИК

Кончай бросаться.

4 ОФИЦИАНТКА
(бежит к Холерику, целует его).
Игорь! Мой любимый!
На поле бьют по ножкам, в кафетерий
Едва зайдет — бутылками швыряют!

ХОЛЕРИК

Кончай лизаться!

4 ОФИЦИАНТКА

Игорь, погоди!
(Опускает руки.)

ХОЛЕРИК
(подходя к стойке, виновато хлюпает носом).
Однако я забил четыре го́ла...

МЕЛАНХОЛИК
(орет).
Я мог бы девять! Я забил бы девять!

ХОЛЕРИК

Кончай базарить. Дай-ка мне сосиску.

МЕЛАНХОЛИК

Сосиску хочешь?
(Смиряясь.)
Ладно, получай!

ХОЛЕРИК
(с сосиской).
Она не приходила?

МЕЛАНХОЛИК

Нет, не видел.
(Оглядывается, горячечным шепотом.)
Послушай, Игорь, можешь мне не верить.
Она была здесь, парень, заходила!
Чтоб мне простого хлеба не видать!
Тому лет пять, в такой же жаркий вечер...

ОРЕЛ

(встает и громогласно).
Когда-нибудь она придет сюда!
(Стоит с поднятой рукой.)

Входят Разраилов под руку с Ниной. За ними, шаркая подошвами, плетется Любовный Треугольник.

Немая сцена

РАЗРАИЛОВ

(Нине).
Вот здесь, ма шер, немножко будем кушать,
Немножко закусиль, пошель обратно...
(Хохочет, виляя бедрами, ведет Нину к свободному столику, замечает Кибера.)
Приветствую, товарищ Малахаев!
Какая встреч! Откушаль пирога?!
(Трясет руку Киберу.)
Я отшень рад увидель вы сегодня
И на правах торгового партнера
Хотель предствить вам моя супруга
Мадам Флоре́нс, а это наш друг дома
(Кивает на Любовный Треугольник.)
Надежный спутник...

КИБЕР

(глухо).
Как мадам назвали?

РАЗРАИЛОВ

Мадам Флоренс.

ОРЕЛ

Неправда. Это Нина!

ВСЕ

Да это Нина! Нина! Нина! Нина!

Все вскакивают, робко тянутся к Нине.
Лишь Фефелов продолжает есть.

ФЕФЕЛОВ

Мадам Флоренс, отведайте цыпленка.

НИНА
(улыбаясь, словно во сне).
Буа луа лион ниелодар...

РАЗРАИЛОВ

Как видите, мадам Флоренс по-русски
Как говорится, ни бельмес не смыслит.
(Нине.)
Ты видишь, милая, тебя здесь очень ждали.
Ведь я же говорил, что здесь нас ждут...

НИНА
(жалобно).
Дзондон муар оли гилиотело...

РАЗРАИЛОВ

Она сказала: каждому — свое.

ХОЛЕРИК
(глухо).
Уйдите, Разраилов, мы вас помним.

КИБЕР

Останься, Нина. Ждали мы тебя.

Движение

РАЗРАИЛОВ

Нам недосуг. Одним экспериментом
Сейчас мы заняты.
(Быстро ест с тарелки Фефелова.)
                Представьте, под землею...
Курчонок сочный, соусу подлейте!..
На глубине, далекой от футбола,
Одна лаборатория возникнет...
Свободный индивидуум совместно
С машиной электрической... огурчик...
      (Чавкает.)

ТЕМПЕРАМЕНТЫ

Мы не согласны! Нет!

РАЗРАИЛОВ

              Не зарекайтесь.
(Вытирает губы галстуком обалдевшего Фефелова.)
Пойдем, Нинон, мадам Флоренс иль как там
Тебя зовут в различных городах
      (Любовному Треугольнику.)
Пойдем и ты, урод!

ЛЮБОВНЫЙ ТРЕУГОЛЬНИК

                  О, ужас!
Его люблю, тебя я уважаю.
Подлейте яду в пищу с поцелуем
Следы любви трехгранной исчезают
Страданья блекнут, эрос отощал.
(Конвульсия.)

Разраилов берем под руки Нину и Любовный Треугольник, виляя задом, ведет их к выходу. Скрываются. Все медленно возвращаются к прежним позам.

ФЕФЕЛОВ

Какая духотища!
            (Орлу.)
                        Что ты, дядя,
Орешь в такую духоту? Мы можем
Призвать тебя к порядку.

Появляется Нина.

НИНА
    (радостно)
                Эй, ребята!
Я к вам пришла! Меня вы долго ждали.
И я ждала...
            (Плачет.)

Выскакивает Разраилов, хватает Нину за руку.

НИНА

            ...мурлен юло́ тимпан!
        (Простирает руки.)
Ферран оччи стилло навакобуко!

Разраилов тащит Нину. Скрываются.

ОРЕЛ
    (Устало садясь.)
Она придет, увидите, придет...

МЕЛАНХОЛИК
    (горячечно).
Она была здесь, братцы, заходила!
Лет пять вперед в такой же жаркий вечер,
Как раз после футбола, дверь открылась,
Она вошла с каким-то гнусным типом
И с тенью треугольной...

ФЕФЕЛОВ

Он рехнулся!

ДЯДЯ ВИТЯ

Молчи, Андрон, он дело говорит.

Темпераменты, Кибер и Орел выходят вперед
Стоят в задумчивости

КИБЕР

Хотел бы знать я, что же с нами будет,
Что станет с нами в прошлом,
                              в настоящем,
Что будет с нами в будущем?

ОРЕЛ

                              Кто знает?
Могу сказать лишь: все мы будем живы,
И двести лет спустя, и сто обратно
В такой же душный и тревожный вечер
Мы будем ждать...

ФЕФЕЛОВ

                        А кто курчонка слопал?
На следующий спектакль мулерона,
Клянусь ногой железной, вам не дам!

ЗАНАВЕС

Июль-август 1967
Обсерватория — Коктебель

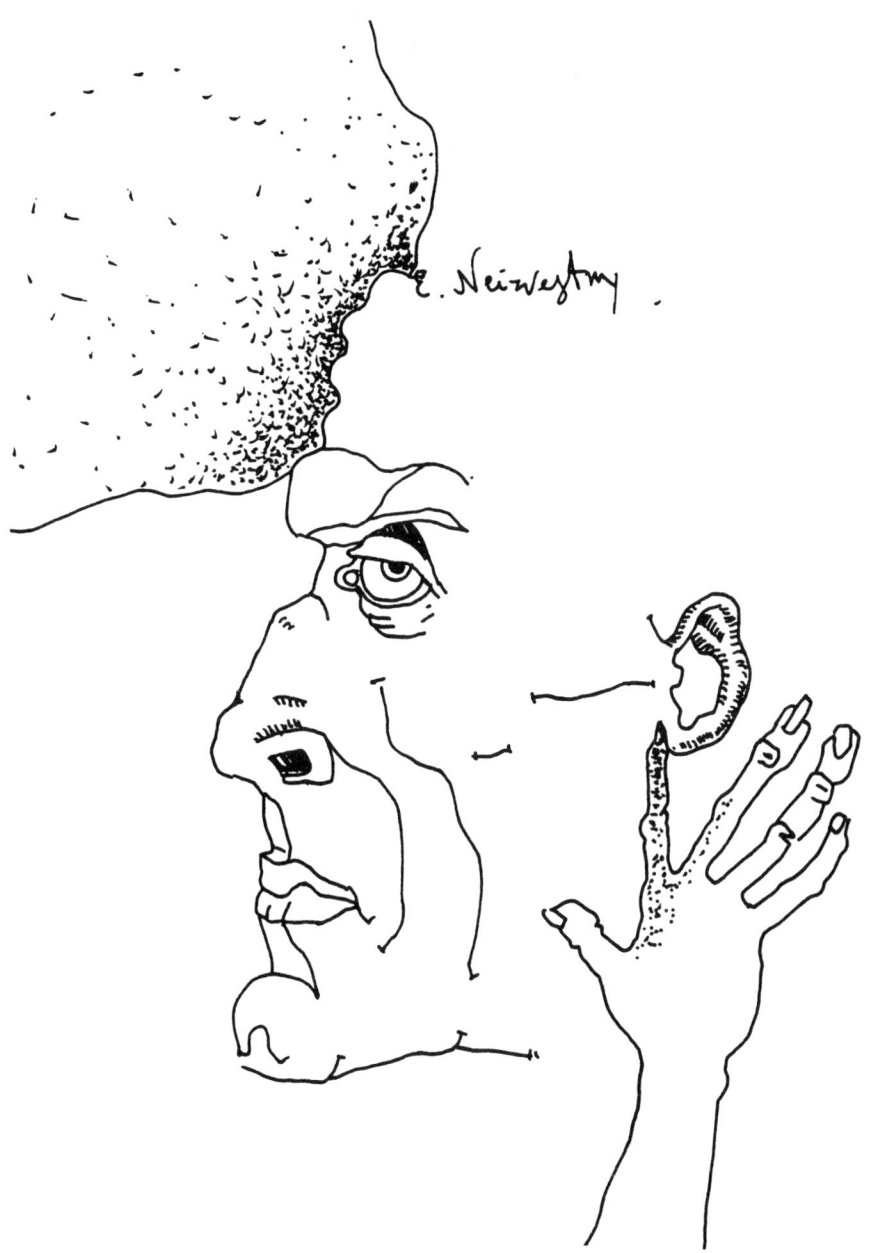

АРИСТОФАНИАНА С ЛЯГУШКАМИ

БУРЛЕСК В АНТИЧНЫХ ТРАДИЦИЯХ

Москва 1967-1968

ДЕЙСТВУЮЩИЕ ЛИЦА

ДИОНИС, олимпийский бог.
КСАНФИЙ, его раб, он же...
ГЕРАКЛ, герой и бог.
ХОР ЛЯГУШЕК
ХОР ГРАФОМАНОВ
ЭСХИЛ, драматург.
ЭВРИПИД, драматург.
Лева МАЛАХИТОВ, кумир Москвы 60-х годов XX века.
НИНА, его жена.
АНТОН БИВЕРЛИБРАМС, европейский поэт того же времени.
ДАГРЕН, его жена.
Александр ПУШКИН, русский поэт XIX века.
Анна КЕРН, его друг.
Вильям ШЕКСПИР, английский поэт XVI века.
СМУГЛАЯ ЛЕДИ, его друг.
БУ, поэт XXX века.
ПЛУТОН, царь подземного царства Аид.
ФРИНИХ, афинский поэт.
КЛЕОФОНТ, демагог.
АГАФОН, мудрец.
ПРОБУЛ, должностное лицо.
ЛИСИСТРАТА, вождь афинских женщин.
АЛКИВИАД, полководец.
КЕРБЕР ⎫
ЭМПУСА ⎬ чудовища подземного царства.
ЛАМИЯ ⎭
ФЛЕЙТИСТКА
ТАНЦОВЩИЦЫ И ЧУДОВИЩА

Действие происходит в Афинах IV века до н.э. и в подземном царстве Аид. В эксоде на короткое время словно страшное видение возникает Мир Беспоэтья.

ПРОЛОГ

Площадь в Афинах. Ступени храма. Ветви лавра. Колонны. На ступенях сидит Дионис. Он мрачен. Рядом стоит его раб Ксанфий с мехом вина. За сценой гул толпы. Временами, словно взрывы, восторженный рев.

КСАНФИЙ

Хозяин, Дионис, ну, что с тобой творится?
Прогнал Менад, сатиров отлучил.
Один в лесу шатается наш Пан,
В дризину пьян, на девок ноль вниманья.
Опохмелись, хозяин. Я принес
Вино из государственного склада,
Отнюдь не самогон. Попробуй только...

ДИОНИС

Отстань, балда! *(С мрачным сарказмом.)* Ужель не
              понимаешь,
Какой денек торжественный сегодня
И исторический. Ведь я сюда пришел
На торжество поэзии прекрасной
Взглянуть хотя бы краем глаза,
Восхититься...

КСАНФИЙ

      Свидетель Зевс!
С такой-то мрачной миной
На торжестве поэтов никогда
Тебя не видел. Помнишь, как бывало...
Как славили братишку Эврипида...

ДИОНИС

Молчи, дурак!

    Входит Геракл.

ГЕРАКЛ

Здорово, Дионисий!
Какого дьявола меня твой парень поднял?
Я спал как раз, во сне десятый подвиг
Детально разбирал! Про Гериона,
Которому все три башки одною левой
Я оторвал, мне вспомнилось. Собака
К тому же там была...

ДИОНИС

Геракл, я помню.

ГЕРАКЛ

С коровами пришлось мне повозиться.
Коров гонять — противная работа.
Ведь я военный, вовсе не пастух.
Зато, когда вернулся в Эврисфаю...

ДИОНИС

Геракл, я помню. Книжки я читал,
и про твои мне подвиги известно.

ГЕРАКЛ
(обиженно).
Одиннадцатый помнишь?

ДИОНИС

            Да, конечно.
Как раз про этот подвиг я хотел...

Рев толпы

ГЕРАКЛ

Чего они орут?

ДИОНИС

Там выбирают
Поэта лучшего, афинского кумира.

КСАНФИЙ
(заглядывает за сцену).
Похоже, Фриних вырвался вперед.

ДИОНИС

Молчи, бездельник!

КСАНФИЙ

Он вчера шатался
По кабакам портовым. Забулдыгам
И жуликам стихи читал. Фалернским
Отборным, марочным поил весь этот сброд.

ГЕРАКЛ
(рявкает).
Не к месту о вине! По стойке смирно
Умеешь ты стоять? Вот так-то лучше.
Что у тебя в руке?

КСАНФИЙ

Горшок бегоний.

ГЕРАКЛ

Давай сюда! Мне хочется понюхать.
Я, Дионис, прекрасно разбираюсь
В цветах и в музыке. Военному не чуждо
Прекрасное. Еще в далеком детстве
Учитель Лин игрою на кифаре
Мне досаждал. Убил его кифарой
В сердцах однажды...

ДИОНИС

Знаю, братец, знаю.

ГЕРАКЛ

(опорожняет мех, Ксанфию).
Теперь беги в соседнюю харчевню
Баранью ногу там спроси для генерала.
(Дионису.)
Они меня тут знают, идиоты,
Как генерала. Им и невдомек,
Что среди них бессмертный бог, который
Лернейской гидре...

ДИОНИС
(устало).
                Знаю, милый, знаю.
(Встает.)
Геракл, мой брат, недавно "Андромеду"
Читаю я, и мне внезапно страсть
Запала в сердце, знаешь ли, какая?
(Геракл разваливается на ступенях,
Дионис нервно ходит.)

ГЕРАКЛ

Большая страсть?

ДИОНИС

               С Молона ростом будет.

ГЕРАКЛ

Страсть к женщине?

ДИОНИС

                       Нет.

ГЕРАКЛ

К мужику?

ДИОНИС

Да нет же.

ГЕРАКЛ

К кентавру, что ль?

ДИОНИС
(сердито).
Не меряй по себе!
(Геракл хохочет.)
Не смейся, брат, мне очень тяжело,
Тоска такая мне терзает сердце...

ГЕРАКЛ

Какая же, братишка?

ДИОНИС

Не могу
Сказать. Пожалуй, объясню сравненьем.
Когда-нибудь ты жаждал страстно каши?

ГЕРАКЛ

Конечно, в жизни десять тысяч раз!

ДИОНИС

Так понял ты? Иль объяснить иначе?

ГЕРАКЛ

Про кашу? Нет, я сразу понял все!

ДИОНИС

Такая же грызет меня тоска
По Эврипиду.

ГЕРАКЛ

Но ведь он покойник.

ДИОНИС

Меня никто не сможет удержать.
Иду за ним.

ГЕРАКЛ

Хотя б в Аид глубокий?

ДИОНИС

Свидетель Зевс, и глубже я готов.

ГЕРАКЛ

Но для чего?

ДИОНИС

Поэт искусный нужен.
Одних уж нет. а те, что живы — дрянь.
Все это пустоцветы, свистуны,
Хор ласточек и пачкуны в искусстве!
Исчезнут вмиг, едва получат хор,
Изящно на трагедию нагадив.
Ты днем с огнем поэта не найдешь,
Чтоб веское умел промолвить слово.

ГЕРАКЛ

Как веское?

ДИОНИС

Да, веское, чтоб он
Слова такие мог промолвить смело:
"Эфир — дом Зевса", "Времени стопа",
Сказать про мысль, что не хотела лгать,
И про язык, солгавший против мысли.

ГЕРАКЛ

Ты любишь это?

ДИОНИС

Я с ума схожу!

ГЕРАКЛ

Все это вздор, ведь сам ты понимаешь:
Поэты обнаглели до предела!
Порой они нахально представляют,
Что в вымыслах своих способны
Мир изменить. Ого! Ума набрались!
Погрязли в форме, про солдат забыли.
Поэт полезен только как биограф
Героев, полководцев, великанов.
Допустим, я. Пускай ко мне приходят,
Запишут все про пояс Ипполиты,
Девятый подвиг.
(Хохочет, сладко потягивается.)
                Славно мы тогда
Пошарили у амазонок. Девок тридцать
Отдал ребятам. Девку Антиопу
Тесею подарил, он был майором.
Ну и себя, конечно, не обидел,
С двенадцатью резвился в шалаше.

ДИОНИС

Известно все про это безобразье.
Сердился папа.

ГЕРАКЛ

(обиженно).

Сам-то он хорош!
Едва увидит бабу, весь трясется.
Забыт и скипетр, молнии в отставке.
В быка, в осла готов он превратиться
Лишь только бы... того...
(Входит Ксанфий с бараньей ногой.)
                              Однако, малый,
Довольно долго ты с моей ногой шатался.
Давай сюда!

КСАНФИЙ

(приближается).

                        На площади потеха!
Амипсий в волосы вцепился Агафону,
Орут стихи, слюнями жутко брызжут.

ГЕРАКЛ

(орет).

Давай сюда барана. Мочи нет!

ДИОНИС

Нет, подожди! Ни с места, Ксанфий. Слушай,
Геракл, тебя я вызвал нынче,
Чтоб ты назвал мне всех своих знакомых,
На всякий случай, с кем встречался ты,
Когда в Аид за Кербером спускался.
Все гавани припомни, бардаки,
Источники, лавчонки, перекрестки,
Харчевни и трактиры в городах,
Где нет клопов.

ГЕРАКЛ

                      Давай баранью ногу!

ДИОНИС

Нет, Ксанфий, погоди! Геракл, мой братец,
Мне шкуру львиную обязан ты отдать.

Ведь я пойду в Аид за Эврипидом
Под именем твоим.

ГЕРАКЛ

(вскакивает в гневе).
Благодарю покорно!
Отдать мундир, покрытый пылью славной?!
Свидетеля боев и героизма?!
Презренный шут, катись к своим менадам!
Твоим ли хилым плечикам под стать
Моя одежда?!

ДИОНИС

(спокойно).
Что ж, не возражаю.
Могу спросить лишь — хочешь ли ты кушать?

ГЕРАКЛ

Безумно! Эй, давай баранью ногу!

ДИОНИС

Получишь ты ее тогда лишь только
Когда мундир свой славный мне отдашь.

ГЕРАКЛ

(тотчас же).
Согласен я на это предложенье.
*(Снимает львиную шкуру, передает ее
Дионису, жадно вгрызается в баранью ногу.)*
Как ножка хороша! Так что же ты решаешь?

ДИОНИС

Пойду твоим путем я.

ГЕРАКЛ

Плыть скучища!
Сперва к болоту выйдешь ты большому,
Бездонному.

ДИОНИС

А переехать как?

ГЕРАКЛ
(чавкает).
На лодочке малюсенькой старик
Тебя перевезет за два обола.

ДИОНИС

Как много всюду значат два гроша!

ГЕРАКЛ

Ах, ножка, хороша! Жирна, собака!
А после змей и страшных чудищ ты
Увидишь много. Гадости хватает.
Грязища там и смрад, там те лежат,
Кто гостя оскорбил несправедливо,
Кто с мальчиком сойдясь, не заплатил,
Кто обесчестил мать, отцу дал в зубы,
И ложною кто клятвой поклялся.

ДИОНИС

Клянусь богами, к ним бы приобщить
Поэтов нынешних, продажных как гетеры.

ГЕРАКЛ

Потом тебя дыханье флейт обвеет.
Увидишь свет прекрасный, как земной.
Там рощи мирт, мужчин и женщин хоры,
И радостных рукоплесканий звук.

ДИОНИС

Прощай же, брат!

ГЕРАКЛ

Пусть Зевс тебя хранит!
Эх, ножка хороша! Винца бы малость...

Дионис и Ксанфий уходят. Геракл продолжает обгладывать кость. Приближающийся рев толпы. Сцена заполянется афинянами. Впереди увенчанный лавровыми листьями Фриних. Аплодисменты. Возгласы приветствия.

ХОР ГРАФОМАНОВ

Нам, почтенным графоманам,
Выпала большая честь:
Будем чествовать кумиров
Уж какие у нас есть!
Ентот Фриних знаменитый
Много виршей написал.
Он народу, а не гадам
Много виршей написал!
Выбираем мы кумира
Не на сутки, на века,
Уж талантик приумножит
И прославит на века!
На фига нам финики?
Подавай нам Фриниха!
Ура!

Поворот круга. Гостиная во дворце Плутона, владетеля мрачного Аида. Камин, перед ним несколько кресел. Большой овальный стол. Стены украшены изображениями страшный чудищ. Очень уютно. В креслах Пушкин и Шекспир. Первый чистит пистолет, второй протирает шпагу. В просцениуме кумир московской молодежи Лева Малахитов с хоккейной клюшкой и кумир лондонской молодежи Энтони Биверлибрамс с футбольным мячом. Анна Керн вышивает, Нина Малахитова, обхватив голову руками, углубленно читает. Дагрен Биверлибрамс тоже читает, но иначе — подпрыгивая и восторженно заламывая руки.

Смуглая Леди величественно прихорашивается у зеркала.
Когда зритель достаточно наглядится на это зрелище, все персонажи повернутся к зрительному залу и разом скажут с глубоким вздохом:

ВЕЧНОСТЬ.

После этого каждый продолжит свое занятие.

ЛЕВА. Нинок, что читаешь?

НИНА. Исповедь Ставрогина.

ЛЕВА. А-а.

НИНА. Что "а"?

ЛЕВА. Интересно.

НИНА. А ты читал?

ЛЕВА (*возмущенно*). Ну, знаешь, Нинок! (*В сторону.*) Нет пророка в своем отечестве! (*Отбивает воображаемую шайбу.*)

БИВЕРЛИБРАМС (*разбегается, бьет штрафной*). Дагрен, глупышка, что читаешь?

ДАГРЕН. Критику чистого разума.

БИВЕРЛИБРАМС. Доходит?

ДАГРЕН (*восторженно*). Не!

БИВЕРЛИБРАМС (*обрабатывает мяч*). Всю жизнь был убежден что вечность — это Нирвана и вот нате, пожалуйста... (*Орет во все горло.*) Бобби Чарльтон, навешивай на ворота! (*Прыгает, бьет головой.*)

ЛЕВА (*суетится*). Батюшки, кто же буллит будет бить? Неужто Харламов? Ай-я-яй, и ты, Харламыч?

СМУГЛАЯ ЛЕДИ (*поморщившись*). Это невозможно. Весь день страшный крик. Вильям, вы должны вмешаться.

АННА КЕРН (*Пушкину*). Какие странные эти поэты XX века, не правда ли, Александр?

ЛЕВА. Мы не просто поэты, Анечка, мы кумиры молодежи, на все руки мастера. Я, например, кумир московской молодежи, а Антоша Биверлибрамс — лондонской.

БИВЕРЛИБРАМС. Поправка. Я кумир мировой молодежи.

ЛЕВА. Антоша, не хами!

ПУШКИН. Вы бы, господа, хоть на дуэль вызвали друг друга, ведь скука же.

ШЕКСПИР. В наше время поэты делом занимались. Шпаги так и трещали.

СМУГЛАЯ ЛЕДИ. Например, Кристофер Марло...

ШЕКСПИР. Я вас просил, миледи, не называть при мне имени этого человека.

БИВЕРЛИБРАМС. Левка, а это идея насчет дуэли!

ЛЕВА (*Пушкину*). Шурик, да как же мы будем драться, когда мы друзья.

БИВЕРЛИБРАМС (*задираясь*). Тоже мне друг — "подвинься — я лягу". Сколько раз ты меня на Земле закладывал!

ЛЕВА. Я? Тебя? Закладывал?

БИВЕРЛИБРАМС. Вспомни-ка свое интервью в "Атлантик мансли". Кого ты там назвал "футболистом, забивающим гол в свои ворота"? Не меня ли?
ЛЕВА *(быстро)*. Журналисты переврали.
БИВЕРЛИБРАМС *(распаляясь)*. А на телевидении в Алма-Ате ты с отвратительной лживой грустью сказал обо мне — "горестный жокей без лошадей"! Я все знаю! Казахские друзья мне писали!
ЛЕВА. А ты, а ты, что наговорил обо мне в Кнокке-ле Зут? Вдохновенный дилетант, да? Актер для зеркала, да? На фестивале в Охриде мне об этом рассказывал Ганс Магнус Энценсбергер. Он весь пылал от ярости, мой верный Ганс.
БИВЕРЛИБРАМС. Ганс тебя разыграл.
ЛЕВА. Стыдно, Антон! Подумал бы об интеллигенции.
БИВЕРЛИБРАМС. Плевать мне на вашу передовую интеллигенцию!
ЛЕВА *(отбрасывает шайбу)*. Мистер Биверлибрамс!
АНТОН *(бьет по мячу)*. Товарищ Малахитов!

Сближаются, как два петуха.

ПУШКИН. Браво, разыграно, как по нотам!
ШЕКСПИР. Пора выбирать оружие!
АННА КЕРН. Господа, господа! Полноте, господа!
СМУГЛАЯ ЛЕДИ. Когда кончится этот невообразимый шум?

Жены поссорившихся поэтов продолжают читать.
Входят, размахивая руками, Эсхил и Эврипид.

ЭСХИЛ. Проваливай, не уступлю я трона!
ЭВРИПИД. В искусстве нашем я сильней тебя!
ПУШКИН. Беда с греками. Опять Эсхил сцепился с Эврипидом. Нашли, что делить — кресло рядом с Плутоном. Вздор!
ШЕКСПИР. Вот мы с вами, Александр, настоящие классики — сохраняем полное спокойствие, хотя я, например, при моих тиражах...
ПУШКИН. Да ведь и я, Вильям, мог бы при моей славе... Как-никак слух обо мне прошел по всей...
ШЕКСПИР. Простите, мой друг, но в Европе вас до сих пор не знают...
ПУШКИН. Тем хуже для Европы.
ШЕКСПИР *(сердясь)*. Позвольте уж мне судить о Европе!
ПУШКИН. Почему же это вам, а не Френсису Бэкону?
ШЕКСПИР. Милостивый государь!

ПУШКИН. Милорд!
СМУГЛАЯ ЛЕДИ. Господа, какой невыносимый шум!
ЭВРИПИД *(Эсхилу).*

>Давно тебя я знаю, раскусил...
>С упрямством ты творишь людей свирепых,
>И сам свиреп и туп, упрямее осла...
>И жадностью Мидаса превышаешь.

ЭСХИЛ.

>Творец бродяг, сшивающий тряпье!
>Ты мне за все ответишь!

ЭВРИПИД.

>Ой, как страшно!

На сцене начинается невообразимый шум. Поссорившиеся поэты кричат, перебивая друг друга. Смуглая Леди визжит, заткнув уши пальцами. Анна Керн пытается примирать поэтов. Только пытливые девушки Нина и Дагрен продолжают читать. Внезапно воцаряется тишина, и все, повернувшись к залу, говорят с глубоким вздохом:

ВЕЧНОСТЬ.

Смущенное молчание.

Появляется страшное чудовище Эмпуса. Одна нога у нее медная, другая из навоза. За ней входит чудовищная Ламия. Полыхая огненными глазами, чудовища садятся в углах. Прыжками выскакивает на сцену страшный трехглавый пес Кербер, растягивается на полу.

Компания, как ни в чем не бывало, садится играть в карты, только озорник Лева Малахитов мимоходом чешет Керберу за ухом. Появляется неумолимый Плутон, хозяин подземного царства.

ПЛУТОН

>Свидетель Аполлон, приятно видеть
>Сидящих здесь без шума и без ссоры.
>В других гостиных свара, крики, грязь:
>Там Ганнибал сцепился с Бонапартом,

Попов с Маркони подняли возню
По поводу какой-то странной штуки,
Нерон бесчинствует. А здесь-то благодать.
Какие молодцы вы, ребятишки!

ЛЕВА

Стараемся, папаша, дорожим
Спокойствием твоим и Персефоны.

ПЛУТОН

Хочу обрадовать. Разведка донесла:
К вам в гости собираются оттуда.
(Показывает пальцем вверх.)

НИНА

Какие гости? Кто еще загнулся?
Приличные ребята?

ПЛУТОН

О, мадам,
Сказал я гости, вовсе не клиенты.

АНТОН

Опять дубье из будущего, верно.
Какой там век сейчас, Плутон, не скажешь?

ПЛУТОН

Там все века идут одновременно,
И ваш, и ваш, и ваш, и Бонапарта,
И Ганнибала, и Сарданапала.

ЭВРИПИД

Но гости-то к кому же?

ПЛУТОН

Вроде, к вам.
К почтенным драматургам-афинянам.
Прошу простить, сейчас мы высылаем
Навстречу им своих зверей любимых.
*(Поднимает палец. Вскакивают и кружатся
в устрашающем танце Эмпуса, Ламия и Кербер.)*

ЛЕВА

К нам гости, братцы! Ну и карусель!

ПЛУТОН
(вздыхает).
Ох, только бы Геракл не явился!

Поворот круга.
Мрачный берег леденящего Стикса. Низина, поросшая бледными цветами асфоделя, над низиной проносятся легкие бесплотные тени умерших. Слышатся едва уловимые стенания, подобные шелесту сухих листьев.
К берегу подходит челн Харона. Из него кряхтя выходят Ксанфий и Дионис в львиной шкуре Геракла.

ГОЛОС ХАРОНА

Вот берег ваш. Гоните два обола!

ДИОНИС

Как много всюду значат два гроша!
Скости, хозяин!

ГОЛОС ХАРОНА

Никакой поблажки!
Таков тариф. Не для себя беру.
(Дионис кидает Харону деньги.)

КСАНФИЙ

Как я натер свой зад проклятой греблей!

ДИОНИС

Что рабский зад твой значит по сравненью
С моим бессмертным и высоким задом,
И тот весь в пузырях.

КСАНФИЙ

Увы, хозяин,
Но зад есть зад и он всегда страдает.
(Плеск весел.)

ДИОНИС

Харон, послушай, что же мы теперь?
Куда нам топать?

ГОЛОС ХАРОНА

Топай напрямую!
Услышишь песню чудную...

ДИОНИС

Но чью?

ГОЛОС ХАРОНА

Лягушек, дивных лебедей.

ДИОНИС

Каких лягушек?

ХОР ЛЯГУШЕК
(из-за сцены).
Брекекекекс, коакс, коакс!
Брекекекекс, коакс, коакс!
Ключей болотных дети,
Под звуки флейт и клики
Поем мы сладостную песнь

Коакс, коакс!
В честь Диониса Нисейского
Дружно мы песню поем!
Смело поэзию мы
От мрачных врагов защищаем!
Брекекекекс, коакс, коакс!

ДИОНИС

Причем здесь Дионис? Геракла пред собою
Вы видите сейчас, отродия болот!
И сильно зад натер герой священный греков.
Заткнитесь же теперь, коакс, коакс, коакс!

ХОР ЛЯГУШЕК

Коакс, коакс, коакс!
Мы громче будем петь
В честь солнечного дня!
Средь сочных трав в лесу
Ведем мы хороводы!
Пускаем пузыри
В прозрачной глубине!
Коакс, коакс, коакс!

ДИОНИС

Противно кваканье мне ваше. Замолчите!
Мой бедный зад сейчас вам пропоет
Песнь о мозолях и кровоподтеках. Коакс!

ХОР ЛЯГУШЕК

Ты нас обидел, Дионис!
Мы грустно замолкаем,
Уходим в тину, вниз
И пузыри пускаем...
Коакс, коакс, коакс...

Хор лягушек смолкает. Дионис и Ксанфий с трудом продвигаются вперед. За их спинами тихо появляется чудовищная Эмпуса. Случайно обернувшийся Ксанфий

застывает с криком ужаса. Крик ужаса испускает и обернувшийся Дионис.
Эмпуса приближается к путникам, вихляясь в безобразном танце.

ПЕСНЯ ЭМПУСЫ

Я чудовище Эмпуса,
Старец и юнец безусый
Знают все меня!
Вот клыки, а вот копыта,
Вот живот, дерьмом набитый,
Все есть у меня!
Приглашаю вас на танец,
Дорогой мой иностранец,
Хоть купец, хоть оборванец,
Хоть индеец, хоть испанец
Пляшут у меня
В зубах!
Ух-ха-ух-ха, ух-ха-ха!

КСАНФИЙ
(шепотом).

Хозяин, вспомни, что мундир Геракла
Ты нацепил. Прикрикни на паскуду,
Спугни ее!

ДИОНИС
(шепотом).
Молчи, дурацкий раб!
Погибли мы...

С другой стороны выскакивает, вертясь волчком, чудовищная Ламия.

ЛАМИЯ

Эмпуса, что за встреча!
Я вижу, здесь ты время не теряла
И приготовила на ужин двух прохвостов,
Посмевших к нам, в Аид, без спроса влезть.

ЭМПУСА
(танцуя вокруг несчастных путников).
Ламия, деточка, шикарный будет ужин!

         Давай Кербера быстренько отыщем
         И на троих сообразим сначала
         Того пузанчика, который в львиной шкуре
         Сюда явился.

                    ЛАМИЯ

                         Славненький пузан!
         Он так Геракла мне напоминает!
         И Керберу приятно будет лопать
         Его печенку...
         (С диким свистом чудовища исчезают.)

                    КСАНФИЙ
                    (Дионису).
         Что с тобой?

                    ДИОНИС

                    Сходил.

                    КСАНФИЙ

         Дай губку приложу. Трусишка жалкий,
         Где сердце у тебя?

                    ДИОНИС

                         Оно пропало.
         Должно быть, вышло вместе с остальным...

                    КСАНФИЙ

         Ты из богов и смертных худший трус!
         Увидел бы Геракл тебя в его мундире!

                    ДИОНИС

         Ну, если ты такой храбрец лихой,
         Гераклом будь. Возьми дубину эту
         И шкуру льва, коль так отважен ты,

А я твоим носильщиком побуду.
(Меняются одеждой.)

КСАНФИЙ

А вдруг Кербер захочет для начала
Отведать мяса жалкого раба?

ДИОНИС
(громко, за сцену).

Товарищ Кербер знает, кого кушать!
(Ищет, где бы спрятаться.)

Появляются две прелестные танцовщицы и флейтистка.
Девушки танцуют вокруг Ксанфия-Геракла, простирают к нему руки.

ФЛЕЙТИСТКА

Геракл, голубчик, здравствуй, наш герой!
Все женщины в Аиде встрепенулись,
Когда узнали, что пришел ты снова.
Богиня, та от радости большой
Лепешек напекла, сварила каши
Горшка два-три, зажарен целый бык,
Есть пироги и пышки. Заходи же!

КСАНФИЙ

Благодарю, малышка! Кашу я
Люблю давно уж пылкою любовью,
Но кроме каши в мире есть соблазн,
Который...

ФЛЕЙТИСТКА

Не волнуйся, все в порядке!
Тебя, Геракл, не выпустим голодным.
Постелим ложе, запись объявим
Отважных и прелестных доброволок.
Иди же к нам!

Танцуя, девушки скрываются.

КСАНФИЙ
(радостно)
Иду! Сейчас иду!
Эй, малый, проходи за мной с поклажей!

ДИОНИС

Довольно, Ксанфий, дурака валять.
Берись-ка ты опять за саквояжи!
Снимай-ка шкуру!

КСАНФИЙ

Как тебе не стыдно?!
Пожалуюсь богам!

ДИОНИС

Каким богам? Несчастный!
Кто на Олимпе сможет допустить,
Чтоб смертный раб Алкмены сыном звался?

КСАНФИЙ
(в сторону).
Хороший персонаж! Вот высшие морали!
Уж нам ли их понять?!.. Ну, что ж, давай
                                                    багаж...
(менаются одеждой.)

Дионис в шкуре Геракла торопит Ксанфия, навьючивает на него поклажу, но в это время на сцене появляется сам неумолимый Плутон.

ПЛУТОН

Эй, путник, кто ты?

ДИОНИС

Я силач Геракл.

ПЛУТОН

Ты, негодяй?! Явился снова, наглый?!
Проклятый хам, обжора, солдафон!
Ты Кербера украл, собаку нашу,
Душил домашнее животное, подлец!
Освободил бандитов, проходимцев,
К моей жене пытавшихся пролезть!
Теперь попался, парень! Псы Кокита
Хотят поговорить с тобой!
(Хлопает в ладоши.)

На сцену выпрыгивают ужасающие псы Кокита.

ПЛУТОН

Стоглавая Ехидна все нутро
Тебе порвет!
(Хлопает в ладоши.)

Вползает зловещая Ехидна.

ПЛУТОН

А в легкие вопьется
Тартесская мурена!
(Хлопает в ладоши.)

Появляестя, извиваясь, Тартесская мурена.

ПЛУТОН

Остальное
Со всеми потрохами и в крови
Тифрасские Горгоны растерзают!
(Хлопает в ладоши.)

Сверху, с колосников, спускаются и повисают над Дионисом чудовищные Тифрасские Горгоны. Выскакивает сам Кербер, а вслед за ним вновь Эмпуса и Ламия.

ЛАМИЯ
(визжит).

А вот и мы с Кербером во главе!

Чудища, извиваясь, протягивая страшные щупальца, когтистые лапы, раскрывая пасти, окружают трепещущего Диониса.
Ксанфий пробивается сквозь толпу чудовищ, встает рядом с хозяином, вытаскивает короткий кинжал.

ДИОНИС

Прощай, мой брат, и спрячь кинжал свой жалкий.
Тебя убьют, а я, увы, бессмертен
И на мученья плоти обречен.

КСАНФИЙ

В последний миг ответь мне, Дионис,
Жалеешь ли, что бросил ты менад,
Те игры в рощах, радости, утехи
И совершил поступок этот странный,
Придя сюда?

ДИОНИС

Нисколько не жалею!
Послушай, Ксанфий, ради красоты,
Поэзии во имя я способен
Рассыпаться в куски, принять все муки!

КСАНФИЙ

Свидетель Феб Делосский и Дельфийский!
Он непонятен мне, но интересен!
Трусишка бог! Великий Дионис! Прощай!

Круг чудищ сужается.
Грохоча сапогами, правый угол сцены занимает зловещий Хор Графоманов.

ХОР ГРАФОМАНОВ

Было дело под Полтавой,
Так герои говорят.

Лорд Байро́н пошел в дубраву
Кости хрупкие размять.
Вносишь вклад — гудит столица
И улыбается народ.
Электростанция Жар-Птица
Лампы яркие горят!
Сорок тысяч киловатт!
Вдоль и поперек редакций
Графоманит графоман,
Молодая кровь стекает
Из его горючих ран!
           (Зловещий танец Хора.)

Дионис и Ксанфий обнимаются. Чудища все ближе. Внезапно грянул Хор Лягушек и хоровод этих очаровательных созданий закружил по сцене.

ХОР ЛЯГУШЕК

Мы, ключей прозрачных дети,
Дионису гимн поем!
Смело Поэзию мы
От мрачных врагов защищаем!
Дионис-Дионис!
Наш кудрявый кипарис!
Бог цветов и легких муз!
Наш таинственный арбуз!
О, Плутон неумолимый,
Задержи свой страшный суд!
Диониса, не Геракла
Видишь ты перед собой!
Дионис-Дионис!
Наш кудрявый кипарис!
Бог цветов и легких муз!
Наш таинственный арбуз!

ПЛУТОН

О Дионис, мой брат, ужель перед собою
Тебя я вижу? Для чего же ты
Надел наряд обжоры, проходимца,

Обидчика? И гвардию мою
Привел в такое, братец, возбужденье?
(Подходит к Дионису, обнимает его.)
Тебе я рад! Пойдем в мои чертоги!
(Чудовищам.)
Все по местам! Продолжим наш дозор
Во имя вечности, а не в угоду нашим
Страстишкам мелким, вкусам и порокам!

КЕРБЕР
(подкатываясь к ногам Плутона).
Папаша, мы скучаем без работы!

ПЛУТОН

Апорт! На место! Что я говорю?!

КЕРБЕР

Мы ждем клиентов. Что-то зажились
Предатели, лжецы, христопродавцы,
Филистеры, тупые проходимцы,
М мы их ждем, готовы обслужить.
РРРРРР!

ЭМПУСА
(грустно).
Я чудовище Эмпуса,
Старец и юнец безусый —
Знают все меня...
Увы...

Разочарованные чудовища покидают сцену вслед за Плутоном, Дионисом и Ксанфием. На авансцену выходят Хор Графоманов и Хор Лягушек

ПАРОД

Строфа I

ХОР ЛЯГУШЕК

О, ясная звезда ночных служений,
Иакх, иакх! ударь по струнам,
Приди на луг в ночную пляску нашу
И миртовый венок на чистый лоб надень!

КОРИФЕЙ ЛЯГУШЕК

Воспоем же поэзию нашу, а вы прочь из хора
  веселых уйдите,
Все, кто этих речей не слыхал, да и в мыслях
  остался нечистым!

Антистрофа I

ХОР ГРАФОМАНОВ

Слыхал я, что поэт
По имени Федокл
Купил себе набор
Фаянсовых тарелок,
А драматург Медокс из своего окна
Мочился при луне
На пышное растенье.

КОРИФЕЙ ГРАФОМАНОВ

А я слыхал, что пес поэта одного
Сошелся с кошкою известной поэтессы.

Строфа II

ХОР ЛЯГУШЕК

Давайте факелы зажжем,
И поспешим на площадь!

Как боги юные, сплетемся в хоровод
Под сводами ликующего лавра!

КОРИФЕЙ ЛЯГУШЕК

Прочь из нашего хора, лжецы, собиратели
                                     слухов вонючих,
Провокаторы, вы, для кого ненавистны поэты
                                     свободной природы!

Антистрофа II

ХОР ГРАФОМАНОВ

По слухам новеллист
Внушительного вида
Схватил себя за нос
В шестнадцать тридцать дня,
И, носа не найдя,
Он подал заявленье,
Чтоб новый член ему
Был выдан для лица.

КОРИФЕЙ ГРАФОМАНОВ

А я слыхал вчера — один нахал безродный
Поэмку новую послав по почте девке,
Повесился в углу, штанишки намочив...

Строфа III

ХОР ЛЯГУШЕК

Что дрязги, что брехня,
Когда над островами,
Как призраки ночных
Волшебных кораблей
Плывут ладьи поэм
И тихо нам сигналят,
И граждане со стен
К нми факелы несут!

КОРИФЕЙ ЛЯГУШЕК

А те, кто травит нас, кто денег нам не платит
                                         в ничтожестве своем,
Пусть захлебнутся желчью из собственных голов,
                                         дурманом замутненных.

Антистрофа III

ХОР ГРАФОМАНОВ

Однажды Пастернак,
В лесу продрогшем шляясь,
Нашел семью опят
И сел, как боровик.
Сидит, а стаж идет,
И пенсии дождался,
И пенсию эму
На блюдечке несут!

КОРИФЕЙ ГРАФОМАНОВ

А я вчера видал в замочное отверстье,
Как пил один поэт из горлышка кефир
И булькал словно фавн в истоме неприличной...

Строфа IV

ХОР ЛЯГУШЕК

Танцует мистов хор.
А у одной девчонки
Сквозь платьица разрыв
Мелькнула грудь нагая.
О, счастье! О, беда!
И снова я влюблен,
И ухожу туда,
Где кружат хороводы...

КОРИФЕЙ ЛЯГУШЕК

И я пойду туда, дорогу закрывая невеждам и глупцам,
                                         ослиным головам,

Кто солнечный язык, вакхический и бурный, не может понимать...

Танцуя, гремя бубенчиками, Хор Лягушек покидает сцену.

Антистрофа IV

ХОР ГРАФОМАНОВ

Сило́с, наво́з, понос,
Сукровица, хвороба!
Погаснет Гелио́с,
Но будут сапоги,
Но будут пироги,
И в сетке сухожилий
По нотам запоет
Свирепый Графоман.

КОРИФЕЙ ГРАФОМАНОВ

Телятина, поэт, священная корова!
Я выдою тебя, и скиснет молоко!

ЭПИСОДИЙ ПЕРВЫЙ

Афины. На ступенях храма в вольных позах расположились за трапезой мудрецы и поэты. Здесь Агафон, увенчанный лавровым венком Фриних, Пробул (административное лицо), вертлявый демагог Клеофонт. Чуть поодаль сидит замкнутая надменная Лисистрата. Между ней и мудрецами устроился Геракл. Он обложился мехами с вином и тарелками с жареным мясом. Жадно ест и пьет, временами кося глазом на Лисистрату и громко хмыкая.

За сценой гул толпы. На сцене орущий Хор Графоманов и Хор Лягушек, который безмолвствует.

КЛЕОФОНТ
*(встает с кубком в руке, обращается
к мудрецам и народу).*
Народ! Сограждане! Сегодня славный день!
Мы выбрали, друзья, великого поэта!
(Рев Графоманов.)
Народ-мудрец! Народ не ошибется
И лавровый венок не даст прохвосту,
Подобному Аристофану. Кстати, где
Скрывается бродяга-очернитель
Деяний славных?

ГЕРАКЛ
(с набитым ртом).
Где он, паразит?
Хотел бы я поговорить сурьезно
С поэтом энтим!
(Хохот Графоманов.)

КЛЕОФОНТ

Браво, генерал!

ПРОБУЛ

Я, господа, послал искусствоведов.
Должны они сегодня до заката
Найти его, хотя бы под землей.

                    КЛЕОФОНТ
                    (в толпу).
Ура Пробулу!
            (Рев толпы.)
                    Но не в этом дело,
Не омрачит нам праздника сатирик,
Червяк, укрывшийся от гневного народа!
Мы выбрали поэта на века!
Сильней он всех живущих, и тем паче
Сильнее чахлых всяких там эсхилов,
Софоклов там и разных эврипидов,
Шекспиров, гете, там и пастернаков,
Байронов разных, блоков, окуджав...

                    ФРИНИХ

О, Клеофонт, кого ты называешь?

                    КЛЕОФОНТ

Прошу прощенья, это просто к слову.
Ребята, громко — Фриниху ура!
        (Ужасающий рев Графоманов
        Фриних величественно салютует.)
Простые кузнецы и рыболовы,
Биндюжники и стражники, гоплиты,
Сержанты и старшины, кифаристы
Смогли понять, кто лучший среди нас:
При жизни Фриниху мы монумент поставим,
А он за то, как сын всего народа,
Начало новой эры воспоет!

                    ГЕРАКЛ

А мяса сколько?

                    КЛЕОФОНТ

            Мяса всем от пуза!
        (Рев Графоманов.)

ГЕРАКЛ

А как с вином?

КЛЕОФОНТ

Откроем погреба!
(Рев Графоманов.)

ГЕРАКЛ

А пенсион какой для отставных героев?
К примеру я, Геракл, вы помните — двенадцать...
(Хохот Графоманов.)

КЛЕОФОНТ
(хохочет, подхалимничая перед Графоманами.)
О Греции герой, да кто же их не помнит,
Двенадцать подвигов твоих? Любой мальчишка
Средь ночи разбуди — отбарабанит.
Мой генерал, для вас всегда открыты
В любой харчевне двери — заходите!

ГЕРАКЛ
(ворчливо).
А ежели с девчонкой поразвлечься
Захочется, так чем я заплачу?

КЛЕОФОНТ

Из девушек любая не откажет
Герою Греции. Не так ли, Лисистрата?
(Лисистрата величественно кивает.)

ГЕРАКЛ

Такая эра уполне по вкусу
И мне, бессмертному.
(Графоманы хохочут.)

КЛЕОФОНТ
(паясничает).
        Спасибо, генерал!
(Народу.)
Теперь, друзья, попросим мы поэта
Пропеть экспромт во славу нашей эры.
(Аплодирует Фриниху.)

ФРИНИХ
*(вынимает из-за пазухи папирус с экспромтом,
поет, все время заглядывая в текст.)*
    Нытики и маловеры
    Вылетят из нашей эры.
    В нашей эре стар и мал
    Наживает капитал.
    Друзья, мы в жизнь идем
    Большим путем, большим путем.
    У нас в душе всегда весна,
    Зимою тоже
    Грустить негоже!
    Наблюдал вчера я фикус,
    Голубым горя огнем,
    Приближая руки к лику-с
    И не плача о былом.
    Друзья, мы в жизнь идем
    С мечты любовью,
    О демократии поем
    И дышим новью, и дышим новью!
*(Бешеные аплодисменты, многочисленные голоса
подхватывают "и дышим новью".)*

Строфа V

ХОР ГРАФОМАНОВ

    В самом деле сочиненье
    Право слово, недурно.
    Эх, такого бы поэта
    В графоманский хор привлечь!

Антистрофа V

ХОР ЛЯГУШЕК

Есть некий час в ночи всемирного молчанья,
И в оный час явлений и чудес
Живая колесница мирозданья
Открыто катится в святилище небес.
*(Голоса Лягушек сейчас звучат очень тихо,
их еле слышно в реве толпы.)*

Фриниха по очереди целуют все мудрещы, причем Клеофонт прижимается к нему всем телом, словно женщина. Лишь Лисистрата презрительно отворачивается. Геракл, обхватив Фриниха и чуть ли не завернув ему руку за спину, тащит его за колонну, где останавливается, не выпуская кумира из своих могучих рук. Наконец шум стихает. Мудрецы ложатся к пиршественному столу, поднимают кубки.

КЛЕОФОНТ

Дело сделано, сограждане, эра началась. Пора перейти к теоретическим изысканиям. Великий Фриних, где ты?

ФРИНИХ
(рвется из рук Геракла).
Я здесь, Клеофонт! Помо..
(Геракл с предостерегающей улыбкой сжимает ему ухо.)
Мы здесь со священным героем Греции, олимпийским богом Гераклом, сыном мудрой Алкмены и великого Зевса... Ой, не давите так сильно... обсуждаем мои творческие планы.

КЛЕОФОНТ
(с понимающей улыбкой).
Нашли место... Ну, хорошо, мы начнем без тебя. Начни ты, Агафон.

АГАФОН

Мудрые сограждане и ты, о великий Клеофонт, я начну с примера из демократической практики. Предположим, купец купил корову. Купец — свободный человек, а корова — несвободный человек. Не так ли?

ЛИСИСТРАТА

Корова не человек.

АГАФОН

Вы совершенно правы, величественная Лисистрата, корова не человек, следовательно, она и не свободный человек тоже. Прав ли я, Клеофонт?

КЛЕОФОНТ

Совершенно прав.

АГАФОН

Теперь я задаю вопрос: каково отношение демократии к купцу, купившему корову?

ПРОБУЛ

Купец обкладывается налогом.

АГАФОН

Я тоже так думаю. Развертываем мысль дальше. Свободный человек купец за покупку коровы обкладывается налогом, а каково отношение демократии к корове, которая является, как мы уже выяснили, не свободным человеком?

ЛИСИСТРАТА
(впервые потеряв свою величественность).
Да как же так?

КЛЕОФОНТ

Агафон дал толчок для развития нешей теоретической мысли. Подумаем, сограждане.

Мудрецы погружаются в раздумье.

ГЕРАКЛ
(по-прежнему крепко держит Фриниха).
Напрасно, Фриних, ты воротишь нос.
Солидную поэму мог бы, братец,
Отгрохать про седьмой, к примеру, подвиг.
Как я бычка на Крите оседлал
И плыл на нем верхом к Пелопоннесу.
Хороший был бычок, его Тесей прикончил
На Марафонском поле, когда мой
Хозяин Эврисфей в штаны наклал от страха...

ФРИНИХ

Геракл, могучий, добрый, пощади!
Ведь это все описано однажды...

ГЕРАКЛ

Вот именно описано, дружок.
Опи́сали прохвосты из фольклора.
Мне нужен именитый описатель
С почетным званием народного кумира.
Согласен? Ну?

ФРИНИХ
(слабея).
Спаситель Аполлон...

КЛЕОФОНТ

Итак, корова не человек, а, следовательно, и не свободный человек тоже. При демократии все равны, и если свободный человек за покупку коровы обкладывается налогом, то почему же не свободный человек за покупку коровы не обкладывается налогом? Следовательно, корова как не свободный человек за покупку коровы тоже...

ПРОБУЛ
(радостно)
Обкладывается налогом!

АГАФОН
(удовлетворенно).
Мысль завершена!

ЛИСИСТРАТА

Ох, Алкивиада на вас нет!

При этих ее словах мудрецы с криком ужаса вскакивают на ноги и даже Фриних выскальзывает из объятий Геракла.

КЛЕОФОНТ

Презренная самка, что ты говоришь?

ЛИСИСТРАТА
(спокойно).
Я говорю, жалко, что Алкивиад еще не вернулся. Он бы разобрался в нашей демократии. Он настоящий мужчина!
(Ропот толпы.)

КЛЕОФОНТ
(в толпу).
Ну что ж, если придет Алкивиад,
Ему придется тут же подчиниться
Афинским мудрецам и графоманам,
Священной демократии Афин,
Как гражданину каждому отныне.
К тому ж его триеры сожжены,
Рассеяны в песках его гоплиты,
А сам он продан в рабство. Так гонцы
Нам сообщили...

Зловещее молчание толпы. Нервное движение на ступенях храма. В тишине слышится все нарастающее позвякивание военных доспехов и на сцену тяжелыми мощными шагами выходит закованный в бронзу Алкивиад.

ЛИСИСТРАТА
(насмешливо).
Ну, что ж вы замолчали?

АЛКИВИАД

Привет, ребята, что здесь происходит?

КЛЕОФОНТ
(дрожащим голосом).
Здесь демократия учреждена.

АЛКИВИАД

Кто главный?

КЛЕОФОНТ
(хорохорясь).
Народ избрал меня!

АЛКИВИАД
(подходит к Клеофонту вплотную, берет его за пуговицу).
Ежели ты главный, профессор, тогда ответь мне на один вопрос: чья это пуговица?

КЛЕОФОНТ
(дрожа).
Уважаемый Алкивиад, эта пуговица моя.

АЛКИВИАД
(отрывая пуговицу).
Ежели твоя, бери ее себе!
(Берется за другую пуговицу.)
А это чья?

КЛЕОФОНТ
(чуть ли не теряя сознание от страха).
Может быть, это ваша?

АЛКИВИАД

Ежели моя, беру ее себе!
(Отрывает вторую пуговицу, берется за третью.)
А это чья?

КЛЕОФОНТ

Эта... эта... эта... я не знаю...

АЛКИВИАД
(зычно).

Балда! Надо отвечать так. Это пуговица хитона. Хитона, понял? И тогда она на нем останется.

(Взрыв жуткого хохота. Клеофонт опадает, как пустой мешок.)

АЛКИВИАД

В Сицилии один парень научил меня этому фокусу.

(Хохочет, потом поднимается по ступеням и провозглашает.)

О, воздух родины! Великий город мой!
Сквозь бури я прошел в твою ограду
Не для того, чтоб выйти на покой...

ГРАФОМАНЫ

Ура! Ура! Ура Алкивиаду!

ЭПИСОДИЙ ВТОРОЙ

Подземное царство Аид. Коктейль в честь Диониса. Эмпуса, Ламия и Кербер в белых фартуках обносят гостей бокалами.

Здесь элегантный порхающий Лева Малахитов, его жена Нина в декольтированном мини-платье и в сапогах (для эпатажа), Эврипид, дерзко поглядывающий на мрачного Эсхила, Антон Биверлибрамс в наряде лондонского "хиппи", его жена Дагрен в мешке и драгоценностях, порывистый А. С. Пушкин, улыбающаяся Анна Керн, куртуазно расшаркивающийся Шекспир, надменная Смуглая Леди. Нет пока Плутона и виновника торжества Диониса.

Стоит характерный для коктейлей гул голосов. Гости беспрерывно перемещаются. После общего вздоха "ВЕЧНОСТЬ" в просцениум выходят кумиры молодежи Лева и Антон. Лева поет басом, Антон показывает фокусы.

Во время пения и демонстрации фокусов среди гостей непринужденно появляется Бу. Он в детской распашонке, розовый, толстый, похож на гигантского годовалого ребенка. Ведет себя как завзятый посетитель коктейлей, скользит от группы к группе, похохатывает, салютует бокальчиком.

ЛЕВА *(поет прекрасным басом).*

> Пою тебе, о Гименей!
> Ты меня уважаешь!
> И я тебя уважаю!
> Салют!

Антон в это время вынимает из-за пазухи петуха, из кармана кота, изо рта у него вырывается пламя, из ушей вырастают цветы.

НИНА *(Леве).* Что это ты басом запел?
ЛЕВА. Нинок!
НИНА. Ты же всегда тенором пел.
ЛЕВА *(жалобно).* Опять издеваешься, Нина? Зачем тебе над басом-то моим издеваться? Ведь это же мне бог дал, бог и возьмет... *(Всхлипывает.)*
БИВЕРЛИБРАМС *(Дагрен).* Аза-низи-маза! Ты никогда меня не понимала!
ДАГРЕН *(восторженно).* Никогда!
БИВЕРЛИБРАМС. Все во мне задавлено капиталистической системой!
ДАГРЕН. Все-все!

БИВЕРЛИБРАМС. Левке хорошо, он в социализме жил, мог себе иной раз лирику позволить.

ДАГРЕН (*восторженно*). Один раз он мне прислал стишок:

> Мне от тебя немного надо, Дагрен!

БИВЕРЛИБРАМС. Во-во! А я под прессом монополий... (*Всхлипывает.)*

ПУШКИН *(Бу).* Имею честь представиться, я — Пушкин XIX век.

БУ *(радостно).* Бу!

ПУШКИН. Рад. А это мой друг Вильям Шекспир, XVI век, вполне профессиональный литератор.

БУ *(радостно).* Бу!

ПУШКИН. А это наши дамы, подруги дней суровых. Анна Керн, должно быть, слышали и...

СМУГЛАЯ ЛЕДИ. Я бы хотела остаться инкогнито.

БУ *(радостно).* Бу!

ШЕКСПИР. Вы какой-то странный. Поэт?

БУ *(радостно).* Бу!

АННА КЕРН *(тихо, Смуглой Леди).* Симпатичный мальчик, правда?

СМУГЛАЯ ЛЕДИ. Прямо съела бы.

ШЕКСПИР. Какой век?

БУ *(радостно).* Бу!

> Пушкин и Шекспир отходят. Бу остается с дамами.

ПУШКИН. Какой-то румяный олух — кавалергардик вроде Дантеса... Так и всадил бы пулю. А вам он никого не напоминает?

ШЕКСПИР. Очень даже напоминает, но кого — не помню. Такой румяный, пышненький — прямо съел бы...

ЛЕВА *(подзывает Кербера).* Керберчик, будь другом, просвети — кто этот малый?

КЕРБЕР. Новенький. Надысь патрулирую вдоль Стикса — гляжу, пузанчик незаприходованный шляется. Хотел сожрать, понюхал — неаппетитный. Ну, поволок его в отдел кадров, заприходовал и сюда выпустил.

ЭМПУСА *(проходя мимо).* Повезло мужику — сразу на пьянку попал.

ЛЕВА. Он поэт?

КЕРБЕР *(обиженно).* Ну, Левка, за кого ты мене держишь? Али я не знаю, кого куда совать? Был бы тиран, я б его племянникам

скормил.
ЛЕВА *(нетерпеливо)*. А какого же века поэт?
КЕРБЕР. В кадрах говорят — тридцатого. *(Отходит.)*
ВСЕ *(разом)*. Тридцатого?

Немая сцена. Все смотрят на Бу.
Бу, ничего не подозревая, продолжает светскую жизнь. Первый приходит в себя Лева. Небрежно вихляясь, подходит к Бу.

ЛЕВА. Вообще недурную стоячку устроил папа Плутон, вы не находите?
БУ *(радостно)*. Бу!
ЛЕВА. Я слышал, вы поэт XXX века? Рад приветствовать коллегу. Я — Лев Малахитов, вы, конечно, знаете, в школе-то проходили. На всякий случай что-нибудь прочту. Вот образец лирики. *(Читает.)*

Я можжевельник, можжевельник маленький,
А вы цветочек океанский аленький.
Я можжевельник, я по грудь в снегу,
Ко мне медведь выходит на поживу,
Но вы на океанском берегу
Не верьте прессе, суетной и лживой.

БУ *(радостно)*. Бу!
ЛЕВА *(удовлетворенно)*. Вижу — дошло!
НИНА *(небрежно)*. Между прочим, парень, эта стихоза мне посвящена.
ДАГРЕН. А разве не мне?
НИНА. Левка!
ЛЕВА. Ну, Нинок-Нинок, какая разница... лирический герой... ты же понимаешь...
БИВЕРЛИБРАМС *(к Бу)*. А Биверлибрамса помнят потомки или сожгли мракобесы? "Сто жуликов в одном самолете" сохранилось?
БУ *(радостно, но уже с напряжением)*. Бу!
БИВЕРЛИБРАМС. Цензура-то загнулась?
БУ *(отрицательно)*. Бу!
АННА КЕРН. А мой образ сохранился в мировой литературе? Помните Сашино: "Я помню чудное мгновенье..."
БУ *(радостно, но с сильным напряжением)*. Бу!
СМУГЛАЯ ЛЕДИ. Ну, меня-то вы, конечно, знаете: обо мне писали трое. Бедный Вильям называл меня Смуглая Леди, а Кристофер Марло

Генрихом VIII...
БУ *(начиная уставать).* Бу!
КЕРБЕР. Напрасно, робяты, стараетесь. В кадрах сказали: энтот неговорящий. В ихом веке уже не говорят, а по каналам внутренней связи общаются.
БУ *(с напряжением).* Вуд ю лайк... будешь третьим... ин де найт... чижик-пыжик...
КЕРБЕР. Ищет коммуникацию.
БУ. На... фонтанке... воду... *(Радостно частит.)* Пользуясь услугами своих заокеанских покровителей экстремисты явно хотят расширить... *(Затухает.)* Алеет восток! Самый мудрый... Бумажный кот...
ЛЕВА *(восторженно).* Вот дает! Культурную революцию нащупал.
БУ. Как самое яркое солнце... зовет... оторвать... раздробить... джунде хуй... с собачьей головой... крепить нерушимое единство... на основе внедрения передовых... джунде хуй! *(В полной растерянности начинает петь песню "Алеет восток".)*

    Входят Плутон и Дионис, за их спинами маячит сконфуженным таким блестящим обществом Ксанфий.

ПЛУТОН

Приветствую вас всех. Имею честь представить —
Наш славный гость — Нисейский Дионис.
Сошел в Аид бессмертный бог с Олимпа,
Чтоб взвесить на весах тебя, о, Эврипид,
А также вас, мой друг Эсхил-громоподобный.
Поэтов взвесить Дионис желает,
Чтоб более весомого с собою
На землю взять, вернуть в Афины,
Где оскудел поэзии источник.

ДИОНИС
(обнимает Эврипида).

О, брат мой Эврипид! Как рад тебя я видеть.
Всегда я слезы лью, когда тебя припомню,
Вот раб не даст соврать.

КСАНФИЙ
(скромно).

Охотно подтверждаю.

ЛЕВА
(с радостным изумлением).
Так это раб?
(Подбегает к Ксанфию, берет его под руку.)
Прошу вас, проходите!
Какая прелесть! Встретить вас вот здесь,
Раба рабовладельческой системы...
(С вызовом смотрит на Плутона.)

БИВЕРЛИБРАМС. Ну, Левка, ловкач! И здесь вперед выскочил. Я только подумал, как раба пригресть, а он уже...
ЛЕВА *(идет к нему с Ксанфием уже в обнимку).* Эх, Антошка, мало ты меня знаешь. *(Ксанфию.)* Выше голову, друг! Здесь все свои. Поэт всегда друг угнетенных. Ну, расскажи, как там у вас? Страшная эксплуатация?
КСАНФИЙ. Нет, не очень.

ДИОНИС
(Эсхилу, суховато).
Приветствую и вас, Эсхил. Отрадно
Мне видеть вас, поэта-мудреца.

ЭСХИЛ
(с поклоном).
Я знаю, Дионис, что ты настроен
Ко мне предвзято. Что ж... Моя беда.
И все же я намерен дать здесь бой
Профану жалкому, поэту потаскушек.
(Распаляется.)
Который выше крыши кабака
Не поднял голос...

ДИОНИС

Тише, мой Эсхил.
Проверим на весах — кто тянет, кто не тянет.

БУ *(счастливо улыбаясь).* Моя нашел... моя олл иксплейн... все объяснить... люблю тебя, Петра творенье... воду пил... би ор нот ту би... моя летал клевал... головокружение от успехов... бабы прыгают в сугроб... разочарованному чужды... дружба всего дороже, дружба это праздник молодежи... лефт нот райт... вы понимайт? *(Гордо* *оглядывается, но, видя, что его все-таки не понимают, растерянно затягивает полюбившуюся ему песню "Алеет Восток"; падает в кресло.)*

ДИОНИС

Однако, более чем странное явленье.
Парнишка пьян?

КСАНФИЙ
(озабоченно).
Кто этот персонаж?

ПЛУТОН
(раздраженно).
Тридцатый век таких нам поставляет
Немых, счастливых, розовых людей.
(Выходит вперед.)
Ну что ж, друзья, весы сейчас куются.
В Аидской кузнице шуруют кочегары.
И вскоре нам услышать суждено
Поэтов спор, блистательный и острый.

ЭСХИЛ

Деметра, ты вскормила разум мой,
Дай мне предстать твоих достойных таинств!

ДИОНИС
(Эврипиду).
И ты свой фимиам готовь!

ЭВРИПИД

Иду.
Но я другим богам молиться буду.

ДИОНИС

Особенным, чеканки новой?

ЭВРИПИД

Да.

ДИОНИС

Ну, молись своим богам особым!

ЭВРИПИД

Эфир, мой хлеб, и ты, язык мой гибкий,
И тонкий нюх, победоносно мне
Всю речь врага позвольте опровергнуть!

Строфа VI

ХОР ЛЯГУШЕК

Зевсовы дочери, чистые девы,
Музы, вы цените умные и утонченные мысли,
Их созидают поэты, когда, обличая друг друга,
В споре сойдутся они, ударом удар отражая.

КОРИФЕЙ ЛЯГУШЕК

Музы, придите, чтоб видеть могли вы
Силу двух уст и могущество слов
Веских и вьющихся стружкой.
Спора великого мудрых назначенный час
                                    наступает.

ЭПИСОДИЙ ТРЕТИЙ

Та же площадь в Афинах. Сначала она пуста, потом появляется Геракл, несущий на плечах, словно овцу, обвисшее тело народного кумира Фриниха. Сваливает Фриниха на ступени храма, зачерпывает воды из фонтана, брызгает ему в лицо. Фриних подымает голову.

ФРИНИХ
(слабым голосом).
Свидетель Аполлон Делосский и Дельфийский!
Я все же уцелел. Я жив. Какая радость...

ГЕРАКЛ

А разве я не рад? Пойми, голуба Фриних,
Что творчеством теперь с тобою связан я.
Итак, запомнил ты, какая вонь в конюшнях
У Авгия была?

ФРИНИХ
(испуганно).
Да-да, Геракл, запомнил!
Вовеки не забыть...

ГЕРАКЛ

Отлично. Дунем дальше.
(присаживается рядом с Фринихом, ласково заворачивает ему руку за спину, другой своей рукой легонько сжимает поэту горло.)
По пятому пройдемся. Помнишь ты,
Как кабана в лесу твой милый друг прикончил,
Кентавров разогнал, у Фола вдрызг напился
И мудрого Хирона сгоряча, увы, угробил?
(Стряхивает лицемерную слезу.)
А помнишь, как со страху Эврисфей
В сосуд залез?

ФРИНИХ
(полузадушенным голосом).
Я все прекрасно помню.

ГЕРАКЛ
(встряхивает его).
Опишешь, паразит?

ФРИНИХ

Конечно ж опишу!
Опишу́, опишу́, воспою́, воспою́,
На золоте издам, брильянтами украшу!

ГЕРАКЛ
(довольный отпускает его).
Хороший ты поэт. Тобою я доволен.
Теперь поди скажи, чтоб мне вина подали
И каши котелок, за твой, конечно, счет.

Еле волоча ноги, Фриних уходит. Геракл разваливается на ступенях храма. Слышится нарастающий гул, приветственные возгласы. На сцену выходит Алкивиад, за ним Клеофонт, Агафон, Пробул, Лисистрата. Позади тащится Фриних, за ним раб с мехом вина и горшком каши. Фриних показывает рабу на Геракла. Геракл, получив вино и кашу, удовлетворенно урчит.

АЛКИВИАД
(поднимается на ступени, зычно кричит).
Приветствую тебя, мой преданный народ!
*(Рев Графоманов, Лягушки, склонив
голов́ы, безмолвствуют.)*
Отныне навсегда диктаторский порядок
В Афинах учрежден!

ПРОБУЛ

Диктатору ура!
(Рев графоманов.)

АЛКИВИАД
(подталкивает Клеофонта).
Ну-ка, давай, профессор, толкни речугу!

КЛЕОФОНТ
(начинает очень тихо).
Народ, сограждане, мечтатели, герои!
(Орет.)
Долой разврат, безделье, болтовню!
Долой позор паскудных мини-юбок,
Презренье дохлым всяким там эсхилам,
Софоклам, эвпиридам, мандельштамам,
Тем более Аристофану! Кстати, где
Скрывается бродяга-очернитель
Деяний славных?

ГЕРАКЛ
(с набитым ртом).
                    Где он, паразит?
Хотел бы я поговорить сурьезно
С поэтом энтим.
(Хохот Графоманов.)

КЛЕОФОНТ

            Браво, генерал!

АЛКИВИАД

Немедленно поймать Аристофана!

ПРОБУЛ

Уже семьсот, мой вождь, искусствоведов
Повсюду рыщут. Нынче до заката
Найдут его хотя бы под землей.

КЛЕОФОНТ

Ура Пробулу!
(Рев Графоманов.)
            Но не в этом дело,
Не омрачит нам праздника сатирик,
Червяк, укрывшийся от гневного народа!
Сегодня мы великой диктатуре

Хвалу возносим от сердец своих!
Спасибо вам, великий полководец,
За то, что вы живете на земле!
(Кланяется Алкивиаду земным поклоном.)

АЛКИВИАД
(Лисистрате, поглаживая ее по заду).
Толковый профессор. Вот что значит во-время жилку
                                                подрезать.

ГЕРАКЛ

А мяса сколько?

КЛЕОФОНТ

Мяса...
(Оглядывается на Алквивиада, тот кивает.)
                        Всем от пуза!
(Рев Графоманов.)

ГЕРАКЛ

А как с вином?

КЛЕОФОНТ

Откроем...
(Оглядывается на Алкивиада, тот кивает.)
                        Погреба!
(Рев Графоманов.)

ГЕРАКЛ

А пенсион какой для офицеров?
К примеру, я...
        (Хохот Графоманов.)

АЛКИВИАД

        А это кто таков?

КЛЕОФОНТ
(шепотом).
А это наш афинский сумасшедший,
Себя Гераклом он воображает,
Нахальный малый...

АЛКИВИАД

Мне он по душе.
(Подходит к Гераклу.)
Тебя к себе, приятель, я приближу.

ГЕРАКЛ

А я тебя к себе.
*(Просовывает руку под колено;
хохот Графоманов.)*

АЛКИВИАД
(усмехаясь).
Забавный парень!
Чудила-голова, ты мне по вкусу!

ГЕРАКЛ

А ты мне нет!
(Хохот Графоманов.)

АЛКИВИАД
(сердясь).
Ну, это чересчур!
Немного начал парень забываться.
Каков красавец! Дать ему пле...
*(Геракл поднимается во весь свой богатырский рост,
делает угрожающий шаг к Алкивиаду.)*
...плетенку сыра дать ему, мех вина и баранью
ногу. Небось, пожрет, перестанет ерунду болтать.

ГЕРАКЛ
(садясь).
Такая диктатура мне по вкусу!

Бессмертных любит...
(*Хохот Графоманов.*)

КЛЕОФОНТ

Браво, генерал!
Теперь, друзья, попросим мы кумира
Пропеть экспромт, хвалу Алкивиаду.
Маэстро Фриних, вуэля аллюром!

ФРИНИХ
(*достает экспромт, поет*)
Изныл народ до корчей;
В бурном море пропадал,
Но пришел великий кормчий,
Взял он в рученьки штурвал.
Друзья, мы в жизнь идем
Большим путем, большим путем!
У нас в душе всегда весна,
Зимою тоже
Грустить негоже.
Стройный, мудрый, моложавый,
Ароматный, как духи,
Алкивьяд, любимец славы,
Я тебе пою стихи!
Друзья, мы в жизнь идем
С мечты любовью!
И дышим новью,
И дышим новью!
(*Бешеные аплодисменты Графоманов. Лягушки поднимают головы.*)

Строфа VII

ХОР ГРАФОМАНОВ

В самом деле сочиненье
Право слово, недурно,
Эх, такого бы поэта
В графоманский хор привлечь!

Антистрофа VIII

ХОР ЛЯГУШЕК

> Молчи, скрывайся и таи
> И чувства, и мечты свои —
> Пускай в душевной глубине
> Встают и заходят оне
> Безмолвно, как звезды в ночи, —
> Любуйся ими — и молчи...

Хор Лягушек звучит сейчас очень тихо, его почти не слышно в реве Графоманов.

Фриних встает на одно колено перед Алкивиадом, целует ему руку. Потом коленопреклоненному суют по очереди руку Клеофонт, Пробул, Агафон, Лисистрата; последним подходит Геракл, берет своего любимца в охапку, уносит за колонну обсуждать творческие планы.

Мудрецы ложатся вокруг пиршественного стола.

Алкивиад — в непосредственной близости к Лисистрате.

АЛКИВИАД (Клеофонту). Ну, профессор, валяй, что там полагается дальше.

КЛЕОФОНТ. Сограждане, новая эра началась. Теперь нужно подвести теоретическую базу, осмыслить величественное сегодня, чтобы перейти к громовому завтра. Фриних, конечно, отсутствует? Понятно, понятно. Начни ты, Агафон.

АГАФОН. Великий Алкивиад, и вы, мудрые сограждане, я начну с примера из жизни нашего могучего государства. Предположим, гоплит захватил в бою корову. Гоплит — смелый человек, корова — несмелый человек.

ЛИСИСТРАТА. Вы опять за свое? Корова, по-вашему, человек?

АГАФОН. Нет, прекрасная Лисистрата, корова не человек, но раз она не человек, следовательно, она также не смелый человек. Прав ли я, Клеофонт?

КЛЕОФОНТ. Ты абсолютно прав, Агафон!

Лисистрата что-то шепчет на ухо Алкивиаду, тот похлопывает ее по заду.

АГАФОН. Теперь я задаю вопрос. Как должен в данном случае поступить гоплит, воспитанный великим кормчим Алкивиадом?

ПРОБУЛ. Он должен сдать корову своему начальнику.

АГАФОН. Верно. Итак, смелый человек гоплит должен сдать

корову своему начальнику, а как должна поступить воспитанная великим Алкивиадом корова, которая, как мы выяснили, является несмелым человеком?

КЛЕОФОНТ. Если смелый человек сдает корову своему начальнику, то почему же несмелый человек не должен сдать корову своему начальнику? Я полагаю, что корова, как несмелый человек, тоже должна сдать корову своему начальнику.

ПРОБУЛ. Ясное дело.

АГАФОН. А кто начальник коровы?

КЛЕОФОНТ. Начальник смелых людей гоплитов наш великий Алкивиад, гоплиты захватили несмелых людей коров, следовательно, начальник коров тоже наш великий Алкивиад.

АЛКИВИАД

Встать!
(Мудрецы вскакивают.)
Смирно!
(Подходит к мудрецам.)
Софисты! Очкарики-паразиты! На теле общества!
Шибко умные стали! Гоплит! Корова!
*(По очереди дает пинка Клеофонту,
Агафону и Пробулу.)*
Дискуссия окончена!
(Встает в позу, обращается к народу.)
Герой-гоплит, держи софиста-гада
За горло чахлое мозолистой рукою!
(Взрыв энтузиазма.)
Мечи точите на пороге эры
Победоносных войн! Костры пылают!
Мы в бой пойдем, орлы, и для начала
Разрушим Спарту, Персию смешаем
С навозом конским!
(Рев толпы.)

ЛИСИСТРАТА

Этого не будет!

КЛЕОФОНТ

Вперед под знаменем Алкивиада!

(Рев толпы.)

ЛИСИСТРАТА

Войны не будет больше никогда!
(Неодоуменное молчание.)

АЛКИВИАД

Ты что это, мамаша, раскричалась,
Куда ты клонишь?

ЛИСИСТРАТА

              Женщины в обиде.
Тоскливо нам с детьми без их отцов,
Ушедших на войну! Тоскливо, тошно!
(Шум, крики "Правильно, Лисистрата!")
У всех у нас мужья всегда в бою,
Тот Фракию отправился пограбить,
Тот в Пилосе семь месяцев воюет,
А тот, лишь только выйдет из рядов,
Опять хватает щит и исчезает.
Любовника — и то уж след простыл!
С тех пор, как тянется военное безумье,
Жгута я не видала в восемь пядей,
Чтоб кожаной он помощью нам был.
И вот сейчас мы гневно протестуем!

АЛКИВИАД
(хохочет).

Как страшен для солдат протест бабья!
(Хохот Графоманов.)
Сойти с ума!

ЛИСИСТРАТА

              Не торопись смеяться!
У женщин тоже есть свое оружье,
И если ты начнешь поход готовить,

Все женщины Афин мужьям откажут
В одном предмете. Девушки, согласны?
*(Графоманы кричат женскими голосами "Согласны,
согласны!", Лягушки по-прежнему безмолвствуют.)*

ЖЕНСКИЙ ГОЛОС

А если в спальню силой, ухватив,
Притащат нас?

ЛИСИСТРАТА

Тогда держись за двери!

ЖЕНСКИЙ ГОЛОС

А поколотят?

ЛИСИСТРАТА

Нехотя давай!
Нет в этом наслажденья при насилье.

ГЕРАКЛ

Надеюсь, к бессмертным богам эта угроза не относится?

ЛИСИСТРАТА
(быстрым шепотом).
Конечно, нет.
(Воцаряется обескураженное молчание.)

КЛЕОФОНТ

Подумаешь, угроза велика!
Вполне, друзья, возможно жить без женщин!
Не так ли, Агафон?

АГАФОН
(игриво).
Святая правда, милый.

ГРАФОМАНЫ
(игриво).
Святая правда, милый.

ЛИСИСТРАТА
(в толпу)
Так все мужчины думают сейчас?
(Жуткий неистовый рев Графоманов, крики "нет!", "нет!".)
Тогда пускай воюют педерасты!
(Наполняет кубок вином, поднимает над головой.)
О, женщины Афин, клянитесь вслед за мною!
Когда начнут мужчины воевать,
Не подпущу любовника, ни мужа.

ГРАФОМАНЫ
(женскими голосами).
Не подпущу любовника, ни мужа.

ЛИСИСТРАТА

И я ему не дамся добровольно,
А если силой вынудит меня,
Дам нехотя, без всякого движенья.

ГРАФОМАНЫ
(женскими голосами).
Дам нехотя, без всякого движенья.

ЛИСИСТРАТА

Не подниму я ног до потолка,
Не встану львицею на четвереньки.

ГРАФОМАНЫ
(женскими голосами).
Не встану львицею на четвереньки.

ЛИСИСТРАТА

И в подтвержденье пью из чаши я,
А если лгу, водой наполнись, чаша!

ГРАФОМАНЫ
(женскими голосами).
А если лгу, водой наполнись, чаша!

ЛИСИСТРАТА

Вы все клянетесь в этом?

ГРАФОМАНЫ
(женскими голосами)
Видит Зевс!

ЛИСИСТРАТА

Так пью из чаши!

АЛКИВИАД
(подходит к ней).
  Не до дна, сестренка!
Оставь и нам от жертвы нашу часть.
(Вырывает у Лисистраты кубок, опорожняет его, отбрасывает в сторону, заключает женщину в стальные объятия, орет.)
Гасите к черту свет!
Мы спор хотим продолжить
В условьях темноты...
  (Хохочет.)
(Жуткий мужской хохот Графоманов.)

СВЕТ ГАСНЕТ

ПАРАБАСА

Ода

ХОР ЛЯГУШЕК

Муза, в священные горы вступи, наслаждаяся песней моею.
Так я оду свою по привычке начать собирался.
Между тем в пучину бедствий погрузился город наш,
Демагоги и тираны оседлали наш народ,
И поэта нет, который мог бы людям дать ответ
                              и разумный и полезный,
Чтобы прав своих гражданских не терял уже никто,
Чтобы страх был уничтожен, чтобы разум победил...

Эпиррема

КОРИФЕЙ ЛЯГУШЕК

Очень часто нам казалось, что Афины горожан
И хороших и негодных, всех оценивают так,
Как старинную монету и сегодняшний чекан,
Так старинную монету, неподдельную вполне,
Ту, что самой чистой пробы, лучшую из всех монет
Не пускаем в обращенье, применяя медяки
Наихудшего чекана, те, что выбиты вчера.
Граждан тех, кто, как известно, благородны и умны,
И воспитаны в палестре, и сильны в искусстве Муз,
Тех мы гоним, а других-то — медных, рыжих и чужих,
И худых из самых худших, — всюду мы пускаем в ход.
Задержитесь же, безумцы, измените свой уклад,
В ход пускайте благородных! И дела пойдут на лад,
А постигнет неудача, верно, скажут мудрецы:
"Что ж, на дереве хорошем и повеситься не жаль".

Антода

ХОР ГРАФОМАНОВ

Право слово, положенье, скажем прямо, недурно:
Графомания в почете, пищу ищет графоман.
Поглощает чебуреки, кашу с салом и сольцой.
Ежедневно три тарелки аппетитного борща,
Птицы, жареной на скаре, восемьсот тринадцать грамм,
Лягушатины нежнейшей сорок восемь килограмм.
Ради пищи аппетитной графоманом надо стать,
Ежедневно графоманить и на сильных не роптать.

Антиэпиррема

КОРИФЕЙ ГРАФОМАНОВ

Я наслаждаюсь теперь Гонораром, высоким и толстым,
Часто встречаю его по дороге с работы домой,
Вот он идет, Гонорар, в своей шубе, простой и веселый,
За руку я Гонорара беру и веду в свой изысканный дом,
Шубу снимаю с него и пиджак, и рубашку снимаю,
Также снимаю нательное с тела белье.
Сняв все сначала, тогда уже им наслаждаюсь,
После всегда Гонорара любимого сытно кормлю.
Вот мой совет, Графомана премудрого, юному гаду:
Сытно корми Гонорара любимого, хоть он пока не велик.
Вырастет твой Гонорар, как пирог краснощекий,
Ты насладишься им вдоволь, а он насладится тобой.

ЭПИСОДИЙ ЧЕТВЕРТЫЙ

Подземное царство Аид. Все приготовлено для соревнований. Стол отодвинут в угол. Кресла расставлены в ряд. В центре сцены гигантские весы, между чашами которых деревянная лестница, по ней соревнующиеся могут войти в чашу или выйти из нее.

В просцениуме Лева Малахитов на скрипке гениально играет этюд Паганини. Рядом Биверлибрамс, аккомпанируя себе на гитаре, орет слова биг-бита.

БИВЕРЛИБРАМС

Элау боу хол хис
Ёр боди боди топ лис
Он лоун ноун...

Одновременно прекращают играть, смотрят друг на друга.

БИВЕРЛИБРАМС

У тебя, по-моему, распадение личности, Левка!

ЛЕВА

Мне стыдно, что ты мой современник, Антоша!

БИВЕРЛИБРАМС

А ну-ка выйдем!
(Уходят.)

По сцене в обнимку проходят Ксанфий и трехглавый пес Кербер.

КСАНФИЙ

Да, видит Зевс, люблю я господам
Исподтишка подсунуть к ночи фигу.
А ты, Кербер?

КЕРБЕР

Я тоже. Рад всегда
Сожрать хозяйские ночные туфли.

КСАНФИЙ

Феб, Аполлон! Пожми мне руку, друг!
И поцелуй.
(Целуются.)
Не хочешь ли, братишка,
По маленькой принять, пока не видно
Хозяев наших?

КЕРБЕР

Очень даже да.

Пробираются к столу. Ксанфий вливает по рюмке в каждую из трех глоток Кербера затем сам опорожняет три рюмки подряд. Хихикая, друзья исчезают. На сцену толпой выходят поэты и их подруги. Пушкин почему-то держит под руку Смуглую Леди, Шекспир — Нину Малахитову, Лева — Дагрен, Антон — Анну Керн.

СМУГЛАЯ ЛЕДИ *(Пушкину).* Позвольте мою руку назад, сэр.
НИНА *(Шекспиру).* Ну, Виля, подержался и хватит.
ДАГРЕН *(Леве).* Какой я тебе океанский цветок, дуралей?
АННА КЕРН *(Биверлибрамсу).* Ах, какие вы все однообразные господа!

Дамы отходят от поэтов. Те, обескураженные, стоят некоторое время молча.

ПУШКИН *(Шекспиру).* О чем вы говорили с Ниной на дурном русском?
НИНА *(Анне Керн).* Зачем ты, Аня, Антошке голову морочешь?
ШЕКСПИР *(Пушкину).* А вы что нашептывали моей земной подруге на дурном английском?
АННА КЕРН *(Нине).* С вашими манерами, Ниночка, флиртовать с Шекспиром!
ЛЕВА *(Антону).* Антоша, брось! Для тебя Аня просто женщина, а для нас святыня, туманное видение.

СМУГЛАЯ ЛЕДИ *(Дагрен)*. Малышка, я бы вам посоветовала держаться подальше от Левы.

АНТОН *(Леве)*. А ты что вкручивал моей жене, циник?

ДАГРЕН *(Смуглой Леди)*. Если вы еще раз подойдете к Александру, я заплачу.

Все эти диалоги проходят на страшной скорости, после чего начинается почти хаотический шум.

ПУШКИН. Какой на вас дурацкий павлиний камзол!

ШЕКСПИР. Посмотрите на себя — хвост сзади, спереди какой-то чудный выем!

АННА КЕРН. Неужели вот вы — идеал поэтов XX века? Какой ужас!

НИНА. Аристократка!

ЛЕВА. Ты горестный жокей без лошадей!

АНТОН. Актер для зеркала!

ДАГРЕН. Я буду плакать! Я уже плачу!

СМУГЛАЯ ЛЕДИ. Господи! Какой адский шум! Когда-нибудь прекратится этот гвалт? Хоть бы минуту тишины!

(Смущенное молчание.)

Лева *(покашляв)*. Да-да, что-то мы тут напутали, мальчики и девочки.

ВСЕ *(в зал, как бы извиняясь)*:

ВЕЧНОСТЬ!

Дамы отходят в одну сторону, поэты в другую.

ДАГРЕН *(всхлипнув)*. Девочки, давайте дружить!

ЛЕВА. Ссориться глупо, ребята, нас мало, нас, может быть, четверо...

АНТОН. Во всяком случае, трое...

ЛЕВА *(аплодирует Антону)*. Какая самокритика! Браво, Антоша! Билл, Саня, какой у нас Антоша скромный! Я тоже очень скромный, но все-таки признанье потомков — штука приятная. *(Поднимается по лесенке.)* Тут один парень из XXI века в соседнем блоке рассказывал: стоит мне памятник в Москве возле Политехнического, *(Влезает в чашу весов, чаша немного опускается.)* огромный памятник на коне и в милицейской форме.

АНТОН. А мне ребята из XXII говорили *(Лезет по лестнице.)*, у интеллектуалов на устах один Биверлибрамс. *(Влезает в чашу, чаша опять немного опускается.) Курят сигареты "Биверлибрамс". Каково?

ШЕКСПИР *(лезет по лестнице).* А меня рисуют на фаянсовых тарелках! *(Влезает в чашу, чаша резко идет вниз.)*

ПУШКИН. А я памятник себе воздвиг нерукотворный! *(Лезет по лестнице.)*

ЛЕВА. Ну, почему же нерукотворный, Шурик? Возле кино "Россия" стоял ма-а-аленький памятник, вполне рукотворный. А из гипса тебя налепили — ужас!

ПУШКИН *(влезает в чашу, чаша резко идет вниз и опускается на пол).* И, кроме того, на спичечных коробках и на конфетах меня изображают. *(Поэты сидят молча, задумчиво глядя в пространство.)*

НИНА. Бывало, на танцы приду, монтажники в драку...

ДАГРЕН. А я один раз ехала на велосипеде, а из автобуса брюнет как посмотрит...

АННА КЕРН. У меня был большой успех среди синих кирасир...

СМУГЛАЯ ЛЕДИ. О себе я молчу.

Вбегает сияющий радостный поэт XXX века Бу.

БУ. Поэты-братья, поздравьте меня, я нашел к вам коммуникацию! Весь день сидел в туалете, искал и вот перехожу на примитивную связь! К сожалению, должен огорчить дам — я чижик! Я чижик, но я всех люблю! *(Кружится.)* Люблю! Целую! Я чижик! Я всех люблю и даже немного дам! *(Трепеща руками, словно крылышками, прыгает в свободную чашу весов, чаша опускается до самого пола, поэты поднимаются вверх.)* Ваш памятник, Лева, мы обнаружили в раскопках, правда, без головы и без хвоста, но опознали, опознали! Следы Энтони тоже нашлись — эта надпись губной помадой на полотенце, вы, конечно, помните! О Шуре я уж и не говорю — к нему не заросла народная тропа! Вот правда вас, Вильям Давыдович, уже никто не знает, но все равно я вас люблю, потому что я чижик! Чижик-пыжик, где ты был, на Фонтанке водку пил...

Звучат фанфары. На сцену выходят Плутон, Дионис, Эсхил, Эврипид, Ксанфий, Кербер, Эмпуса, Ламия, вползают стоглавая ехидна и тартесская мурена, появляются псы Кокита и тифрасские горгоны. Все в сборе.

ПЛУТОН

Прошу весы очистить. Начинаем
Мы диспут наш. Пускай весы покажут,

Кто в Грецию достоин возвратиться,
Неся в руках для граждан, как спасенье,
Поэзии громокипящий Кубок.

ХОР ЛЯГУШЕК

Вот начинается спор двух великих поэтов афинских,
Спор шлемоблещущих слов, оперенных султаном,
вскипает,
Стружкой завертится острое слово искусной работы.
Пора! Начинаем!
    В честь Диониса Нисейского
    Дружно мы песню поем,
    Смело поэзию мы
    От мрачных врагов защищаем.
    Дионис-Дионис,
    Наш кудрявый кипарис,
    Бог цветов и юных Муз,
    Наш таинственный арбуз.

ХОР ГРАФОМАНОВ

Хорошо тому живется, кто в коровнике живет,
Молочишко попивает,
Стенгазету выпускает. Песню звонкую поет
И с молочницей гребет.

ЭПИСОДИЙ ПЯТЫЙ

Та же площадь в Афинах. На ступенях храма сидят Клеофонт, Агафон и Пробул.

ПРОБУЛ

Сограждане, но что с Алкивиадом?
Его не видно. Массы смущены.
Тоскует сердце, селезенка стонет...
Куда тиран любимый запропал?

АГАФОН

Три дня уже прошло, как Лисистрату
Унес он в неизвестном направленье
Для продолженья спора о войне...

КЛЕОФОНТ
(украдкой хихикая).
Быть может, Лисистрата победила
Деспо́та нашего, народного любимца?
*(В толпе Графоманов осторожный смех,
Клеофонт встает.)*
Быть может, маршал страстью роковой
Так истощен, что к нам прийти не может?
*(Смех становится сильнее,
Клеофонт расправляет плечи.)*
Быть может, людоеда довела
До судорог лихая Лисистрата?
*(Толпа хохочет,
Клеофонт выпячивает грудь.)*
Быть может, чучело свирепое уже
До корки стерлось, с Лисистратой споря?
*(Дикий хохот толпы,
Клеофонт поднимает руки.)*
Народ Афин! Свободный мой народ!
Во имя демократии священной
Отпор мы дать должны его гоплитам,
И если не сдадутся — зарубить

На месте всякого, кто служит тирании!
(Гробовое молчание Графоманов. Клеофонт в панике оглядывается. Гремя доспехами, на сцену выходит Алкивиад под руку с Лисистратой.)

АЛКИВИАД
(подходит к Клеофонту, одной рукой хватает его за волосы, другой вытаскивает меч.)
ЧЬЯ голова?

КЛЕОФОНТ
(дрожа).
М-м-моя...

АЛКИВИАД
(поднимает меч).
Ну, если твоя...

КЛЕОФОНТ

Ваша, ваша голова, преданная вам ваша голова...

АЛКИВИАД
(размахивая мечом).
Ну, если моя...

КЛЕОФОНТ
(визжит).
Тела! Моего несчастного тела!

АЛКИВИАД

То-то!
(Отшвыривает Клеофонта, вкладывает меч в ножны.)
Ну, Лисистраточка, поведай господам
Чем кончился наш спор,
Пленительный и бурный.
И мне узнать не грех,
Поскольку ничего
Не понял из того,
Что ты три дня кричала.

ЛИСИСТРАТА
(смиренно выходит вперед).
О Женщина Афин, солдата возлюби,
Пропахшего огнем, зловонным диким потом!
Чем больший он бандит,
Тем лучший всадник он,
И в этом я, лошадка, убедилась.
(Восхищенный шум Графоманов, свист, крики, смех.)

АЛКИВИАД
(в толпу).
Всем мужикам такие диалоги
Перед походом стоит провести!
(Хохочет вместе с толпой Графоманов, хватает Лисистрату, танцует с ней вместе вызывающий хамский танец. Лягушки безмолвствуют.)

Входит Геракл, таща на одном плече обвисшее тело народного кумира Фриниха. Сваливает тело на ступени храма, брызгает в лицо Фриниху водой из фонтана, садится рядом. Фриних недвижим.

ГЕРАКЛ

Ну, Фриних дорогой, надеюсь, ты запомнил,
Как яблоки из сада Гесперид
Добыл твой друг, Антея по дороге
Прикончив, чтоб мамаша-Гера знала,
Как пакости мне делать. А потом
Бусирис-гад с сынком Амфидимантом
Меня же в жертву моему же папе
Хотели принести. Однако, дудки!
Геракл не лыком шит. Чего молчишь?
Двенадцать подвигов с тобой мы разобрали,
Описанных фольклором. Ух, мерзавцы!
Опишешь ты, мой Фриних, не двенадцать,
А сто двенадцать... Почему молчишь?
(Трясет Фриниха, потом заглядывает ему в лицо, печально присвистывает, отворачивается.)

АЛКИВИАД
(закончив танец, подходит к Гераклу).
Здорово, генерал! Я вижу, ты поэта
Мертвецки напоил?

ГЕРАКЛ

Увы, усоп поэт.

АЛКИВИАД

Как так усоп?

ГЕРАКЛ

И для меня загадка
Его кончина тихая. Весь вечер
Мы с ним беседу мирную вели
И творческие планы обсуждали.
Пришли сюда, и вот поэт усоп...
*(Смахивает слезу, может быть, притворную, а,
может быть, и искреннюю.)*

АЛКИВИАД
(хохочет)

Слушай, парень, ты мне нравишься, определенно нравишься! Усоп, говоришь? Ха-ха-ха! Я вижу, ты накопил большой опыт работы с этими очкариками-софистами. Лисистрата, слышишь? Усоп, говорит, и плачет! Я думаю, не ошибусь, если оставлю его командовать в Афинах во время похода. *(Кладет руку на плечо Геракла.)*

ЛИСИСТРАТА
(с поспешностью).

Да-да, мой друг, не ошибешься. Во всех отношениях это лучший выбор.

Мрачный Геракл небрежно стряхивает руку Алкивиада со своего плеча.

АЛКИВИАД
*(хватается за меч, смотрит на Геракла, который
не обращает на него никакого внимания, потом,*

гневно раздувая ноздри, поворачивается к Пробулу).
Поймали Аристофана, паразиты?

ПРОБУЛ
(трепеща).
Мой вождь, полторы тысячи искусствоведов рыщут по всей Аттике...

АЛКИВИАД
(рычит).
Мерзавцы, что же вы треплетесь о новой эре, когда сатирики еще шляются на свободе?!

ПРОБУЛ

Как сквозь землю провалился, проклятый...

АЛКИВИАД

Ну, так ищи его под землей!
(Ударом меча сражает Пробула.)
И ты отправляйся туда же!
(Убивает Агафона, заносит меч над Клеофонтом.)

КЛЕОФОНТ
(вдруг начинает игриво танцевать и петь).
А я приду сюда с кифарой,
И начну на ней играть,
И вы поймете, что не надо
Мою голову срубать...

АЛКИВИАД

Ха! Ловкач! Ладно, живи, ты еще пригодишься.
(Вкладывает меч в ножны, встает в позу.)
Народ, мой сын! Землица, дочь родная!
Сразили вы предателей двоих.
За новыми у нас не заржавеет!
Очистим мы священные края
От внутренних врагов
И повернем на внешних!
(Рев толпы.)

Пошли, Лисистрата! *(Клеофонту.)* И ты за мной! *(Спускается по ступеням, проходя мимо Геракла, кладет ему руку на плечо, заигрывает. Геракл равнодушно бьет его ногой под зад.)* Ох, папаша, какой ты невыдержанный, а еще олимпиец! *(Шопотом.)* Я ведь знаю, что ты действительно Геракл, но им это знать совсем не обязательно.

Алкивиад, Лисистрата и Клеофонт уходят.

ХОР ГРАФОМАНОВ

Воцарилось положенье, право слово, недурно!
Весело поет корова, видно, чует мясника.
   Ласточка сидит на крыше,
   Коршуна, должно быть, ждет.
   Графоман сидит в столовой,
   Щас компоту принесут.

ХОР ЛЯГУШЕК
(очень тихо, еле слышно сквозь воинственные крики).
   Среди громов, среди огней,
   Среди бушующих страстей,
   В кипучем пламенном раздоре
   Она с небес нисходит к нам,
   Небесная к земным сынам
   С лазурной ясностью во взоре,
   И на бушующее море
   Льет примирительный елей...
   Поэзия...

ГЕРАКЛ
(смотрит на грустно танцующих Лягушек).
   А, посвященные! Комедия зашла
   Уж слишком далеко, концов не сыщешь...
   Аристофан исчез и Фриних милый мертв,
   И в городе бардак, какого свет не видел.
   Пойду-ка я в Аид. Быть может, там, в Аиде,
   Биографа себе по нраву отыщу.
   И Франиха возьму, несчастного цыпленка,
   Который вдруг усоп, не знаю почему...
(Взваливает на плечи Фриниха, медленно, по-стариковски бредет прочь со сцены.)

АГОН

Подземное царство Аид. Соревнование поэтов в разгаре. Эсхил и Эврипид стоят в чашах весов. На вершине лестницы судья Дионис. Под лестницей возле пускового устройства расположился секундант Ксанфий. В глубине сцены Плутон, сидящий на троне, вокруг трона живописно расположившиеся чудища. Между троном и весами кресла, в которых сидят Шекспир, Пушкин, Лева Малахитов, Антон Биверлибрамс, Смуглая Леди, Анна Керн, Нина и Дагрен. Между креслами, трепеща руками, как крылышками, бегает чрезвычайно говорливый Бу.

Ода

ХОР ЛЯГУШЕК

Вот и мы горим желаньем
Мудрецов услышать речи,
Закипит жестокий бой!
Вот один прекрасно скажет
Остроумнейшую речь,
Засвистят тогда сравненья
Словно камни из пращи,
А другой, с корнями вырвав,
Как деревья, изреченья
На противника обрушит,
Фигурально говоря.

КОРИФЕЙ ЛЯГУШЕК

Так начинайте драться фигурально,
Не превращая диспут в мордобой,
А помня о достоинстве поэта.
И кто б ни победил...

Эпиррема

ЛЕВА

Победит дружба!

ДИОНИС
(растерянно).
Кто это сочинил? Кому такая мудрость
Могла на ум прийти?

ПЛУТОН

               Не обращай вниманья
На шалости поэтов-модернистов,
Воспитанных на праздных фестивалях,
Привыкших реплики из зала подавать
И шутками дурацкими морочить
Серьезным людям головы...

ЛЕВА
(возмущенно).
                      Папаша!
Прошу со мною говорить серьезно,
Ведь конный памятник не вам стоит, а мне
В Москве у знаменитого музея.

ДИОНИС

Свидетель Зевс, дурачества такие
Не остановят нас в святом стремленье
Узнать поэтов вес.
           (Эврипиду.)
Начни, мой друг, тотчас.

ЭВРИПИД

Я о себе скажу, как о поэте, после,
теперь обманщика Эсхила обличу,
Который дюжиной ужасных слов ходульных,
Гривастых и нахмуренных, страшилищ невозможных
Дурачит публику.

ЭСХИЛ

          О горе мне!

ДИОНИС

Молчи же!

ЭВРИПИД

Актеров ставит в ряд: речь так высокопарна,
Ни жизни, ни игры... О, как мне тошно было!
И лишь искусство от него я принял, как сейчас же
Ему, распухшему от слов высокопарных, тяжких,
Убавил жиру, посадив на строгую диэту
Из легких слов, прогулочек, улыбок, сожалений.
И после первых слов уже все действовали в драме,
И говорили у меня и женщина, и дева,
И господин, и раб, и нищий, и старуха...

ЭСХИЛ

                    Да за дерзость
Такую смерти стоишь ты!

ЭВРИПИД

                    Клянуся Аполлоном,
Я поступал, как демократ, и жизнь давал искусству,
Учил отвесом измерять стихи и угломером,
Обдумать, видеть, понимать, обманывать, влюбляться,
Подозревать повсюду зло и размышлять.

ДИОНИС

Согласен.

Чаша весов с Эврипидом опускается вниз. Зрители аплодируют.
Эсхил садится в своей чаше, обхватив голову руками.
Эврипид элегантно раскланивается.

ЛЕВА

Видали? Как дал? Эсхил уже в гроги...

ЭСХИЛ
(поднимается).
Раздражен я такой переменой судьбы, да и сердце мое
негодует...
Пусть ответит, презренный, чем следует нам восхищаться в
великом поэте?

Эврипид, продолжая кланяться, делает вид, что не слышит вопроса.

ЭСХИЛ
(повышая голос).
Наставленьями! Речью правдивой его! Воспитанием истинных
граждан!

ПУШКИН

Я читал это в важных трактатах...

ЭСХИЛ

Посмотрите теперь, а людей-то каких я оставил искусству
в наследство!
Благородных, и сажень косая в плечах, не боящихся службы
народу,
Не базарных зевак, не лукавых шутов, как сейчас, не обманщиков подлых,
Но дышавших копьем и копья острием и султанами шлемов
победных!

ЭВРИПИД
(играя на публику).
Надвигается страшное зло и, боюсь, он убьет меня шлемами
вскоре.

ЭСХИЛ
(громоподобно).
Зевс свидетель, что я представлять не хотел Сфенебей, да и
Федр-потаскушек,
И не скажет никто, чтобы где-нибудь я образ женщины
создал влюбленной.

ЭВРИПИД

Зевс свидетель, ведь ты Афродиты не знал совершенно.
(Поэты хохочут.)

ЭСХИЛ
(гневно).
                                         И знать не желаю!
Но зато на тебя и на близких твоих Афродита не раз нападала,
Сокрушила она и тебя самого.

ДИОНИС

                        Видит Зевс, это чистая правда!
(Чаша весов с Эврипидом опускается вниз еще на одно деленье. Аплодисменты, смех, крики "браво, Эврипид!", "все мы люди!")

ЭСХИЛ
(трясясь от гнева, показывает на Ксанфия).
Подлый раб, он шельмует и гири кладет фавориту любви и
                                                           распутства!

КСАНФИЙ

Провидение гири кладет, а не я...

ДИОНИС
(спокойно).
Продолжайте свой спор, драматурги!

ЭВРИПИД

Чем, скажи, нечестивый, могли повредить государству
                                                        мои потаскушки?
Ведь не я же о Федре преданье сложил, оно ранее создано было.

ЭСХИЛ

Видит Зевс, это верно, но надо скрывать все позорные вещи
                                                                 поэтам,
И на сцену не следует их выводить; уделять им вниманья не надо.

Как учитель детей наставляет на ум, так людей, уже взрослых —
поэты.
Лишь полезное должен поэт прославлять!

ЛЕВА
(радостно).
Как сказал Николай Николаич!

ЭВРИПИД
Быть должно человеческим слово твое!

ЭСХИЛ

Неизбежно ведь это, несчастный,
Чтоб для мыслей великих и доблестных дел создавались высокие
речи.
Из поэтов полезны бывали всегда благородные сердцем поэты!

ШЕКСПИР

Крепко сказано! Браво, Эсхил!

ЛЕВА

Ловкий финт!

ДИОНИС

Ксанфий, что ты застыл, как мышонок?

КСАНФИЙ

Весы сломались!

ЭСХИЛ

Подлый раб шельмует!

ДИОНИС
(Ксанфию).
Спокойней надо быть, Аристофан.

КСАНФИЙ

(оцепенев).

О Аполлон Делосский и Дельфийский!
Я пойман, кажется...

ДИОНИС

Поэт Аристофан,
Эсхил, перед тобой. Отнюдь не раб ничтожный.

КСАНФИЙ-АРИСТОФАН

Ты знал всегда?

ДИОНИС

А ты как думал? Ясно
Я видел, кто несет тюки. Забавно было
Твои мне ухищренья наблюдать,
Желание проникнуть к сердцу драмы.

ЛЕВА

(вскакивает).

Так вы сатирик Аристофан? Мы вас еще в
Литинституте проходили...

БИВЕРЛИБРАМС

Опять обошел на полкорпуса!

ЛЕВА

Ну как там у вас с сатирой в Афинах? Сильно давят?

АРИСТОФАН

Нет, не очень.

Плутон бьет в гонг.

ПЛУТОН

Пока бойцы-поэты отдыхают,
Мои соратники вас пляской развлекут.
Никто не сможет в скуке упрекнуть
Общественность подземного Аида!

Чудовища подземного царства образуют круг, притоптывая и прихлопывая, поют:

Мы чудовища Плутона,
Каждый весом по полтонны,
Слуги вечной тьмы!
Приходи, отцеубийца!
Демагог и кровопийца,
Будем рады мы!
Ух-ха, ух-ха, ух-ха-ха!

В центре круга появляется прелестная полуобнаженная танцовщица.

АРИСТОФАН
(восхищенно).
Нет, с Лесбосом не зналась эта Муза!

ТАНЦОВЩИЦА
(задорно).
А ты, пузач, с Венерою знаком?

АРИСТОФАН
(пускаясь в пляс, поэтам).
Эй, молодцы, сюда! Присоединяйтесь!

ЛЕВА

Веселый парень наш Аристофан!

БИВЕРЛИБРАМС
(печально — Дагрен).
Как этот танец мне напоминает
Загулы в "Электрическом саду".
Ты помнишь, Дагрен? Рынок "Ковент-Гарден",
Бочонки и брюссельская капуста...

Констеблей спины и прилипших к окнам
Биндюжников, и гневный рев биг-бит,
И наши парни в драных треуголках,
И наши девки, юбки волоча,
Туда сходились... Помнишь, Дагрен, помнишь?

ДАГРЕН
(жалобно).
А ты тогда скрывал, что мы женаты,
И вечно двухметровая испанка
За мною шлялась...

БИВЕРЛИБРАМС

Я тебя любил...

ПУШКИН
(Анне Керн).
Ты помнишь, друг, — октябрь уж наступает
В Михайловском. Уж роща отряхает
Последние листы с нагих своих ветвей,
Дохнул осенний хлад, дорога промерзает
И в синей тишине...

АННА

Я помню, милый, все.
Журча еще бежит за мельницу ручей,
Но пруд уже застыл...

ДИОНИС
(обнимая Бу).
Спор в тупике, мой чижик.
Сомненья тяжкие мне душу бередят,
Хоть ты бы подсказал...

БУ

Но я не понимаю.
На вашем уровне я просто примитив.
Вот если бы общнуться по каналам
Далекой связи...

ДИОНИС

Что ж, изобразим.
У нас, богов, давно уж в обиходе
Общенье дальнее.

Расходятся в противоположные углы сцены и начинают трепетать в течение всех последующих монологов до удара гонга.

ШЕКСПИР
(Смуглой Леди).
        Вы помните, мой друг?
Камин трещит. Мальвазией упившись,
Кристофер с Фрэнсисом над ''Гамлетом'' потеют,
Вы у огня, а я у ваших ног
Пишу сонеты до утра...

СМУГЛАЯ ЛЕДИ

            Я помню.
Вы мне писали так, сердечнейший милорд:
''Я лгу тебе, ты лжешь невольно мне,
И кажется довольны мы вполне...''
Мне было горько...

ШЕКСПИР

        Я тебя любил!

ЛЕВА
(Нине).
Нинок, ты помнишь? Шквал аплодисментов
На Маяковской станции, а я
На эскалаторе, как ангел, поднимаюсь

НИНА

С пробитым техталоном.

ЛЕВА

Ну, Нинок!
А после в ресторанчик театральный
Заходим вместе. Там сидят друзья.
Вот столик, Толик, Вася наколбасил...
Друзья, хотите, я стихи прочту?

НИНА

Пол-литра ставь, дружочки отвечают.

ЛЕВА

Несправедлива ты, моя любовь!

Внезапно прекращается танец чудовищ. Чудовища с диким воем бросаются к трону Плутона.

КЕРБЕР

Папаша, чую — близится тревога!
Все шесть ноздрей, как ласточки, трепещут!
Какой-то тип сейчас Харона стукнул,
Стикс пересек и вроде прет сюда!

ПЛУТОН

На перехват немедля, ребятишки,
Вы отправляйтесь. Ну, а мы продолжим
Соревнованье яростных поэтов,
Спокойствие и разум соблюдя.
   (Бьют в гонг.)

ДИОНИС

Продолжим дальше спор, а секундант
Пусть от весов подальше лучше будет.
Должны решить вы — кто такой поэт,
И путь какой поэт обязан выбрать.

ЭВРИПИД

Поэт — избранник. На челе его
Венец, невидимый коровам и лакеям.
Он путь единственный — к вершинам мастерства!
Без страха и сомненья выбирает.

Чаша Эврипида опускается вниз. С этого времени весы начинают вести себя крайне странно, колеблясь поочередно то в сторону Эсхила, то Эврипида в ответ на каждую их реплику.

ЭСХИЛ

Поэт — слуга народа своего,
Слуга и вождь, на лбу его высоком
Горит венец. И видеть все должны
Лучи ведущего...

ПУШКИН

А ну как если он...?

ЛЕВА

А если он — обычный член Союза,
Литфонда член...

АНТОН

Пен-клуба и гольф-клуба?
Иль просто посетитель кабачка?

ШЕКСПИР
(задумчиво).

Пока...

ЛЕВА
(пылко, как юноша).

Пока не требует поэта к священной жертве Аполлон! *(Смущенно.)* Ой, Шурик, извини — тебя ненароком процитировал.

ШЕКСПИР

Всей жизнию своей найти ответ старался...

ПУШКИН

И я, мой друг, лишь этим занимался.

ЭВРИПИД

Поэзия для черни не нужна.
Служа ее неприхотливым вкусам,
Покроется коростою поэт
И станет жалким лишь приспособленцем.

ЭСХИЛ

Дичает без поэзии народ,
Становится ленивым и жестоким.
А патриотов истинных тогда
И днем с огнем и ночью не отыщешь.

ЭВРИПИД

Народ дичает, коль над головой
Пустая мгла, но дышит он иначе,
Когда над городом торжественно висит
Литературы золотое тело.
Есть тело государства, есть народ,
Поэзия и мысль — другое тело,
Но если есть оно, то будет жар с небес,
А если нет — другой возникнет климат.

ЭСХИЛ

Ты благолепье выстроил на тьме
И ювелирное изделие подвесил
Над холодом и мраком, над бедой,
Над низким людом. Отказал в мечте,
Животные оставил лишь инстинкты
Своим согражданам, позволив изредка

Взирать на тело дивное Жар-птицы.
Поэзия, спустись, живи внизу!
И слезы общие, и радость, и победы —
Рассей туман и зажигай костры
Свободы, разума, мечты и благородства!

ЭВРИПИД

Мой друг Эсхил, меня не понял ты...

ЭСХИЛ

Свидетель Зевс, меня назвал он другом!
(Пораженные поэты смотрят друг на друга, весы качаются.)

ДИОНИС

Певец или пророк?
Вот как стоит дилемма...

*Все молчат.
Входит Геракл с трупом Фриниха на плече. За собой тащит на веревке свору связанных, жалобно воющих чудищ Аида. Вслед за Гераклом тихонько входят и скромно садятся в углу убиенные Алкивиадом Пробул и Агафон.
Геракл сбрасывает труп Фриниха на пол. Фринкх садится и причесывается.*

ГЕРАКЛ

Привет, Плутон! Ну, задал ты задачу!
Связать твою скотину нелегко
Мне было, несмотря
На предыдущий опыт.

ПЛУТОН
(гневно).
Опять, Геракл, творишь самоуправство?
Опять домашний скот ты обижаешь?
Немедля развяжи моих животных!

ГЕРАКЛ

Пожалуйста! Нужны они мне очень!

А ты скажи, чтоб мне вина и мяса
Сюда подали. Брысь!
(Развязывает чудовищ, которые тут же окружают Агафона и Пробула.)
А, Дионис!
Ну, как, браток, житуха протекает?
Беда большая, братец, у меня —
Биографа прикончил ненароком,
Остался без биографа...
(Смахивает слезу.)
Сюда
Принес его, несчастного глупышку...

АРИСТОФАН

Ты ль это, Фриних?

ФРИНИХ

А, Аристофан!
Тебя твои товарищи искали
С таким усердьем...
(Показывает на Пробула и Агафона.)

ПРОБУЛ

(Аристофану).
Скучно без тебя
В Афинах было.

КЕРБЕР

(Плутону, умоляюще).
Разрешите, папа?!

ПЛУТОН

Валяйте, детки!

Чудовища набрасываются на Пробула и Агафона, через секунду, урча, расходятся. Вместо Пробула и Агафона на этом месте сидят два совершенно обглоданных скелета.
Гераклу приносят еду и вино.

ДИОНИС

Расскажи, Геракл,
Что в нашем городе священном происходит?

ГЕРАКЛ
(чавкая).

Веселые делишки, видит Зевс!
Алкивиад вернулся из похода.
С похмелья он три дня не просыхает,
Чудит полковник — головы летят
Как кочаны капустные...

ДИОНИС, АРИСТОФАН, ЭСХИЛ и ЭВРИПИД

О горе!

ДИОНИС

Погибнет город наш под властью мясника!
Ну, Эврипид, что скажешь ты на это?
Того возьму с собою, кто мне даст
Совет полезней для спасенья града.

ЭВРИПИД
(мрачно).

Пусть город спрячет всех своих певцов,
Ваятелей, актеров, музыкантов —
В пещерах дальних... Пусть их
                               сбережет
Для дней иных...

ДИОНИС
(Эсхилу).
А ты, поэт гражданский?

ЭСХИЛ

Придти туда открыто, направлять
На верный путь губительное царство,

Поэзию и разум насаждать,
Без коих невозможно государство.

Молчание

ДИОНИС

Один мудрец, другой — моя отрада.
Кого мне взять с собою? Аполлон!

ЭВРИПИД

Богов припомни, ими клялся ты
Меня на землю взять, возьми же друга!

ДИОНИС

Язык клялся́, но выбран мной Эсхил.

ЭВРИПИД
(глухо).
Итак, ты что ж, меня оставишь мертвым?

ДИОНИС

Как знать, а вдруг и жизнь и смерть — одно.
Дыхание — закуска, сон — подстилка.
   (Эсхилу и Аристофану.)
Готовьтесь в путь!

ГЕРАКЛ

             Але, Аристофан,
Давно хотел поговорить сурьезно
С тобой, сатирик. В принципе, я добрый.
Хотя меня ты связываешь с кашей,
С ногой бараньей, а не с громом медным,
Хочу предупредить: ходить не стоит
Тебе в Афины. Можешь потерять
Ту штуку, что крамолою набита
И на плечах болтается.

АРИСТОФАН

Я знаю.
И все ж пойду. Сатира так нужна
Твердыням государства, как зубам
Нужна зубная щетка, без которой
Смердить начнут клыки и коренные.

ШЕКСПИР

Иным зубам потребно только мясо
Невинных жертв. Товарищи поэты,
От всех, кто здесь, хочу я вам сказать,
Пред вашею отвагой преклоняясь,
Что вы должны отчет себе отдать,
На что идете...

ЭСХИЛ

Друг Вильям, я знаю:
Идем мы не на пир, скорей на битву.
Но ради тех, кто по ночам не спит
И смотрит в небо, мучась от тревоги,
Готовы мы на все.

ДИОНИС

Друзья, в дорогу!

Дионис, Эсхил и Аристофан обнимаются с провожающими и уходят.

Антода

ХОР ГРАФОМАНОВ

Что ж, на дереве хорошем и повеситься не жаль!
Любо-дорого, ребята, повисеть вам на суку!
Как красиво в роще пышной
В крепкой петле повисеть,
Привлекая восхищенье
Очаровательных ворон!

Ай-ги-ги-ги-ги-ги-ги,
Вот какие пироги!
Ай-ля-ля-ля-ля-ля-ля-ля,
Вот какие фортеля!

Антиэпиррема

ЛЕВА

Ушел Эсхил, а мы остались здесь...
(Решительно поворачивается к Плутону.)
Папаша Плутон, пойми меня правильно. Отпустил бы немного пожить, а? Отпустил бы ты нас всех ненадолго в нашу эпоху. Вот рванули бы вечерок в Политехническом: Шурик, Виля, Антоша, Бу, я, наконец... И свободная стихия там шумит, и синий снег, и черные деревья...

АНТОН

А какое пиво на Портобелло-роуд...

ПЛУТОН
(печально).

Я думал, вы достаточно умны,
Чтобы понять простейшую из истин:
Вы вечно живы там, во времени своем,
Вы любите, деретесь и поете
И память оставляете, а здесь
Вы только потому, что мне печально
Пред вечностью дежурить одному,
Без милых братьев. Что ж, друзья вернутся.
Они придут, но, может быть, в другом
Обличьи завернут на огонек приветный.
Мы будем рады. Одного страшусь:
На Стиксе буря может разыграться
И волны путников вдруг занесут тогда
В эпоху рокового беспоэтья,
Откуда нет возврата в наш союз
Сердец свободных и высоких мыслей.
Однако будем мы смелы и веселы.
Возьмите факелы!

(Поэты берут факелы.)
                    Пускай они горят
Надеждой на успех стремлений безнадежных!
(Поэты поднимают горящие факелы.)
Идем к столу, откроем славный пир!
Подать вина!

ГЕРАКЛ
Ого! Вот это дело!

ПЛУТОН

Ты будешь пить, Геракл, мы будем ждать,
Ждать двух друзей, держа в руках бокалы.
С надеждой ждать. Мы можем подождать,
Ведь век для нас подобен вспышке малой.

Внезапный порыв ветра гасит факелы. Слышится мрачный угрожающий рев.

КЕРБЕР

Папаша, Стикс надулся, как нарыв!
Вот-вот начнется шторм в двенадцать баллов!

Гаснут факелы, гаснет весь свет. Нарастающий зловещий свист ветра, рев волн, стенания чудовищ, крики ужаса, боли, отчаяния...

ЭКСОД

...крики ужаса, боли, отчаяния, умоляющая захлебывающаяся скороговорка, тоскливые стоны... В кромешной мгле иногда мелькают неясные очертания чего-то страшного и бездушного, проплывают редкие огни, наконец высвечиваются мечущиеся бледные лица Диониса, Эсхила и Аристофана.

ДИОНИС

Должна здесь быть тропинка... Где она?

ЭСХИЛ

В лицо дохнула гадина ночная...

АРИСТОФАН

Я помню рощу... где она? Друзья!
Меня несет куда-то по спирали!

ДИОНИС

Держитесь за руки! Смелей! Не прячь глаза!

ЭСХИЛ

Поток античастиц проходит рядом...

Дикий скрежет, сменяющийся ужасающей металлической музыкой. Где-то наверху высвечивается площадка, на которой в безучастных, никак не связанных между собою позах стоят три фигуры в странных чешуйчатых одеяниях и рогатых головных уборах. Фигуры неподвижны и немы. Лишь очень пытливый взгляд может определить в них какое-то сходство с Алкивиадом, Клеофонтом и Лисистратой.

ДИОНИС

Случилось страшное. Мы, кажется, попали
В эпоху беспоэтья...

АРИСТОФАН

Что нас ждет?

ДИОНИС

Боюсь сказать. Быть может, мрак и тлен,
И полное забвенье...

ЭСХИЛ

Погоди!
Такого нет, не может быть в природе!
Я крикну им... Эге-ге-ге-ге! Эсхил
Пришел к вам из подземного Аида!
(Фигуры неподвижны и немы.)
Король шутов пришел Аристофан!
Он может вас расшевелить до колик!
(Фигуры неподвижны и немы.)
И с ними олимпиец Дионис,
Веселый бог любви и шумных празднеств!

Фигуры неподвижны и немы. Путники растерянно оглядываются. Вдруг слышится резкий бандитский свист, и из темноты выступает Хор Графоманов.

ХОР ГРАФОМАНОВ

Ай-ги-ги-ги-ги-ги-ги!
Вот какие пироги!
Ай-ля-ля-ля-ля-ля-ля!
Вот какие фортеля!
Ай, жужижужижужи!
Посмотрите на ножи!
Эй, байроны, блоки, кафки,
Поглядите на удавки!

В руках Графоманов появляются трепещущие голубые ножи и извивающиеся веревки. Хор медленно надвигается на Диониса и его спутников.

В жизни много романтизьму,
Это кажный подтвердить.

Также кажный видит клизьму,
Ту, которая жужжить.
Ай, жужи жужи жужи!
Посмотрите на ножи!

Все ближе приближаются Графоманы с занесенными ножами
Путники обнимаются.

ХОР ГРАФОМАНОВ

Графоман фильтрует воду,
Получается моча.
Любит графоман природу,
Даже кажного грача,
Ай, гиги гиги гиги!
Вот какие пироги!

ЭСХИЛ

Сразимся, братцы?

ДИОНИС

Что ты! Их не счесть!

АРИСТОФАН

Они на нас идут железной массой.

ЭСХИЛ

Тогда прощайте! Больше нам не сесть
За стол друзей...

Внезапно на сцене появляется танцующий хоровод Лягушек. В последний момент под занесенными ножами они окружают путников.

ХОР ЛЯГУШЕК

Коакс, коакс, коакс!
В честь Диониса Нисейского

> Дружно мы песню поем
> Смело поэзию мы
> От мрачных врагов защищаем!
> Дионис-Дионис,
> Наш веселый кипарис!
> Бог цветов и легких муз!
> Наш таинственный арбуз!

Лягушки увлекают поэтов и Диониса и постепенно удаляется, превращаясь в смутное виденье, жестокий и абсурдный Мир Беспоэтья с тремя неподвижными фигурами и застывшим хором Графоманов. Вновь на сцене темнота, но это уже не та зловещая мгла, а теплая ночь шекспировских комедий с блуждающими мягкими пучками света, со смехом, веселыми возгласами, таинственной любовной беготней. В этой темноте слышится звон гитар, голоса:

> Как соловей о розе
> Поет в ночном саду,
> Я говорил вам в прозе,
> На песню перейду.
> . . . .
> Не спи, не спи, художник,
> Не предавайся сну,
> Ты вечности заложник
> У времени в плену.
> . . . .
> Вам песня посвящается,
> И вы скорей ответьте,
> Ведь песнею кончается
> Все лучшее на свете.
> . . . .

И вновь уже мощно

ХОР ЛЯГУШЕК

> Среди громов, среди огней,
> Среди бушующих страстей
> В кипучем пламенном раздоре
> Она с небес нисходит к нам...
>   и т. д.

Вспыхивает яркий свет на всей сцене.
Вокруг стола в напряженных ожидающих позах стоят Плутон, поэты, их подруги. В руках у них кубки с вином. Один лишь Геракл давно уже выпивает и закусывает. Ему прислуживает Фриних. Вокруг уютно расположились чудища Аида. Появляются, покачиваясь, явно навеселе, два поэта в артистических блузах. Лишь пытливый взгляд может уловить в них какое-то сходство с Эсхилом и Аристофаном.

1 ПОЭТ

О, как вас здесь много!

2 ПОЭТ

И все свои!

ПЛУТОН

Откуда вы, из времени какого?

1 ПОЭТ
(смеясь).
Не знал я, в звездах проносясь,
Не знал я, стоя на горе,
Какое, милые, у нас
Тысячелетье на дворе.

2 ПОЭТ
(смеясь).
Кто тропку к двери проторил
В саду, засыпанном крупой,
Пока я с Байроном кутил,
Пока я пил с Эдгром По?

ЛЕВА

Да это наши поэты! К столу, к столу, ребятишки! Поэты подходят к столу, поднимают бокалы.

ПУШКИН

Поднимем бокалы, содвинем их разом!
Да здравствуют музы, да здравствует разум!

Окруженный ликующими танцующими Лягушками на сцену вступает Дионис.

КОНЕЦ

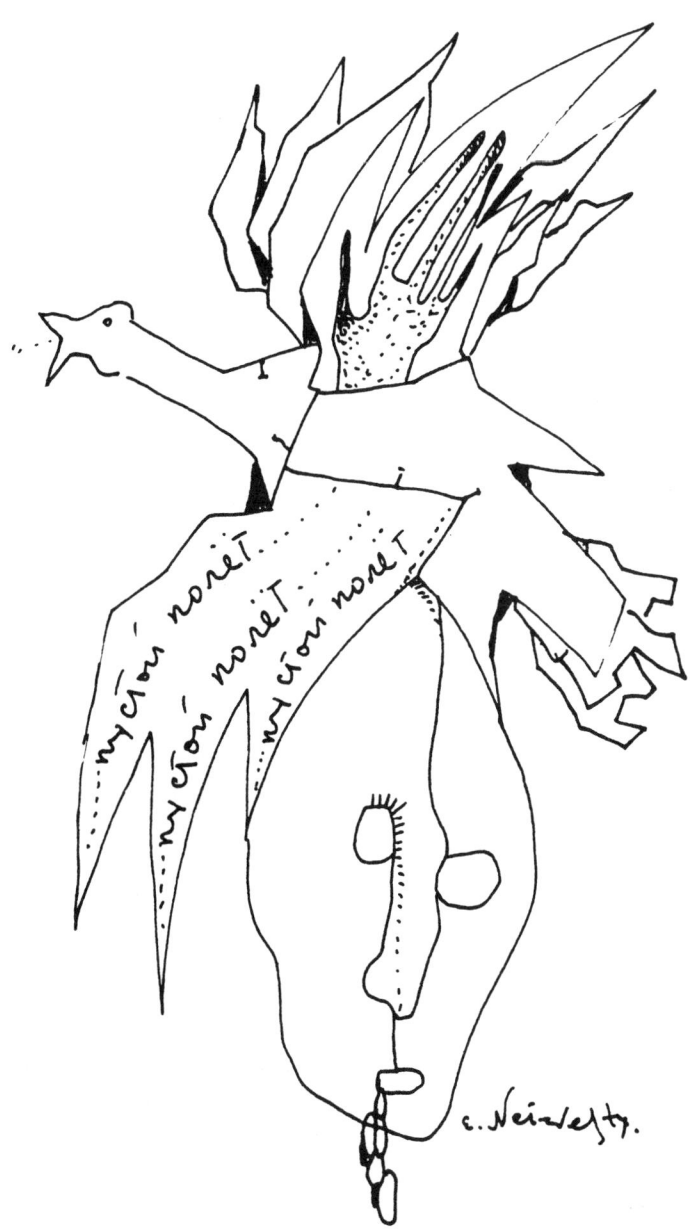

ЦАПЛЯ

КОМЕДИЯ С АНТРАКТАМИ И РИФМОВАННОЙ ПРОЗОЙ

1979, январь-апрель

Посвящается друзьям,

участникам альманаха МЕТРОПОЛЬ

1

НЕ ЖДАЛИ

Средь мирозданья, как инсект, полз "жигулек" в шоссейном гаме. В нем ехал молодой субъект, международник Моногамов, сорокалетний мотылек, юнец с большим партийным стажем. В свой край родной на месяцок он завернул. Обескуражен он был избытком простоты и недостатками асфальта и тем, что городок Хвосты так не похож на остров Мальта.

Он ехал из Москвы в Литву, смиряя резвость "жигуленка", вздыхал на пыльную листву и вспоминал жену с ребенком.

С воспоминаньями в разлад рычала Минская дорога, бесшумный чиркал звездопад, и в унисон росла тревога.

Иван Владленыч был непрост, хотя в анкете безупречен. Скромнейший ум и средний рост, благопристойность тихой речи вне подозрений, ясен он, но вот беда, судите сами, он был с рожденья наделен необычайными глазами незаурядной синевы и нестандартного размера.

На глыбах сталинской Москвы в семье большого офицера росло глазастое дитя. Питомец будущий ВИЯКа среди чугунного литья вдруг видел влажной сути знаки и задавал себе вопрос: случайна ль жизнь средь химий диких?

Меж тем он полностью возрос, освоил множество языков, женился, родину любя, служа стране, ребенка сделал, возрос, как стебель от стебля, и вскоре отбыл за пределы одной шестой туда, туда, к пяти другим шестым, туманным, где есть другие города, но нет Москвы и Магадана.

Как водится, родных берез он не забыл в фальшивом блеске и все, что следует, пронес на службе у мадам ЮНЕСКО.

Однако вес родных погон с годами забывают плечи. Сегодня джунгли видит он, а завтра созерцает глетчер. У Сакса с Пятой Авеню он покупает чемоданы, у Чао-Дзы берет меню, у Сен-Лорана кардиганы... Года проходят, Ы и ЩА все реже посещают разум, у нашего товарища слабеет классовый созназм. И вот теперь на "жигулях" корячась по ночной Сморгони, он удивляется впотьмах отличием от калифорний.

Как много выиграл "фиат", переменив свое названье! Вот в самом деле — что за фарт! Ведь множественное окончанье у "жигулей" куда сильней пистонов пожилого фата, и общность наших жигулей бьет себялюбие фиата.
Какой же русский, спросим мы, не любит жигулей с похмелья? Какие жигули из тьмы в разгаре классовых веселий, от Пугачева от Емели, какие жигули летели над нашей тихой стороной!
Вздохнешь невольно над строкой...
Всем жиголо, блядям Европы, не по зубам простая суть — у нас своя большая опыт, нам жигули проложат путь в эпоху новых скоростей, но не хватает запчастей.

Меж тем, в пансионате "Швейник" на берегу остзейских вод его не ждут ни кот, ни веник, жена и та его не ждет.
Мятежный край чухны и жмуди отнюдь-отнюдь его не ждет, не ждут ответственные люди, да и простой народ не ждет.
Быть может, будет бал в курзале, когда к толпе, вошедшей в раж, с картины Репина "Не ждали" сойдет заезжий персонаж.
Среди лесов, его не ждущих, не ждет его ни волк, ни крот; не ждет ни пьющий, ни жующий; быть может, только Цапля ждет... Ведь сотни лет ждала здесь принца болотная сия жар-птица.

ДЕЙСТВУЮЩИЕ ЛИЦА

ИВАН МОНОГАМОВ, международник,

слегка уже описанный выше сорокалетний юнец. Несет в своем облике и поведении признаки долгого пребывания за границей и некоторые особенности личной психоструктуры. Огромные, размером с солнечные очки, ярко-синие глаза. Личность, словом, несколько странная, выказывающая временами полную принадлежность к своему сословию, временами ужасный с ним разлад.

СТЕПАНИДА, его жена,

является крупным женским общественником, хотя и не показана в этой своей деятельности по причине пребывания на курорте.
В первом акте это вневозрастная худощавая с твердым легким шагом кобыленка. Некоторые признаки задорца по принципу "не-спи-вставай-кудрявая". В дальнейшем распухает прямо на глазах у зрителей: груди, ягодицы и живот превращаются в объемистые шары, и вместе с этим в облике обнаруживаются черты мрачного величия.

БОБ, их сын, прыгун в высоту,

подобно всем его товарищам по профессии, дитя очень нервное и сосредоточенное на одной идее — прыгнуть выше. Замкнут, общается с окружающими только по делу, постоянно пружинит ноги, что-то подсчитывает, "ловит темп", иногда делает махи то левой, то правой.
В пансионате "Швейник" проводит короткий перерыв между ответственными стартами.

ФИЛИП ГРИГОРЬЕВИЧ КАМПАНЕЕЦ,

директор пансионата "Швейник". Полнокровный жизнерадостный мужчина за шестьдесят, сторонник реалистического подхода к дествительности. За плечами, фигурально говоря, "Орел и Каховка", но это не означает, что сейчас якоря уже брошены в тихой пристани. Постоянно на телефоне. Постоянная связь с важными промышленными центрами страны. Можно было бы дать Ф.Г.К. звание "короля бытовой химии", если бы это не звучало слишком иронически.
В осанке персонажа и впрямь есть что-то королевское, только иногда глазки начинают блудливо бегать, да рот изредка открывается и видно, как внутри полости язык производит мощную очистительную работу.

ЛАЙМА, РОЗА, КЛАВДИЯ,

дочери Компанейца от разных браков. Всем трем по тридцать лет с разницей в несколько дней.

Пристроены папашей на различные должности в пансионате (Лайма — кастелянша, Роза — культработник, Клавдия — диетсестра, плюс каждой еще полставки по пищеблоку), но главное для сестер — поиски оправдания своего существования.

Огромная неудовлетворенность, тяга к чему-то светлому, чистому сближает их, может быть, больше, чем сомнительное родство.

Лайма, крупная блондинка, склонная к рассудительности, пытается внести нечто рациональное в нравственные поиски.

Роза, напротив, стройная брюнеточка с вечной сигаретой в углу рта, агрессивно мечтательна, вызывающе аристократична духом.

Клавдия, несколько опустившееся растрепанное существо неопределенной масти с дерзкими манерами, что называется "сама непосредственность".

Общее для сестер — состояние сильной недодоенности.

ЛЕША-СТОРОЖ,

подозрительная фигура лет под сорок. Все в нем вызывает недоверие: фирменные джинсы на подтяжках, длинные волосы, борода, монокль. Еще более подозрительны простонародная речь и русофильские мотивы. Самое сомнительное — сушка грибов, чем он занимается постоянно, увлеченно и деловито.

ЛЕША-ШВЕЙНИК,

кристально чистый трудящийся с путевкой. Единственный отдыхающий на законных основаниях. Улыбчивый, очень удовлетворенный своими правами и обязанностями. Подчеркнуто отстранен от нервного сюжета. В общем, еще более подозрителен.

ЦИНТИЯ и КЛАРЕНС ГАННЕРГЕЙТЫ,

старики-хуторяне, быть может, последние представители обанкротившейся в Прибалтике системы изолированных хозяйств.

Являются из леса и в первые минуты после появления кажутся ожившими лесными кочерыгами, замшелыми и нелепыми. Потом, правда, в них появляется огонек. В воздухе начинает попахивать серой.

ЦАПЛЯ,

представитель вымирающего вида пернатых, швея комбината "Красная Рута".

Действие развивается, происходит и замирает в наши дни вблизи от нашей западной границы в одном из наших профсоюзных пансионатов, предназначенных для отдыха наших трудящихся.

Пансионат называется "Швейник". Это двухэтажный дом с мансардами, чудо комфорта среди местного захолустья. Он стоит на изумрудно-зеленой равнине, отлого уходящей к гребешкам дюн и встающему за ними открытому морю.

По краям равнины поодиночке и композиционными группами расположены огромные европейские деревья, каштаны. Купы их создают настроение заброшенной усадьбы, былого великолепия, хотя никакой усадьбы здесь не было, как не было и великолепия, а была здесь в течение всей истории, во все века иностранного владычества и в короткие годы независимости одна лишь глухомань, ныне, благодаря недалеким индустриям, только усугубившаяся.

С юга к равнине подходят поросшие дремучим хвойным лесом холмы. Меж холмами озерца, болота, бочаги, потайная животная жизнь, охраняемая государством, — заказник. Через лес протекает худосочная ниточка заштатного шоссе.

Где-то в сравнительной близости находится комбинат и городок, но сюда звуки этой промышленно-захолустной жизни почти не доносятся.

Местечко в самом деле выбрано Кампанейцем для оккупации совсем неплохое, тем более, что и сезон удался: в течение всей нашей истории будут яркие солнечные сияния, полнолуния и сполохи. Зрелый июль.

АКТ I

Открытая веранда пансионата. Плетеная мебель, как в старых дачных пьесах. Однако с толку нас не собьешь: рядом со старинным клавесином (вещью в этой пьесе почти бессмысленной) располагается телевизор на ножках, две лестницы, ведущие на второй этаж, выполнены в современном дизайне, а присобаченная к столбу стенгазета "За здоровый отдых" или что-то в этом роде ясно говорит, что мы не в декадентской усадьбе, а в оздоровительном учреждении.
Кроме двух лестниц наверх в комнаты, у веранды этой есть и два спуска во внешнюю среду, один отклоняет нас к морю, другой отклоняет нас к лесу.

Жужжит пылесос. По сцене со шлангом в руке передвигается Леша-сторож. Он притворяется, что пылесосит веранду, на самом же деле все как-то пытливо заглядывает в разные места: то вдаль из-под ладошки, то в телевизор сквозь пальцы, то в зал направляет какое-то свое стеклышко сродни моноклю.

Вечереет. Краски заката.

ЛЕША-СТОРОЖ. Нет пыли, милостивые государи, престраннейшее отсутствие пыли. Экий перекос: есть пылесос, нет пыли... *(Останавливается в раздумии, спохватывается и начинает ерничать то ли перед самим собой, то ли перед зрительным залом.)* Гармония есть полнота жизни, но если жизнь полна, то в ней должен быть изъян. Отсутствие изъяна — это неполнота жизни. Отсутствие пыли — это изъян. Присутствие изъяна — это дыра, нарушение гармонии, грядущая пустота. Вот она — тупиковая логика! Если уж мы, сторожа, постоянно с этим сталкиваемся, то что говорить о политиках...

На веранду со стороны леса поднимаются старики-хуторяне Цинтия и Кларенс Ганнергейты, оба в резиновых сапогах и фуфайках домашней вязки, но на плечах у Цинтии траченная молью чернобурка с оскаленной мордочкой, а на голове у Кларенса фетровая шляпа с широкой лентой, крик моды 30-х.

ЛЕША-СТОРОЖ *(сразу же заметил стариков, но виду не подал, зато изменился разительным образом — закосолапил по-скобарски, заговорил по-простонародному и явно фальшиво, то с малороссийским акцентом, то "пскопской" скороговорочкой, то с волжским оканьем).* Пыли тута нема в эттой Фуфляндии, значитца непорядок. Эх, где ж ты пропала, пыльца-то-пылища наша рассейска? Влага, влага, крантики ржавеють, отдыхающие гриппують, а усе почему — пыли нема. Знамо — уся душа ушла из фуфляндских болот. Души тут нема. Грибов вот навалом, а души нема...

Старики, застенчиво хихикая, вносят на веранду большие корзины с грибами.

КЛАРЕНС. Грибы есть сегодня мало опять, господин сторож. Такая экзистанция.

ЛЕША-СТОРОЖ. А, это вы, чертяки лесные! Явились, опять же, не запылились.

ЦИНТИЯ. Лаба диена, господин сторож. Гут абенд. Эврисинг из окей?

ЛЕША-СТОРОЖ. Акей, сказал старик Мокей. *(Заглядывает в корзину.)* Эва, грибов-то! Косой, что ль, их убираешь, Кларенс?

КЛАРЕНС. Это есть только Цинтия иметь особый глаз для эксплорация. *(Целует подругу в щеку.)*

ЛЕША-СТОРОЖ. Небось белые-то только сверху, а под низ мухоморов навалили?

ЦИНТИЯ. Никс мухоморас. Це есть добже. Боровикас. Нерай. Хорроршоу.

КЛАРЕНС. Драй рублс, господин сторож.

ЛЕША-СТОРОЖ. Дерете, черти! *(Схватив корзины, взлетает по лестнице и исчезает.)*

На второй лестнице появляется Боб, высоченный юноша в тренировочном костюме "Адидас". Медленно спускается, пружиня ноги, расправляя плечевой пояс, подкручивая торс. Леша-сторож появляется снова уже без корзин.

ЛЕША-СТОРОЖ. Цинтия, сон вчерась видела какой?

ЦИНТИЯ. Иа, бардзо фантастичный.

ЛЕША-СТОРОЖ *(жадно).* Валяй, трави! *(Бобу.)* У ентой бабки снов на цельную киностудию.

БОБ *(снисходительно).* Ну-ну.

ЦИНТИЯ. Все нашиналь, как в синема́. Биг бенд, иллюминасьон, фокстрот. Этот был большой и весь белый. Имель огромный нос и белый уси — мусташи. Он резал свой носом свои уси.

ЛЕША-СТОРОЖ *(вздрагивает).* Чаво мелешь?

ЦИНТИЯ. Его всякий звал Мажестик.

БОБ. Ну, лайнер, ясно.

КЛАРЕНС. Три гросс трубы! Я видел теж!

ЦИНТИЯ *(невероятно оживленная, хихикая и обмахиваясь воображаемым веером, прохаживается по веранде).* Они имель бытность быть и пароход, и мужчина, и мой кот. Я быль так же и сам сама и он, олсоу.

КЛАРЕНС. Вспоминаль! Три трубы, зубы, он имель хохотальство и вэ-ли-ко-лэп-ный костюм.

ЦИНТИЯ. Я открываль у него третий ящик живота и там имель Нью-Йорк, где гуляль с ним, как с папа. Я надеваль, как руссише фольк постояльно говориль, воздухá.

ЛЕША-СТОРОЖ *(слегка испуган)*. Русские, мамаша, так не говорят.

БОБ. Спокойно, Леха. Это прямой перевод с английского. Пут он эарс — означает "важничать". *(Цинтии.)* Значит, все в общем обошлось благополучно? Все в порядке, мадам?

ЦИНТИЯ. Колоссаль! Манифик!

БОБ. Ну, вот и отлично. *(Леше-сторожу.)* Держи секундомер, Леха. Замеришь мне рывки.

Вдвоем они проходят по веранде и спускаются в сторону моря.

КЛАРЕНС *(вслед)*. Драй рубликс, герр сторож, посмею напомнить.

ЛЕША-СТОРОЖ. Не нахальничай, Кларенс. Обождать могешь? *(Скрывается.)*

Старики Ганнергейты смиренно усаживаются в уголке, смотрят телевизор и беззвучно хихикают.
По правой лестнице спускается Лайма, смотрит в сторону моря и вдруг замирает, прижав руки к груди.

ЛАЙМА. Как он бежит! Какие рывки! Дух захватывает!

По левой лестнице скатывается Клавдия. За ней будто принцесса с сигаретой шествует Роза.

КЛАВДИЯ *(Розе)*. Ты мне своего не навязывай!

РОЗА. Никто тебе ничего не навязывает, кому ты нужна.

Сестры начинают накрывать к ужину большой овальный стол в центре веранды.

РОЗА. Любопытно, куда пропала одна банка шведской ветчины, из тех, что вчера привез отец?

КЛАВДИЯ *(вспыхнув)*. А тебе что?

РОЗА. Просто любопытно. Интересна сама техника похищения. Ведь это же не то, чтобы на ходу пожевать что-нибудь из холодильника. Банку уносят в свою комнату, там открывают и съедают.

ЛАЙМА (*продолжает смотреть вдаль*). Да что тебе эта банка, Розочка?
РОЗА. Надеюсь, ты понимаешь, Лайма, что мне не жалко этой дряни. Просто забавно смотреть, как действует наш уважаемый диетолог. Какой аппетит, какая небрежность. Будь она на твоем месте, она, наверное, поедала бы мыло, белье, санитарные принадлежности, будь на моем, пожирала бы шахматы, книги.
КЛАВДИЯ. Вот я скажу папочке, как ты сестре кусочек ветчины жалеешь. Гадина паршивая, так бы в рожу... иногда... так бы в рожу кое-кому заехала!
ЛАЙМА. Клавдия!
РОЗА. А мне иногда просто хочется... просто слово нехорошее хочется бросить в лицо одной особе!
ЛАЙМА. Роза! (*Отвлекается от созерцания тренирующегося Боба.*) Девочки, так не годится! Давайте сядем и все обсудим. (*Садится к столу и сестрицы следуют ее примеру.*) Какие нелепые ссоры! Уверена, что это не из-за ветчины, это из-за глубинной самонеудовлетворенности. Мы все ищем нечто важное, стараемся как-то оправдать свое существование. Ведь правда?

Роза и Клавдия привычно кивают, видимо, такие беседы давно уже у сестер в обиходе.

И вот, когда мы приходим в отчаяние, мы даем выход ему через такую ерунду, как шведская ветчина. Но посмотрите, сестры мои, как прекрасен мир! (*Облегченно вздохнув, поворачивается в сторону моря.*) Какие краски! Как трепещет листва каштанов. Как прекрасна, наконец, фигура юноши, летящая меж стволов. (*Застывает.*)
КЛАВДИЯ (*что-то беспорядочно хватает со стола, неряшливо жует*). Да, мальчик ничего себе! Хорошо бы...
РОЗА. Прожуй сначала, сердцеедка. Затащила в постель придурковатого сторожа и вообразила себя Клеопатрой.
КЛАВДИЯ. А тебе завидно?
РОЗА. Прожуй сначала.
КЛАВДИЯ. Вот тебе! (*Дает Розе пощечину.*) Онанистка проклятая! (*Рыдает.*)
ЛАЙМА (*слепыми глазами поворачивается к ней*). Что случилось?
КЛАВДИЯ. Я Розу ударила! (*Трясется.*) Розочку нашу красавицу... (*Тянется к сестре с поцелуем.*) Прости меня, любимая!
РОЗА (*аристократически покуривает*). Пошла прочь, дешевка! Сторожиха!

КЛАВДИЯ *(истерически хохочет и все ест что-то со стола)*. Права, права ты, Розка моя любимая! Видишь, на нервной почве быка могу слопать!

Откуда-то снизу выпрыгивает Боб, присаживается на перила веранды. Появляется Леша-сторож. Подражая Бобу, он тоже как бы разминается, тоже как бы спортсмен. Садится с ним рядом.

БОБ. Привет, сестры! Тетя Лайма, почему же вы не пришли вчера ко мне в комнату? Я ведь вас просил.

ЛАЙМА *(вспыхнув)*. Однако, Борис, как же так можно? Вы даже не осведомились о моих эмоциях...

КЛАВДИЯ *(игриво)*. Может, не по адресу обращаешься, Боб? Хочешь, пульну сходу?

ЛЕША-СТОРОЖ *(грозит ей кулаком)*. Я те ребра-то пересчитаю, баба непутевая.

БОБ *(сердито)*. Речь шла при всех, и я обращался с просьбой даже не персонально к тете Лайме, а ко всем, просил кого-нибудь прийти ко мне в комнату. И что же? Никто не пришел. Неужели это так сложно? У меня сейчас проблема сохранения стабильности.

РОЗА *(роскошной походкой приближается к Бобу)*. Какая о-ча-ро-ва-тель-ная наглость! А может быть вам, Боб, тоже птица спать не дает?

Все присутствующие вздрагивают, как будто открылась какая-то тайна. Только старики Ганнергейты, по-прежнему хихикая, смотрят телевизор.

БОБ *(испуганно)*. Какая еще птица?
РОЗА. Та, что прилетает сюда по ночам и кричит и тревожит.
БОБ. Откуда она прилетает?
ЦИНТИЯ *(оторвавшись от телевизора)*. Це польска.
ЛАЙМА. Что вы сказали?
КЛАРЕНС. Никс.

Неловкое молчание.

ЛЕША-СТОРОЖ *(прокашлявшись)*. Каки-таки птицы кричат тута в фуфляндской сырости, рази ж это птицы! Вот в Рассее нашей милой по ночам петухи поют недобитые, етто синфония. Идешь, бывалыча, по зяби, а петушки поют, а зябь-то у тебя под рукой колышится, зеленая, нежная, ну чистый шелк, ударушки мои.

РОЗА. Вы знаете, что такое зябь, славянофил?

ЛЕША-СТОРОЖ. Чаво?
РОЗА. Зябь — это вспаханная земля. Не дочитали, дружок, литературки.
КЛАВДИЯ *(вскинувшись).* Ты больно грамотная, Розка! Лезет ко всем со своими птицами, с зябью своей! Ты нам своего не навязывай!
ЛАЙМА. Клавдия, прошу тебя! Сейчас спустится к ужину папа.
ЛЕША-СТОРОЖ. Да рази уже приехал директор?
КЛАВДИЯ *(ядовито).* Папочка давно уже со Степанидой Власовной передовицы изучают.
ЛАЙМА. Клавдия!
БОБ. Напрасно вы толкаете локтем свою сестру, тетя Лайма. Для меня не секрет, что у моей матери с дядей Филипом половые отношения. Дело простое и нормальное, и я его только приветствую. Что касается меня, то я никаких птиц не слышу, и сон у меня нормальный, но для сохранения стабильности мне нужно, чтобы кто-нибудь... или вы, тетя Клавдия, или вы, тетя Роза, или предпочтительно вы, тетя Лайма... пришел ко мне на ночь в комнату. Решите пожалуйста, этот вопрос. Прошу прощенья, у меня еще перед ужином кросс с ускорениями. Леха, секундомер не потерял? Пошли!

Боб и Леша-сторож спрыгивают с перил и исчезают.

РОЗА. Лайма, неужели ты пойдешь сегодня к этому наглому мальчишке?
ЛАЙМА *(глядя в сторону).* Как странно. Когда кричит по ночам эта птица, мне становится так горько, так больно, словно годы прошелестели мимо бесцельной чередой, а ведь это не так. *(С вызовом к каштанам.)* Я дипломированный геолог, я нашла ценный минерал в отдаленных краях! *(Поворачивается к сестрам.)* А вы, девочки... Роза, ведь ты же хормейстер, дирижер, лектор, ты воплощенная романтика. Клавдия, ты небесталанный технолог. Девочки, этот пансионат околдовал нас. Мы оказались в стороне от жизненной борьбы. Наш общий отец взвалил все на свои могучие плечи, наделил нас этими странными ставками кастелянши, культработника, диетолога, и вот результат — мы проводим свои дни в праздности, забываем о борьбе, о прошлом, о будущем, забываем даже и о матерях наших, превращаемся в вегетативные существа. Немудрено, что иные юнцы не видят в нас человека, личности...
РОЗА. Ах, Лайма, душа моя!

Лайма и Роза бросаются друг другу на грудь, плачут. Клавдия нервно и беспорядочно ест.

ЦИНТИЯ *(выглядывает из-за телевизора).* Три рубликас за машрумы, пани сторож!

КЛАВДИЯ. Какая я тебе пани сторож, старая ведьма!

На левой лестнице появляются и, деловито взявшись под руки, спускаются Ф.Г. Кампанеец и Степанида.

КАМПАНЕЕЦ *(продолжая).* ...и вот почему, Стэпочка, на данном этапе самое главное для нас это основные капиталовложения. *(Поглаживает спутницу по задку.)*

СТЕПАНИДА *(сейчас она в первоначальной своей сути, суховатая кобыленка с некоторым задорцем).* Товарищи! Товарищи!

Садятся к столу друг напротив друга. Начинается вечерняя трапеза в пансионате "Швейник".

КАМПАНЕЕЦ *(очень довольный, оглядывает стол, берет себе котлету).* Ну вот, мы снова все вместе. А вечер-то какой, а, девчата? На рейде мо-о-орском легла тишина-а-а... А где же наш космический прыгун?

РОЗА. Ваш сынок, Степанида Власовна...

ЛАЙМА. У Боба сейчас по плану кросс с ускореньями.

СТЕПАНИДА. Целеустремленный мальчик. Вот вам к вопросу о генах, дядя Филип. Чьи преобладают?

КАМПАНЕЕЦ *(Клавдии).* А где наш верный страж? Все возится со своим хобби?

КЛАВДИЯ. Почему это, папочка, ко мне с этим вопросом обращаетесь?

КАМПАНЕЕЦ *(посмеивается).* Не злись, детка. Я имею в виду грибы, грибки, грибочки. Ведь это же настоящая одержимость, наш почерк! Если хочешь, я просто уважаю этого Лешу. Я подобрал его случайно на задворках жизни, и вот теперь он преуспевающий грибник. А спрашиваю я потому, что люблю, когда все собираются за моим столом.

СТЕПАНИДА. У вас патрональные чувства, дядя Филип. Экий вы... *(Щурится и смеется.)* человеко-люб.

КАМПАНЕЕЦ. Правильно, Стэпа. Я люблю, чтобы мое племя сидело вокруг и ело вкусно и питательно. *(Работает языком внутри рта.)*

Пива очень хочется, отличного датского пива. Завтра позвоню, чтобы завезли. Вот люблю этих своих дочерей и рад видеть их такими счастливыми, как сейчас. Конечно, не хватает нам наших мам — правда, девочки? — и Вильмы Валдманисовны, и Галии Джамиловны, и Марии Филимоновны...

СТЕПАНИДА. Да вы просто паша, дядя Филип!

КАМПАНЕЕЦ. А вот здесь я тебе возражу, Стэпа. Мне не гарем нужен, а важны люди, как вехи моего жизненного пути. Мне стыдится нечего! Возьми Лайму. Ведь это же для меня память о горячих деньках, когда мы в непростых, подчеркиваю, условиях устанавливали здесь элементарные основы государственности. Вы, молодежь, сейчас пользуетесь результатами, а ведь нам приходилось начинать с азов, вдалбливать людям в головы азбучные истины. Посмотрите теперь на мою Розочку. Кара-Кумский канал, горячее дыхание пустыни, миллионы, миллиарды тонн песка перевернули, пока не утолили вековую жажду. Клавдия — это уже Березняки, химия, дальнейшая борьба за воплощение в жизнь великих идей великого человека... хм... Менделеева... Вот так из конца в конец страны и метался на спецсамолете. Прости, но испытываю гордость и вдохновляюсь на современном этапе. Даже и этот мой скромный ''Швейник''. Он важен и нужен. А мое участие в бытовой химизации — все эти красители, одораторы, порошки, лаки, антикоррозаторы, дезинсектициды — все это важно и нужно. Неет, шалишь, мне стыдиться нечего! Вот почему я с таким удовлетворением взираю на свой стол, когда возвращаюсь из командировки. Ну, что нового?

РОЗА. Появилась птица. Кричит по ночам.

КАМПАНЕЕЦ. Какая птица?

СТЕПАНИДА. Лично я ничего не слышу.

КЛАВДИЯ. А я вас видела ночью на балконе.

СТЕПАНИДА. Это я статью обдумывала.

КАМПАНЕЕЦ. Ну-ка, давайте по порядку. Что за птица?

Слышится крик птицы, глухой, дикий и тревожный. Все вскакивают. Одна лишь Степанида пьет чай.

СТЕПАНИДА. Я ровным счетом ничего не слышу.

Звенит ложечка в ее стакане. Крик повторяется.

КЛАВДИЯ *(хохочет)*. Да это же Лешка, хамло мое эдакое! Научился, подлец!

Все видят Лешу-сторожа, который, высунувшись из сумерек наподобие Фавна, подражает голосу птицы.

СЕСТРЫ *(радостно)*. Так это Леша! Леша нас все время разыгрывал! Леша — наш сторож!
ЛЕША-СТОРОЖ *(довольный)*. Мы-ста по ентому делу сызмальства...
РОЗА *(потерянно)*. Как? Неужели это всего лишь Леша-сторож?

Мгновенная острая печаль сковала всю компанию.
Крик птицы, глухой, дикий и тревожный.

ЛЕША-СТОРОЖ *(вставляет в глаз стеклышко и вглядывается в багровеющее небо)*. А вот етто, значится, она сама. Откликается.
КАМПАНЕЕЦ *(неожиданно кулаком по столу)*. Да кто это она?
КЛАРЕНС *(выходит из-за телевизора, приподнимая шляпу)*. Пшепрашем паньство, я имею визионарию.
КАМПАНЕЕЦ. А это что еще за чучела? *(Очищает рот.)*
ЛЕША-СТОРОЖ. Суседы наши, хуторяне. Черти, значитца, лесные.
КАМПАНЕЕЦ. Дурацкие шутки. Никаких хуторов здесь нет. Завтра же наведу справки, где полагается.
ЛЕША-СТОРОЖ. Чаво увидал-то, Кларенс?
КЛАРЕНС. Там есть райхер, ай и, херон... забывать по российску... чапля на багне...
ЦИНТИЯ *(хихикает, целует в мордочку свою чернобурку)*. Сейчас будет кто-то пришель и все нишинальство!
ЛЕША-СТОРОЖ *(испуганно)*. Эй, бабка, ты поосторожней с энтим делом! Тут другие по этому делу.

Мокрый и веселый после бега на веранду поднимается Боб. Машет кому-то рукой.

БОБ. Эй, парень, сюда!
Голос МОНОГАМОВА. Я не ошибся? Это пансионат "Швейник"?
БОБ. Поднимайся! Машину можешь не закрывать! *(Степаниде.)* Привет, ма! *(Кампанейцу.)* Хелло, дядя Филип! *(Всем.)* Там какой-то фирменный кент прибыл. Сафари цвета хаки.

На веранде появляется Иван Моногамов.

2

ШАГ

Его огромные глаза с тревогой озирали пьесу на сцене, в зале, здесь и за, вдоль тропки по дороге к лесу.
Стоял, миря нездешний дух со здешней скованностью позы. Когда б не совершенный слух, он не поймал бы местной прозы.
Имей он кожи хоть аршин, не перешел бы гиблой бровки и, не почувствовав рифмовки, не потревожил бы старшин.
Таких героев хоть в архив. Вдобавок к недостатку кожи прискорбно он не молчалив, мучительно не осторожен.
Опомнись, тихая душа, дитя планеты Моногамов! Он делает последний шаг и попадает в сети драмы.

КАМПАНЕЕЦ. Ошиблись, гражданин, да еще и нарушили — проехали под знак. Документы покажите. Я общественный... хм... гм... автоинспектор.
МОНОГАМОВ. Документы? Конечно, конечно... *(Роется в многочисленных карманах своего сафари.)*
СТЕПАНИДА *(встает).* Ну, что вы, дядя Филип! Товарищ, конечно, нарушил, но товарищ не ошибся.
МОНОГАМОВ. Боже мой! Степка! *(Шаткий шаг к жене с попыткой поцелуя.)*
СТЕПАНИДА *(протягивает руку).* Ну, здравствуй, Моногамов!

Моногамов растерянно пожимает ее руку.

Ну, хорош! Ни телеграммы, ни звонка. Вот уж, действительно, картина "Не ждали"! *(Всем присутствующим.)* Кто бы вы думали, товарищи? Мой законный супруг!
БОБ. Значит, можно понимать в том смысле, что это мой отец?
МОНОГАМОВ *(наконец заключает Степаниду в объятия, из-за ее плеча объясняет присутствующим).* Вот, прилетел из Брюсселя, семьи нет, соседи говорят — в Прибалтике, взял у друга машину, поехал. Мне, знаете ли, сначала показалось, что у вас здесь что-то частное, какое-то большое семейство с внутренними противоречиями...

КАМПАНЕЕЦ *(неприязненно)*. Какие еще противоречия? Нет никаких противоречий.

МОНОГАМОВ. Поверьте, я очень рад, что ошибся. *(Жене.)* Степа, у тебя здесь отдельная комната?

СТЕПАНИДА *(энергичным движением прерывая объятия)*. Какой-то ты, Иван, стал хрупкий, изящный... *(Смеется.)* И не узнать.

МОНОГАМОВ. А ты по-прежнему, Степа, тугая, мускулистая. По-прежнему спорт, а? Теннис, плаванье?

БОБ. А я тебя просто не узнал, папаша. Ты как-то помолодел.

МОНОГАМОВ *(обнимает сына)*. Бобочка! Ты тоже помолодел! Был такой пухлый, пузан, а теперь — юный бог! Школу окончил? В институт поступил?

БОБ. Ты что, папец, газет не читаешь? Я же в мировой десятке по прыжкам. Работаю на высоте за 2.20.

МОНОГАМОВ *(сентиментально)*. А ты, Степка, все в той же гостинице "Украина", все на том же этаже, да?

БОБ *(наступает отцу на ногу)*. Папаша, стоп! Какая тебе еще гостиница? *(Громко.)* Мама давно уже завотделом в обществе содействия.

МОНОГАМОВ *(отступает на шаг, с еще большей сентиментальностью)*. Да-да, вижу — вы изменились за эти годы. Годы-годы... Если бы вы знали, чего я только не видел за эти годы, куда только меня не забрасывало ЮНЕСКО! Кения, Танзания, Уганда, Мальдивы, Соломоновы острова, Папуа, Непал, Бутан, Афганистан...

КАМПАНЕЕЦ. Вы ужинать будете?

Степанида подталкивает Моногамова к столу.

МОНОГАМОВ *(рассаживаясь)*. ...Иордания, Ливан, Биафра, Кап-де-Вер, Тристан-да Кунья, Сальвадор, Парагвай, Гренландия, Чили, острова Пасхи... Вижу-вижу, все сгорают от любопытства. *(Лукаво.)* Однако, не все сразу. *(Принимается за котлету.)*

КЛАВДИЯ. А в Польше-то были?

МОНОГАМОВ *(поперхнувшись)*. Где?

ЛАЙМА. В Польской Народной Республике.

МОНОГАМОВ. Как вы сказали?

Сестры переглянулись. Роза пожала плечами.

СТЕПАНИДА. А где твой багаж, Иван? В "жигулях"?

БОБ. Давай ключи, фазер. Мы с Лехой приволочем твою фирму. *(Уходит вместе с Лешей-сторожем.)*

МОНОГАМОВ. Степа, у тебя здесь отдельная комната?
СТЕПАНИДА. Иван, я бы хотела, чтобы ты прежде всего пожал руку директору пансионата Филипу Григорьевичу Кампанейцу. Ты должен помнить нашего дядю Филипа.
МОНОГАМОВ. Дядю Филипа!
СТЕПАНИДА. Тетю Шуру Николайко ты, конечно, помнишь.
МОНОГАМОВ. Тетю Шуру?
СТЕПАНИДА. Так вот, тетя Шура Николайко, как известно, родная сестра Витольда Андреевича Костяных, у первой жены которого Елизаветы Фотиевны Рыссо есть сын Константин Витальевич Рыссо, который женился на Валентине Полуяновой, которая приходится родной племянницей Кампанейцам, а с другой стороны Васюша Николайко, то есть пасынок тети Шуры по ее второму браку, женился на Викторине Фронт, да-да, дочери того самого писателя с крашеной челкой, а она как раз приходится сводной сестрой той самой Валентины...
МОНОГАМОВ. Вот теперь, кажется, совершенно ясно вспомнил дядю Филипа. *(Протягивает руку.)*
КАМПАНЕЕЦ *(как бы просматривая какие-то бумаги и не замечая руки).* Вы ужинать будете?
МОНОГАМОВ. Я уже ужинаю.
КАМПАНЕЕЦ. А в официальном смысле?
МОНОГАМОВ. Простите?
КАМПАНЕЕЦ. Ну, у нас ведь здесь не частная лавочка, не Соломоновы острова.
СТЕПАНИДА *(посмеиваясь).* Дядя Филип, уж не обеспокоены ли вы лишним ртом? Выше голову, дядя Филип, за столом никто у нас не лишний, на всех хватит. *(Мужу, шепотом.)* Добродушный ворчун. *(Кампанейцу.)* Оформите, пожалуйста, Ивана Владленовича Моногамова как члена семьи. *(Мужу.)* А это, Ваня, перед тобой Лайма, Роза и Клавдия, наши сестры.
МОНОГАМОВ. Браво! Все эти годы у меня была масса дел с сестрами милосердия в рамках ЮНЕСКО. Удивительный, отзывчивый народ. Вот, помню, был случай на Мадагаскаре. Мы ждали вертолет...
СТЕПАНИДА. Да нет же, Иван, это не сестры милосердия. Здесь ведь тебе не ЮНЕСКО, шельмец. Это дочери дяди Филипа, молодые девушки 1949 года рождения из разных районов нашей страны. Дядя Филип возложил здесь на них кое-какие обязанности. Клавдия, например, наш диетолог. Ветчина, остатки которой ты видишь на столе, в ее веденье...
КЛАВДИЯ. Мы здесь все на вашу женушку, так сказать, горбатим, а Сте...

КАМПАНЕЕЦ. У Степаниды Власовны полставки по физвоспитанию, а Борис оформлен как матрос-спасатель.

На веранду поднимаются Боб и Леша-сторож. Боб несет очень "фирменный", но очень небольшой чемодан.
Кларенс Ганнергейт, прижав к груди шляпу, повторяет Леше-сторожу свои "драй рубликс", но тот на него только замахивается.

МОНОГАМОВ. Это чудесно, то, что вы рассказали. У вас тут как бы коллектив и как бы семья. Вот это ощущение человечества как единой семьи меня всегда восхищало и там, в рамках ЮНЕСКО.

КАМПАНЕЕЦ. Вы нас Юнеской не пугайте.

ЛЕША-СТОРОЖ. Здесь, паря, у нас своя Юнеска не дремлет.

МОНОГАМОВ. Когда я подъезжал к этой поляне, у меня что-то екнуло внутри, напомнило Таиланд... Это что, типично для здешних вечеров?

РОЗА *(Клавдии)*. Он интересный, этот Моногамов. Не находишь?

КЛАВДИЯ. Зенки-то как выкатывает. Базедка, наверное. Значит, заводной.

БОБ. Папаша, ты весь багаж в Москве оставил? В машине был только этот чемоданчик.

МОНОГАМОВ *(потупляет глаза)*. Это все.

СТЕПАНИДА *(приближающаяся гроза)*. Как так все?

МОНОГАМОВ *(смущенно тараторит)*. Дело в том, что я возвращался в Москву из Бельгии, из Антверпена. Понимаете? А что там в Бельгии купишь? Сами посудите.

ОБЩИЙ ВЗДОХ. В Бельгии?

ПРОДОЛЖЕНИЕ ОБЩЕГО ВЗДОХА. Да я из Бельгии... в прошлом году... три вот таких чемодана...

ОКОНЧАНИЕ ОБЩЕГО ВЗДОХА. Бельгия — это ж! Общий рынок! Ж!

МОНОГАМОВ. В самом деле? Что же вы там нашли? Там, по-моему, нет ничего.

СТЕПАНИДА *(с видимым спокойствием)*. Что же ты, Иван, и дубленки не привез?

МОНОГАМОВ. Дубленки?

СТЕПАНИДА *(резко встает)*. Да ты просто очумел!

С треском отлетел и покатился по полу стул. Моногамов в ужасе, ничего не понимая, бросился прочь и остановился только у перил. Медленно обернулся. Между тем, совсем уже стемнело, и сейчас мы видим нашего незадачливого международника в его оливковом костюме на фоне темного неба. Тощая фигура с огром-

ными, полыхающими тревогой глазами.
Проходит несколько секунд. В небе вспыхивает бесшумная зарница, на мгновение озаряющая купы деревьев и далекое море.

МОНОГАМОВ. У меня опять что-то екнуло внутри... Простите... Дело в том, что в посольстве в Брюсселе мне сказали наши товарищи, что и в Москве сейчас можно с успехом "о-то-ва-рить-ся". Вот я и обменял все свои деньги в Москве.

Тягостное молчание. Пересекающиеся взгляды.

ЛЕША-СТОРОЖ. А много ль цалковых-то привез, голуба?
МОНОГАМОВ. Честно говоря, не знаю. Масштаб цен... инфляция... несколько оторвался... знаю, что виноват... Шестьдесят восемь тысяч рублей получилось.
ВСЕ *(изумленно)*. В чеках?
МОНОГАМОВ. Вот-вот, именно в чеках... как это?.. в чеках Внешподарка... или как это?
БОБ *(прыгает с места, достает люстру)*. Ну, папец!

Радостное оживление, все переговариваются, часто повторяется сумма чеков. Кампанеец жестами приглашает Моногамова вернуться к столу.

МОНОГАМОВ *(неуверенно присоединяясь к общему оживлению)*. Да-да... чеки Внешподарка... и кроме того...
СТЕПАНИДА. Пойдем, Иван, посмотришь, как я здесь живу.

Из темноты доносится близкий крик птицы.
Все застывают.
Крик повторяется. Шум крыльев. Тяжелый полет во мраке.
В просцениум выскакивает Ф.Г. Кампанеец с низвестно откуда взявшимся огромным двуствольным ружьем.

КАМПАНЕЕЦ. Где эта пакость? На западе? *(Громоподобно стреляет в зрительный зал.)* На востоке? *(Громоподобно стреляет в темное небо.)* Попал?

Снова совсем близко слышится крик птицы и шум крыльев.

ЛЕША-СТОРОЖ. Кабы попал, я б табе яйца на месте бы оторвал.
КАМПАНЕЕЦ. Какая пакость! *(Его трясет.)* Махровая пакость! *(Леше-сторожу.)* Это твоя, сукин сын, обязанность охранять

отдыхающих!

МОНОГАМОВ *(потрясенный)*. Кто она?

СТЕПАНИДА *(раздраженно)*. В своем репертуаре! Услышал какую-то пакость — и уже "она". Никакая это тебе не "она". Просто животное.

МОНОГАМОВ *(шепчет)*. Нет, это она.

ГАННЕРГЕЙТЫ *(хихикая, из-за телевизора)*. Херон! Райхер! Забывать по-российску. Чапля с багна!

МОНОГАМОВ. Цапля!

Вспыхивает бесшумная зарница, и на мгновение все отчетливо видят пролетающую мимо большую нелепую птицу, длинные ноги ее отведены назад с претензией на стремительность.

Моногамов сломя голову бросается с вернды и пропадает во мраке. Пауза, неловкое молчание. Степанида Власовна в центре внимания.

СТЕПАНИДА *(подходит к краю веранды, властно)*. Иван, вернись!

Из темноты появляется Моногамов. Опрокинутый вид. Все время оборачивается.

(Весело.) Ну, пойдем, наконец, посмотришь, как я тут живу. *(Протягивает руку.)*

МОНОГАМОВ. Пойдем, Степочка, пойдем. *(Подает руку.)*

На лестнице он еще раз оглядывается и впяряется в темное небо. Потом дает себя увести.

КАМПАНЕЕЦ *(тяжелым взглядом провожает супругов, держа обеими руками ружье)*. Эх, как хочется пива, отличного датского пива "Карлсберг"! *(Очищает рот.)* Завтра же позвоню!

Быстро меркнет свет на веранде, прямо на наших глазах увядают электрические лампочки. Все явственнее проступают контуры деревьев за верандой, сегмент морской поверхности с лунным пятном.

(Яростно орет.) Что здесь происходит, в этом паршивом "Швейнике"? Хоть не уезжай в командировки! Алексей, ко мне! Почему мерзопакость эдакая над домом летает? Почему посторонние в комнатах персонала?

ЛЕША-СТОРОЖ *(вставляет монокль и смотрит в сторону)*. А я-то при чем? Я обнаковенный сторож. Категорически не при чем.

КАМПАНЕЕЦ. Почему свет гаснет, етит твою налево?

ЛЕША-СТОРОЖ. Да на подстанции, Филип Григорыч, пьянь зеленая заседаеть. Нонче хорошего электрика хрен с морковью сыщешь, не говоря о сторожах. Так что лучше спать ложись, Филип Григорыч *(Шепотком.)*, а с утрянки-то физрук тебя побудит. *(Громко.)* Клавдя, пошли грибами позанимаемся! *(Поднимаются по лестнице.)*
КЛАВДИЯ. Я вам не Клавдя, а Клавдия! *(Поднимается вслед за ним.)*
ЛЕША-СТОРОЖ. Айда, айда, Клавка! *(Поднимается.)*
КЛАВДИЯ. Я вам не Клавка, а Клавдия!
ЛЕША-СТОРОЖ. Клава, не базлай! *(Поднимается.)*
РОЗА *(со скрытым отчаянием)*. Клавдия, куда ты так рано?
КЛАВДИЯ. Книжку читать!
РОЗА. В темноте?
КЛАВДИЯ. Ага! *(Уходит.)*
КАМПАНЕЕЦ. И как на зло ни одной банки датского пива! *(Поворачивается в разные стороны, не выпуская из рук ружья.)*
БОБ. Выше голову, дядя Филип! Завтра будет у вас пиво. Выше, выше! Нужно все время выше! Тетя Лайма, я пошел к себе, и, надеюсь, сегодня накладок не будет. Всем присутствующим — гуд найт! А каков костюмец у моего папа, а? Восемнадцать карманов! Я насчитал восемнадцать карманов! *(В два прыжка одолевает лестницу и исчезает.)*

По другой лестнице начинает подниматься Роза, четко постукивая каблучками и попыхивая сигаретой.

ЛАЙМА. Роза, ты куда?
РОЗА. Читать.
ЛАЙМА. В темноте?
РОЗА. Да, в темноте.
ЛАЙМА. Одна?
РОЗА. Не с подонками же. *(Уходит.)*

Кампанеец, почти совсем уже отключившийся от действительности, бродит по сцене с ружьем, выискивая себе цель в зрительном зале.

ЛАЙМА. Отец! Меня мучает бессмысленность существования.
КАМПАНЕЕЦ *(досадливо, как будто мучась головной болью)*. Да какое еще тебе существование. Все так просто. Добро и зло. Прогресс и реакция.
ЛАЙМА. Это правда, папа? Все так просто? Спасибо тебе. Спокойной ночи! *(Поднимается по той же лестнице, куда запрыгнул Боб, уходит.)*

КАМПАНЕЕЦ. Дявольски хочется датского пива! Дьявольски хочется в финскую баню. *(Очищает рот.)* Поехать, что ли, к Патронаускасу?

Старики Ганнергейты, между тем, давно уже покинули погасший телевизор и копошатся на полу за клавесинами.

ЦИНТИЯ *(шепотом).* Кларенс, ай фел ин лав унз дис человек с ружьем. Душа просиль музи́к!
КЛАРЕНС. Яволь, хер оберст! *(Вытаскивает из своей котомки полевую рацию, включает.)*

Звуки довоенного танго из кинофильма "Петер" вперемежку с морзянкой вплывают на сцену.

КАМПАНЕЕЦ. Что это! Чу! Волшебная музыка! Волшебное время! Сразу вспомнилась наша тогдашняя компания, оперативный отряд по повышению квалификации... Да-да, это было в тот год, когда на нас напали белофинны...
ЦИНТИЯ *(походкой светской дамы приближается к Кампанейцу).* Йа, йа... кель бьютифул время сэ са, хер оберст!
КАМПАНЕЕЦ *(поднимая ружье.)* Что за чертовщина?!
КЛАРЕНС *(подходит шаркающей лакейской походкой).* Имель импьюденс, пан директор, однако господин сторож имель задолжательство фюр пильце. Драй рубликс и мы цурюк под землю.
КАМПАНЕЕЦ. Что за наглость! Пан, господин, цурюк! Для вас что, советской власти не существует?

Кларенс молчит. В полумраке светится его рот, застывший в подобострастной улыбке.

ЦИНТИЯ *(машет на мужа воображаемым веером).* Пошель вон, капрал! Фуй, кель материализмус! *(Кампанейцу.)* Ангажэ ву а танго́, мон большевик!

Кампанеец, как зачарованный, отставляет двустволку и отдается Цинтии в руки. Они танцуют.

КЛАРЕНС *(восхищенно).* Сэ фантастик!
ЦИНТИЯ. О, какой время хэв бин тогда, эти драйциге яарес! Я обожаль бонбон "Мишка на Севере"! Большой балет! Жизель!

Светомаскировка! Я имель один мальчуган аус люфтваффе, он имель постоятельство возиль мне розес, тюльпанес, а на обратном пути опускаль нах Поланд свой фугас. Файер! Блюмс! Это был нет вы, хер оберст?

КАМПАНЕЕЦ. К сожалению, камрад, я дрался тогда по горло в снегу. Негостеприимные сугробы ощетинились свинцом. Раз был дерзкий рейд в тыл лимитрофа. Помню трофеи, куча французских консервов, пленных диверсанток мы брали, одна была такая кусачка... Не вы, геноссе?

ЦИНТИЯ. О, парашютен, парашютен!

КАМПАНЕЕЦ. А помните, как певали? *(Поет.)* Согрел он дыханием сердца полярные ночи седые... Сейчас так не поют.

ЦИНТИЯ. О, колоссаль! *(Поет.)* Раздвинул он горные кручи, пути проложил в облака-ах...

КЛАРЕНС *(козликом сбоку).* По слову его молодому сады зашумели густые...

КАМПАНЕЕЦ *(отталкивает Цинтию, хватает двустволку).* Руки вверх, гады! Признавайтесь, на кого работаете?

КЛАРЕНС *(с поднятыми руками).* Как солнце весенней порою он землю родную обхо-о-одит...

ЦИНТИЯ *(с поднятыми руками).* Споем же, товарищи, песню о самом большом садоводе...

КАМПАНЕЕЦ *(яростно).* Границы от вражьих нашествий заделал он в броню литую... *(Взводит курки.)* В молчанку играть будем? Признавайтесь, черти!

КЛАРЕНС. Черти! Черти! Тойфель! Диаболос!

КАМПАНЕЕЦ *(облегченно).* Нечистая сила, значит? *(Ломает ружье о колено и зашвыривает его за веранду.)* По такому делу не грех и под орех. *(Поет.)* Налей-ка в походную кружку свои боевые сто грамм... *(Вытаскивает откуда-то бутылку "Курвуазье".)*

Все трое танцуют теперь, передавая друг другу бутылку, посасывая из горлышка коньяк.

ЦИНТИЯ. Майне кляйне литл Кларенс есть простой радист, я есть большой черт!

КАМПАНЕЕЦ *(мечтательно глядя на озаряемую бесшумными вспышками равнину).* Какая ночь-то, товарищи! Так бы и запрыгал по кочкам куда-нибудь... в финскую баню!

КЛАРЕНС. Дакор?

ЦИНТИЯ. Алор! Прошу пане!

Все трое вдруг одним махом на зависть Бобу перепрыгивают через перила и, ухая, присвистывая, похохатывая, несутся к лесу.
Веселое уханье ночных чертей будет слышно до конца действия в отдалении. Между тем, веранда пансионата "Швейник" несколько минут остается пустой. Продолжаются сполохи. Начинается ветер. Закипает листва. Колышатся занавески.
Очень близко слышится голос Цапли, тревожные глухие звуки, проникнутые еле сдерживаемой страстью.
На левой лестнице появляется Леша-сторож, садится на ступени, тихо играет на маленькой флейте музыку — барокко.
На правую лестницу выходит Иван Моногамов. Стоит неподвижно, притулившись к стене, смотрит на озаряемую сполохами равнину и море.

3

ПРОСТЫЕ ДЕЛА

Когда-то жил поэт, служитель вольных муз. Чрезмерно вольных муз, по мнению соседа. Глаза с утра продрав, подкручивал свой ус и, плюнув в потолок, писал на стенке кредо.

Не прячь свой хвост, петух, не соберешь яиц, и не скрывай от кур горластый хриплый дар свой. Тебя зовет к себе от всех своих границ открытая для драк поверхность государства.

Уж если делят мир на равных шесть шестых, ты не забудь тогда и об одной шестерке, сравни свой подлый стих с гирляндою шутих, взлетай над Костромой и опадай в Нью-Йорке.

Бродячий шут и хват, ловец невинных душ, не убегай с мешком от премий и от критик, не прячь пятак в кушак, равно и жирный куш, и в час жестоких дел держи лицо открытым.

Потом поэт струхнул. Какие-то очки в комиссии пред ним предстали вурдалаком. С соседом он теперь играет в дурачки, а кредо на стене замазал бурым лаком.

ЛЕША-СТОРОЖ (*резко оборачивается, словно от толчка в спину*). Кто здесь?
МОНОГАМОВ. Это я, Леша.
ЛЕША-СТОРОЖ. Кажется, ты меня узнал, Иван?
МОНОГАМОВ. Да конечно же, узнал.
ЛЕША-СТОРОЖ. Фантастика! Двадцать лет не виделись.

МОНОГАМОВ. Гораздо меньше. Шестнадцать.

ЛЕША-СТОРОЖ. Невероятно. Мы ведь не были близки, ты вообще был не из нашей бражки, да и в кафе ты редко ходил. Странно, что и я узнал тебя сразу.

МОНОГАМОВ. Я знал, что вы меня не считаете своим, я и не мог быть вашим, потому и ходил редко. Я потом очень скоро забыл эту вашу "Андромеду", но вот недавно, представь себе, вдруг наяву ярчайшим образом увидел это кафе, каким оно было до слома. Это случилось в Кордильерах, возле Куско, на высоте четыре тычячи триста. Говорят, что там у многих бывают такие яркие галлюцинации.

ЛЕША-СТОРОЖ. Ты не знаешь одного обстоятельства. Впрочем, никто не знает. Когда "Андромеда" пошла на слом, я был внутри. Там внутри, понимаешь? Все наши сидели напротив, на бульваре, прощались с ней оттуда, а я оказался внутри, и вовсе не из-за идеологических соображений, не из протеста, а просто спал там пьяный. Забыл, что утром начнут ломать, а может быть, и не знал. Я ведь тогда без перерыва гудел со своей гитарой, торчал, земли под собой не замечал. Когда они ударили чугунной бабой в крышу, я очнулся, и небо развернулось надо мной, как червь в пустыне я лежал, червяк в пустыне грохота. И вот тогда я подумал... я тогда подумал... Впрочем, неважно, что я тогда подумал... Важно, что с того времени я дворник, сторож, мужичок-середнячок, спекулянт сушеными грибам.

МОНОГАМОВ. А как ты когда-то орал под гитару! Господь, не обессудь, Паскудны наши рожи, Корява наша суть И кожи как рогожи! И дальше "скэтом" под Армстронга... *(Улыбается.)*

ЛЕША-СТОРОЖ. Между прочим, недавно мне предлагали жениться на английской подданной, но я предпочитаю...

МОНОГАМОВ. Ты предпочитаешь, Леша, сушить грибы и по ночам ждать Цаплю. Да?

ЛЕША-СТОРОЖ *(испуганно)*. Чаво-чаво? На кой ляд мне болотное дохло?

МОНОГАМОВ. Со мной-то, Леша, хоть не придуривайся. Кто она?

ЛЕША-СТОРОЖ *(глухо)*. Она прилетает из Польши.

МОНОГАМОВ *(изумленно)*. Откуда?

ЛЕША-СТОРОЖ. Здесь в семи километрах польская граница.

МОНОГАМОВ *(с нарастающим изумлением)*. Ты хочешь сказать, что в семи километрах отсюда кончается Советский Союз?

ЛЕША-СТОРОЖ. Я хочу сказать, что там начинается Польша. И она прилетает оттуда. По ночам.

МОНОГАМОВ. Может быть, наоборот, она утром улетает от нас к ним?

ЛЕША-СТОРОЖ *(со сдержанным отчаянием).* Там у нее друг, я знаю.
МОНОГАМОВ. Может быть, она не замечает государственной границы?
ЛЕША-СТОРОЖ. Зачем ей прилетать сюда? Зачем так мучить?
МОНОГАМОВ. Ты давно влюблен?
ЛЕША-СТОРОЖ. Влюблен? *(Обхватывает голову руками.)* Я спать не могу!
МОНОГАМОВ *(вглядывается в даль).* Кто это там прыгает у леса по кочкам?
ЛЕША-СТОРОЖ. Это черти играют.
МОНОГАМОВ. Ты приближался к ней?
ЛЕША-СТОРОЖ. Никогда. Боюсь. Да и она пуглива.
МОНОГАМОВ. Она девственница.
ЛЕША-СТОРОЖ *(с горечью).* Как же! У нее в Польше друг, он ее тянет, я точно знаю.
МОНОГАМОВ. Зачем же она прилетает по ночам в СССР? Я уверен, она — девственна!

Очень близко слышится глухой генетический зов, страсть, мольба. Вспыхивает зарница, но не гаснет, а зависает над верандой, освещая все вокруг фосфорическим светом.
На веранду медленно и бесшумно поднимается Цапля. Останавливается в неуклюжей застенчивой позе девочки-переростка. Нелепо перекрещенные ноги. Повисший клюв и крылья. С дешевенького нейлонового плаща капает болотная жижа.

МОНОГАМОВ. Цапля, вы девственны?
ЦАПЛЯ. Я несчастна.

Зарница гаснет. Мрак. Топот ног по лестнице, кто-то сбегает на веранду. Вдруг включается электричество. Это Боб, он весь дрожит. Дико осматривается и видит распростертых на полу Моногамова и Лешу-сторожа. Цапля, разумеется, исчезла.

БОБ *(кричит).* Кто здесь несчастен? Эй, чуваки, я спрашиваю, кто здесь несчастен? Что происходит в проклятом пансионате? Папаша, это ты?
МОНОГАМОВ. Я влюблен.
БОБ *(машет рукой).* Вот, так и знал! Другого от тебя и не ожидал, папаша! *(Подходит к рампе и обращается в зрительный зал.)* Поймите, в прыжках в высоту все зависит от нервной системы. Вся техника пой-

дет насмарку, если нервная система забуксует. Поймите, я не могу так, я не могу прыгать, если чувствую, что кто-то где-то так пронзительно несчастен. Летит весь график. *(Оборачивается.)* Леха, скажи хоть ты, что здесь происходит?

ЛЕША-СТОРОЖ *(в обычном образе).* Цапля-сука чавой-то разгугыкалась, падла...

ЗАНАВЕС

ПЕРВЫЙ АНТРАКТ

Первый антракт продолжается , как обычно, минут 15-20, и на это время в театре воцаряется анархия. Зрители могут по желанию остаться в зале или пойти в фойе. Артисты могут подработать на разноске бутербродов и напитков. Продажа стихотворно-прозаических текстов из "Цапли". Сбор всевозможных пожертвований. Танцы. Фанты. Флирт. Любая худсамодеятельность поощряется.

На сцене, между тем, тоже кое-что происходит, впрочем необязательное. Декорация веранды отъехала в сторону, и пансионат "Швейник" виден теперь целиком посреди приморской равнины. В бледном небе над морем иногда на короткое время может возникнуть мираж европейского готического града.

На переднем плане теперь навес автобусной остановки, под навесом скамейка. Предполагается, что где-то в районе оркестровой ямы пробегает забытое Богом и людьми шоссе.

На скамейке, обнявшись, сидят сестры Кампанеец от разных браков. Поют и раскачиваются в такт песни:

Налево мост, направо мост,
И Висла перед нами...

Слышится что-то дикое в этой польской песне, в пронзительном недодоенном пении сестер.

4

ГЛУХОМАНИЯ

Среди различных графоманий, мегаломаний, фикс-идей мы выбираем глухоманию ночей Литвы, эстонских дней.

Восточной Балтики дремота... Пятерками идут года, и тлеют, как хвощи в болотах, торговой Ганзы города.

Торговля обернулась прахом, религия — "большой вопрос"... По селам, как агент Госстраха, с портфельчиком бредет Христос. Ржавеет сфера зодиака, потерян стиль, утрачен жанр. Латиницы злосчастной знаки смущают сонных горожан.

В зеленоватый час заката бузит стрелок-пенсионер. Костел-музей и три плаката... Райцентр балтийской эсэсэр.

. . . .

Чай на двоих. Почти отчаянье. Вот глухомании плоды: окаменелость, одичанье... Но, словно крапинки слюды, в камнях живет очарованье. Круженье мыслящей воды в прибрежных валунах, ворчание "спидолы" старой... спят сады, стареют сливы... прозябанье... терпенье или умолчанье?... Все ждет беды.

РОЗА. Какая напряженная обстановка... Холодный вечер... закат... близость Польши...

                Пение продолжается.

КЛАВДИЯ. Ой, девочки, пять минут осталось! Ну прямо дух захватывает!

РОЗА. Клавдия!

КЛАВДИЯ. Кончаю! Кончаю!

                Пение продолжается

ЛАЙМА *(смотрит в бинокль).* Вот он появился на холме! Какой красавец! "Икарус"! Нет, девочки, на этот раз "Лейланд"!

Пение обрывается. Роза и Клавдия пытаются вырвать у Лаймы бинокль.

Девочки, он уже виден невооруженным глазом. Девочки, наша главная задача — показать, что мы не дикарки. Небрежный рассеянный взгляд — что, мол, там такое? А-а, это всего лишь автобус с польскими туристами, и мы продолжаем небрежно танцевать в стиле "диско".

                Начинают танцевать в стиле "диско".

РОЗА. Что там такое? А-а, это всего лишь автобус с польскими туристами...

КЛАВДИЯ. А-а, это всего лишь автобус с польскими туристами...

Нарастающий рев автобуса. Вот он проходит мимо.

СЕСТРЫ *(размахивают платками и скандируют).* Дру-жба! Дру-жба! Пшиязнь! Пшиязнь! Пшиязнь!

Шум автобуса тает в отдалении.

РОЗА *(смущенно).* Ах, девочки, простите, это я виновата. Я первая не сдержалась. Он ТАК на меня посмотрел.
КЛАВДИЯ. Кто это ТАК на тебя посмотрел?
РОЗА. Тот брюнет.
КЛАВДИЯ. Какой еще брюнет? Там были одни старикашки.
РОЗА. Там были одни старикашки и один брюнет лет тридцати. Настоящий пан ясновельможный!
КЛАВДИЯ *(чуть не плачет).* Дура ты, Розка!
РОЗА. Ты сама недоразвитый, безнадежно приземленный человек! *(Нервно закуривает сигарету.)*
КЛАВДИЯ. Откуда у тебя "Мальборо"?
РОЗА. Это он мне протянул! Ловко так изогнулся и протянул из окна. Такой парень!
КЛАВДИЯ. Ах, это ты вчера выпросила у Моногамова.
РОЗА. Ты просто ничего не видела в своем провинциальном азарте!
ЛАЙМА *(смотрит в бинокль).* Ах, девочки, он зажег огни... светящийся автобус на фоне заката... Незабываемо!.. Он подходит к нашей государственной границе... Европа! Польская Народная Республика!

Быстро темнеет. Миражный город на заднике освещается огнями.
Крики Цапли.
Сестры, растрепанные и растерянные, бросаются друг к другу и обнимаются.

Налево мост, направо мост!
И Висла перед нами!

Крики Цапли. Страстные объятия сестер. Уходят.
В темноте на сцене появляется ломкая белесая фигура с неясными очертаниями.
Вздохи и причитания. Шорох крыл.
В луче света появляются покойно развалившиеся на тахте Степанида и Ф. Г. Кампанеец. В руках у Кампанейца газета.

КАМПАНЕЕЦ *(читает).* Знаете ли вы что... ну-с, посмотрим, что они преподнесут нам на сей раз? *(Читает.)* ...что в 1579 году жители города Цюкерхен, что в Вюртемберге, были разбужены шумом невероятного по силе дождя. Каково же было изумление добропорядочных бюргеров, когда они увидели, что на мостовые вместе с потоками воды валятся с неба тысячи болотных лягушек... *(В ярости комкает газету и вскакивает.)*

Вскакивает и взбешенная Степанида.

КАМПАНЕЕЦ, СТЕПАНИДА *(наперебой).* Что за наглый вздор! Что они пишут тут, понимаете ли! Когда же эти негодяи оставят людей в покое?! Негодяи! *(Выходят к рампе.)*
СТЕПАНИДА *(в зал).* Негодяи! Негодяи! Негодяи!
КАМПАНЕЕЦ *(в зал).* Негодяи! *(Очищает рот.)* Дьявольски хочется пива "Карлсберг"!

Звонки и голоса по радио призывают зрителей вернуться в зал. Пока желающие возвращаются, на сцене происходят стыдливые изменения декораций. В эти несколько минут приятно было бы увидеть в проходе трех-четырех молодчиков, играющих на геликонах что-нибудь сентиментальное.

5

ЛЯГУШКОПАД

Смерч над болотом пролетал, лягушек в тучи засосал. К утру упал на мирный штадт нелепейший лягушкопад.

Когда лягушки падают с небес, происходит глупейшее чудо из всех чудес. Довольно паршивое явление природы. В восторге лишь нравственные уроды. Права на сон лишается гражданин сонный, кипит его разум, естественно, возмущенный. На наших улицах лягушачье крошево, в этом нет ничего хорошего. Шлепаются на крышу лягушки да лягушки. Хватить бы кого-нибудь пивной кружкой! Да некого...

Послушай, Ганс, ты, кажется, впадаешь в транс? Подмышкой у тебя подушка, а изо рта торчит лягушка!

Он на француженке женат, поэтому лягушкопад его нисколько не тревожит. Да, славы нашей не умножит такой лягушколюб Гансуля. Не лезь-ка шайзе на дер штуле за наш товарищеский тиш!

А ты, Иозеф, что молчишь? А ну-ку двинь Петру, геноссе! Иначе сам башки не сносишь!

Эй, Феликс, ножик не забыл? Что нож, ружьем бы вразумил глупцов, что затыкают уши, когда лягушки, словно груши, на плиты наших городов из иностранных облаков вала́т, а бургомистр Шумахер, жидам продавший душу на хер, молчит и прячется в дому. Кто на ногах, айда к нему!

Тот, кто лягушками нынче наслаждался, немецким салом, видно, вчера обожрался.

Тут назревает афоризм, и в нации растет фашизм.

АКТ II

Снова веранда пансионата "Швейник" в ее прежнем великолепии. Яркое солнечное утро. Роза и Клавдия, обе в сарафанчиках, накрывают к завтраку, привычно переругиваясь.
Ф.Г. Кампанеец в деловой тройке и очках разгуливает по веранде.
Не выпускает из рук телефона с длиннейшим шнуром.
В течение всего этого действия шнур будет тащиться за Кампанейцем, постепенно опутывая их всех и играя таким образом немалую роль в разработке мизансцен.

КАМПАНЕЕЦ *(в телефон).* Записывай, Игорек! Двадцать четыре ящика иранского порошка отправить в Молдавию и придержать, теперь его долго не будет. Петряну подбросит тебе партию лака по накладным Афанаскина. Связывайся с Хачапуровым по вопросу о голландских шампунях. Выходи на Мамонтова через Морозова и принципиально ставь проблему будозана...

КЛАВДИЯ *(рявкает на Розу).* Ты мне опять свое навязываешь!

РОЗА. Нельзя ли потише? У отца сегодня рабочий день.

КАМПАНЕЕЦ. Мне сюда подкинь пару ящиков датского пива. Что? Где взять? Ты в своем уме, Игорь? Действуй, а то уволю! *(Кладет трубку и тут же ее поднимает, набирает две цифры.)* Ритуля, золотце мое, Кампанеец на проводе. Кто сегодня за старшую? Аня? Та, что губы ярко мажет? Соедини, кисонька. Анечка? Это дядя Филип из "Швейника". Да-да-да, моя лапочка, по-прежнему с ума схожу. Привез тебе сувенирчик из Франции. Конечно, "Шанель", только очень яркая. Как твоя? Вот удача! Тогда тебе сегодня подбросят наборчик. Ах, губки наши губки, карамельки бесценные! Анечка-красавица, размести мои заказы по срочному. Два раза Жданов, три раза Калинин, Куйбышев, Киров, пять раз Орджоникидзе. Спасибо, деточка, дядя Филип своих лапочек не забывает. Даю номера...

6

НАШ ДЯДЯ

Наш дядя был по мнению многих большим сторонником миноги,
но, времени не тратя зря, жевал частенько и угря.

Под рокот пламенных моторов прошел он путь командный свой
от юных штурмов Беломора на героический Дальстрой.
С годами не обмякло кредо, и, отойдя от громких дел, маячил
дядя, как торпеда, хотя слегка очертенел.
Уклон какой-то скандинавский с годами дядю обуял, утрачен
прежний сандуновский Москва-барокко идеал.
По телефону партизаня, крутя знакомств нелегкий вал, о датском
пиве, финской бане наш дядя вечно хлопотал.
В отличие от бесовщины величественных эпох, бессонницы и штурмовщины, искоренения вражьих блох, он небу не грозит овчиной, навек к дубленочкам присох. С прононсом новой чертовщины — таков итог.
Так из отъявленных садистов, из бесовщины прежних дней мы вырастили гедонистов, распаренных блажных чертей.
Но это — благо, в самом деле, вздыхает робкий наш народ. Пускай почесывают тело и семгой забивают рот. Жуем мы хек, поводим ухом. Они — икру и сервелат. Примат материи над духом приветствуем: они велят.
Приветствуем Земли вращенье и со-вращение Луны и мелкое очертененье геройской в прошлом сатаны.

Пока Кампанеец диктует номера телефонов, на веранду медленно поднимается Леша-швейник с чемоданом и гармонью через плечо. Его пока никто не видит.

РОЗА. Клавдия, знаешь, у меня сегодня какое-то радостное предчувствие с утра. Какое-то особое ожидание. Понимаешь, что я хочу сказать?
КЛАВДИЯ. А то не понимаю! Все принца ждешь.
ЛЕША-ШВЕЙНИК. Я извиняюсь, где здесь регистратура?

Обе девы вздрагивают крупной дрожью и поворачиваются к вновь прибывшему. Кампанеец тоже смотрит на Лешу-швейника, но в это время происходит соединение.

КАМПАНЕЕЦ. Орджоникидзе? Кампанеец на проводе! Алик, привет, дорогой! Дай-ка мне информацию по нитроэмали... так... так... *(Делает записи в блокноте.)*
ЛЕША-ШВЕЙНИК. Где здесь будет регистратура, девчата, не подскажете?

РОЗА *(руки сжаты на груди).* Кто вы?
КЛАВДИЯ *(хохочет).* Прынц!
ЛЕША-ШВЕЙНИК. Ценю юмор. Будем знакомы. Фокин Алеша из города Париже-Коммунска, с комбината "Парижская Коммуна", значит, наладчик станков. А вы, девчата, с Иванова?
КАМПАНЕЕЦ *(приближается, таща шнур).* Вы, молодой человек, читать умеете? Надпись видели — "Посторонним вход запрещен"?

    Леша-швейник с доброй улыбкой начинает экспедицию по своим карманам, что-то роняет, поднимает, укладывает.
    В это время к завтраку по обеим лестницам спускаются все обитатели пансионата — Лайма, Боб, Степанида, Моногамов, Леша-сторож, все в сборе.

ЛЕША-ШВЕЙНИК. Вот, значит, паспорт, трешник на прописку и путевка.
РОЗА. Он с путевкой!

    Немая сцена. Все переглядываются. Постепенно нарастающий шепот:

С путевкой! Отдыхающий! Швейник с путевкой! Уму непостижимо!
МОНОГАМОВ *(Леше-швейнику).* А я вас где-то уже видел. Вы на Цейлоне в тракторном отряде не работали?
ЛЕША-ШВЕЙНИК. Чего не было, того не было, врать не буду.
КАМПАНЕЕЦ *(берет путевку с предельной брезгливостью).* Кто вам это выдал?
ЛЕША-ШВЕЙНИК *(польщенный общим вниманием).* А это во вторник, нет, вру, в среду, значит, приглашают в месткоме. Пора, говорят, тебе, Фокин Леша, на гарантированный отдых. Вот, говорят, тебе на выбор санаторий "Чечуево", "Хехово" и пансионат, значит, на Балтике "Швейник". Очень мне название понравилось, и вот добро пожаловать. Вижу, компания неплохая и к завтраку как раз успел.
РОЗА *(с нарастающей нежностью).* Да-да, пожалуйста к столу... сейчас я вам дам прибор... товарищ Фокин. Леша-швейник. Леша.
КАМПАНЕЕЦ *(с путевкой).* Остолопы, периферия! *(Розе.)* Накроешь ему за вторым столом. Здесь.
ЛЕША-ШВЕЙНИК. Без компании?
РОЗА. Я могу составить вам компанию.
КАМПАНЕЕЦ *(Розе).* Ты нам составишь компанию, деточка, своему коллективу, своей семье.
МОНОГАМОВ. Могу и я составить компанию этому джентльмену, поскольку несколько выпадаю из коллектива как член семьи.

СТЕПАНИДА *(яростным шепотом)*. В прежней роли, Иван? Противопоставляешься?

Даже не особенно наблюдательный зритель заметит, что у нее во втором акте сильно увеличились ягодицы и груди.

Работа в такой ответственной организации тебя ничему не научила?
МОНОГАМОВ. ЮНЕСКО, знаешь ли, не такая уж ответственная организация. Там было так легко.
СТЕПАНИДА. При чем тут ЮНЕСКО.
МОНОГАМОВ. Но я работаю в ЮНЕСКО.
СТЕПАНИДА *(ядовито)*. Ах, ты работаешь в ЮНЕСКО.
МОНОГАМОВ. Где же еще?
СТЕПАНИДА. Беру свои слова обратно. Все-таки ответственная организация тебя кое-чему научила.
МОНОГАМОВ. А-а, теперь понимаю, что ты имеешь в виду, Степа, но ведь не все же. Ты же знаешь. Ты же была дежурной по этажу. Ты же знаешь, что не все.
СТЕПАНИДА. Оставь, пожалуйста.
МОНОГАМОВ *(вдруг замечает выросшие части тела)*. Позволь, Степочка, что это с тобой? Такие внезапные изменения!
СТЕПАНИДА *(не без кокетства)*. Ну и что? Не вижу в этом ничего плохого.
МОНОГАМОВ. Немного не в парижском стиле.
СТЕАНИДА *(сухо)*. У нас свой стиль.
МОНОГАМОВ. Да-да, конечно. Везде свое. Вот, например, у мадагаскарских красавиц...
СТЕПАНИДА. Ты, я вижу, знаток мадагаскарских красавиц. Может быть, там у тебя лучше получалось?
МОНОГАМОВ. Как ни странно, да. На Мадагаскаре со мной что-то странное произошло. Я там так отличился, ты даже не представляешь.
СТЕПАНИДА. Совершенно не представляю. Пойдем к столу.

Все уже разместились вокруг большого стола, во главе, разумеется, Кампанеец с телефоном.
Леша-швейник преспокойно "отдыхает" за маленьким столиком.
Роза хлопочет вокруг него, временами застывая, с рассеянной счастливой улыбкой поправляя волосы.

ЛЕША-ШВЕЙНИК. Нормальночка!
РОЗА. Вам нравится завтрак?

ЛЕША-ШВЕЙНИК. Качественно, ничего не скажешь, хотя, конечно, я утром-то суп ем.

РОЗА. На завтрак суп?

ЛЕША-ШВЕЙНИК. Ага. Пару тарелочек лапши засадишь, и голова не болит.

РОЗА. Вы женаты?

ЛЕША-ШВЕЙНИК. Как же ж я не женат, если у меня деток трое.

КЛАВДИЯ. Розка, поздравляю!

РОЗА *(Леше-швейнику)*. Завтра я вам сварю лапшу.

КАМПАНЕЕЦ. Роза, займи-ка свое место. Твое дело охватить отдыхающего культработой. Меню ему определяет диетолог.

КЛАВДИЯ. Я ему сварю лапшу!

БОБ. В Цахкадзоре на сборах перед матчем гигантов десятиборец Прошкин съедал за завтраком три тарелки свиных щей. И победил Ричарда Поупа.

МОНОГАМОВ. Культура завтрака в разных странах различна. Во Франции так называемый "пти-дежене"...

ЛЕША-СТОРОЖ *(неожиданно и бурно хохочет)*. На жене! *(Леше-швейнику.)* Ей, швейник, слыхал, во Франции-то шамают на жене!

МОНОГАМОВ *(улыбается)*. Экий вы чудак! "Пти-дежене" — это, как правило, кофе, масло, джем, круасан...

ЛЕША-СТОРОЖ *(безудержно хохочет)*. Швейник, слыхал? На жене! Тпру сам!

ЛЕША-ШВЕЙНИК *(холодно)*. Полегче, деревня!

Звонок телефона.

КАМПАНЕЕЦ. Жданов? Соединяйте! Сашко́, здоровеньки булы! Ты мне тринитротолуолом мо́зги не долби! Лучше признавайся, где антифриз прячешь? *(Смеется.)* То-то! Давай, давай, записываю...

МОНОГАМОВ. А вот в Испании...

СТЕПАНИДА. Борис, наконец-то у тебя установился хороший цвет лица.

БОБ. Тете Лайме скажи спасибо.

ЛАЙМА *(вспыхнув)*. Боря, я прошу вас!

БОБ. А что такого? Это же естественно...

МОНОГАМОВ. Между прочим, Испания. Я был там при Франко и после. Удивительные изменения. Удивительно, как люди быстро забывают кошмары тоталитаризма...

КЛАВДИЯ *(Леше-сторожу)*. Сейчас, Леха, плюнем на всех и купаться пойдем!

ЛЕША-СТОРОЖ. Вот ненасытная баба! А ночью чё делать будем? Таперича надоть грибы резать, о будущем надо подумать.

МОНОГАМОВ. Как быстро возвращаются к нормальной демократической жизни! Митинги на каждом углу! Споры в каждом кафе! Испания теперь...

ЛЕША-ШВЕЙНИК *(он за это время достал бутылку "экстры", снял пиджак и рубашку и, оставшись в одной майке, заиграл на гармонии. Поет.)* Через горы темные И поля зеленые Вышел в степь Донецкую Парень молодой...

КАМПАНЕЕЦ *(Леше-швейнику).* Это что за самодеятельность? Мы вас отсюда попросим, товарищ внеплановый отдыхающий! *(В трубку.)* Да это радио тут у нас играет. Что? Песня, говоришь, хорошая? Вячеславу Сергеевичу нравится? Он там? *(Встает.)* Ночевал у тебя? Ну, Сашко́, даешь! С девочками гуляли? Как? Без девочек гуляете? *(Вытягивается.)* Доброе утречко, Вячеслав Сергеевич, здоровеньки, конечно булы. Да-да, гарная писня. *(Леше-швейнику.)* Громче можешь? *(В трубку.)* Так точно, песня нашей юности, Вячеслав Сергеевич. Совершенно согласен, Сашку нашему... ха-ха, ну, конечно, вашему, Вячеслав Сергеевич... цены ему нет! *(Высший накал сердечности.)* Здоровеньки булы, Вячеслав Сергеевич! *(Вешает трубку, стоит некоторое время в сладком ступоре, с мечтательной улыбкой на устах.)* Ох, как хочется чего-то... *(Очищает рот.)*

ЛЕША-ШВЕЙНИК *(хватает полстакана).* Там на шахте угольной Паренька приметили...

КАМПАНЕЕЦ *(растроганно аплодирует).* Вот ведь песня, товарищи! Переходит, как эстафета, от поколения к поколению.

ЛЕША-ШВЕЙНИК. А вот я лично готов с вами поспорить, товарищ директор, по вопросу песни-семьдесят девять. У нас есть которые без понятия, а это неправильно. На политическом факторе возникают существенные увеличения. Так? Нормальночка! А я опять не согласен. Ты приходи ко мне домой вечером, многое поймешь. Я сижу, жена сидит, теща стряпает. Зайди, поинтересуйся, брезговать нечего. Открой холодильник — что ты там найдешь? Врать не буду, все, как в магазине. Разрядка всемирного существования, так? А вот тут я опять с тобой поспорю, как профессор Капица по телевизору. Эх, очевидное-невероятное! *(Рвет меха гармони.)* Остановите музыку, остановите музыку, прошу вас я, с другим танцует девушка-а-а моя!

РОЗА. Стихийна самобытная, поистине анархическая натура!

ЛЕША-СТОРОЖ *(встает, его как магнитом тянет к Леше-швейнику, подсаживается).* Значит, из Парижска, паря?

ЛЕША-ШВЕЙНИК. Из Париже-Коммунска, лапоть!

МОНОГАМОВ. Так о чем я рассказывал? Об Испании или о Боливии?

СТЕАНИДА. Помолчи-ка, Иван! *(Хлопает ладонью по столу.)* Пока все в сборе, я бы хотела поставить во всеуслышанье один наболеший вопрос. Что здесь у нас происходит по ночам? Я всегда гордилась своим сном, но даже я в последнее время стала улавливать какие-то передвижения, какие-то звуки, какие-то эманации. Я бы хотела привлечь к этому внимание *(Нажимает.)* в с е х, а также и в первую очередь *(Нажимает.)* р у к о в о д с т в а. *(Жарким громким шепотом Кампанейцу.)* А вы, вообще, дядя Филип, в последнее время многое утратили. Мне всегда казалось, что вам доступны сильные чувства, такие, как ответственность, мужское достоинство, ревность, в конце концов. Теперь мне кажется, что я ошиблась!

КАМПАНЕЕЦ *(делает вид, что не все уловил — заработался.)* Прости, Стэпа?.. *(Крутит диск.)*

Из-за столба веранды выглядывают сияющие морщинками личики стариков Ганнергейтов. Зовут Кампанейца. Он их с притворной строгостью отгоняет.

(В трубку.) Альгис Журайтисович, это Кампанеец по вопросу фондов на третий квартал. У нас тут наплыв отдыхающих.. да... да... Прости, Стэпа... важные переговоры... *(Записи, подсчеты на калькуляторе.)*

СТЕПАНИДА *(встает и еще раз хлопает ладонью по столу).* Так вот, мне кажется, что источником ночной смуты является мой законный супруг! *(Перст в сторону Моногамова.)* Он приходит ко мне в постель, нагло и вяло играет роль мужа, а потом, дождавшись, когда я усну, исчезает до утра и приходит мокрый по колено, от него воняет болотом!

МОНОГАМОВ. Степа, зачем же при всех?

СТЕПАНИДА. Ты, сокол мой, в своих юнесках забыл о некоторых нормах нашей жизни. *(С нарастающей яростью.)* А отвечать придется за лунатические похождения! Перед всеми! Перед сыном! Перед женщинами! Перед коммунальниками! Перед швейниками, наконец! Где ты шляешься по ночам?!

Моногамов шаткой походкой с закрытыми глазами выходит в просцениум.
Слышится далекий крик Цапли. Глухая потаенная нежность.
Все вскакивают. Стулья в стороны.

РОЗА. Она впервые кричит здесь днем! Ну как же можно не влюбиться?!

СТЕПАНИДА *(надменно и грубо).* Отвечай, Иван Владленович, за неблаговидные делишки! О чем задумался, детина?

МОНОГАМОВ *(открывает свои огромные глаза, потрясающим*

шепотом). О голоде!

     Новая пауза и странноватое замешательство.
Ф. Г. Кампанеец, бормоча "пятьдесят пять, товарищ Патронаускас, минимум шестьдесят шесть, максимум семьдесят семь", с телефоном в руке бессмысленно движется по сцене и запутывает всех присутствующих своим длинным шнуром.

  СТЕПАНИДА *(борясь со шнуром, приближается к Моногамову).* Чего тебе не хватает, Моногамов?
  МОНОГАМОВ. Известно ли вам, что две трети человечества хронически недоедают? Вы слышали когда-нибудь о Биафре, о Бангладеш? Да смеем ли мы снимать фильмы, выпускать книги, пластинки, требовать свободы творчества, когда сотни миллионов детей не получают полноценных белков, жиров и даже углеводов? Смеем ли мы покорять космическое пространство, когда под угрозой генетический код человечества? Боб, сын мой, прыгучий юноша, ты со мной согласен?
  БОБ. Конечно, согласен. Послушай, папец, у меня к тебе дело. Сдай мне свой пиджак, а? Хочешь пару сотен? Мне сейчас в Ташкент лететь на соревнования. В таком пиджаке я их сразу психологически подавлю — и Ященко, и Гаврилова, и Кибу. *(Смотрит на часы, запутывается в шнуре.)* Лады?
  МОНОГАМОВ *(снимает пиджак, бросает его Бобу, взывает к аудитории).* У нас в высокоразвитых странах прилавки магазинов завалены всем необходимым — колбасами, окороками, сырами, лососиной, икрой, креветками, маслами животными и растительными, тортами, шоколадом, суфле на разные вкусы, свежайшими овощами и фруктами, прохладительными напитками и утонченными винами *(Нотки истерии.),* а в это время в Кампучии дети получают по горстке риса, а в Мавритании у туарегов нередки голодные обмороки! *(Все больше запутывается в шнуре, замечает вдруг, что оба Алексея, остановив на полпути стопари водки, раскрыв рты, смотрят на него, протягивает к ним руки в малооправданном умоляющем жесте.)* Ну! Ну!

    Сторож и Швейник чокаются и употребляют напиток.

  ЛЕША-СТОРОЖ *(Леше-швейнику).* Ты, паря, тута за меня держись. Тута публика нервная, голову заморочат, а я — чё? — простой сторож, мы с тобой снюхаемся.
  ЛЕША-ШВЕЙНИК. Сторож, говоришь? А глаза у тебя нехорошие. *(Снова берется за гармонь, не обращая внимания на шнур, играет*

"За далекою Нарвскою заставой".)

МОНОГАМОВ. В Европе каждый несчастный случай попадает в газеты! В нашей стране могучая система социального обеспечения! А в Африке, а в Азии погибших считают только сотнями! На десятки уже не обращают внимания! *(Вопит истошно, почти припадочно.)* Это недопустимо! *(Бросается к сестрам Кампанеец.)* Вы-то, сестры, женские матки! Вы-то понимаете, что мы вся раса землян, от холеного секретаря обкома до нищего парии в Мадрасе? Матери!

КЛАВДИЯ. Какие мы тебе матери, псих припадочный?! Лайма — неолог, я — технолог, а Розка у нас вообще еще девочка.

Вибрируя и перемещаясь, сестры запутываются в шнуре.

МОНОГАМОВ *(взывает к Кампанейцу)*. Филип Григорьевич, вы-то, человек такого масштаба, должны учитывать опасности всеобщего рахита, физического и нравственного вырождения! Вот вы спекулируете по телефону, но не для себя же, правда? Для семьи же своей, да? Ведь семья же для вас ведь модель всего человечества, ведь я не ошибся? Ведь любая пара иссушенных пелларгой ног — это и ваша пара ног тоже!

КАМПАНЕЕЦ *(вдруг, словно впервые увидел, внимательно смотрит на Моногамова)*. Послушайте — как вас? — Моногамов, мне нравится, как вы очерчиваете проблему. Конечно, любая пара ног — наша. *(Непринужденно берет под руку дрожащего взмыленного Моногамова.)* Может быть, вообще, сойдемся поближе? Это правда, что работники ООН не подвергаются таможенному досмотру?

Телефонный звонок.

Махарадзе? Бабабаев? Где наш мохер, Бабабаев? С огнем играешь, Рафик! Так... так... *(Запутывается в собственном шнуре.)* На нефти сидишь, на пиве, на шоколаде! Да будь ты проклят, товарищ Рафик Бабабаев!

МОНОГАМОВ *(борясь со шнуром, падает на колени и ползет к Степаниде)*. Степочка, хоть ты очнись! Ведь я же помню, какая ты раньше была — порывистая, огневая! Ведь все эти вздувшиеся окружности, этот великодержавный апломб, это не твое, это наносное! Пойми хоть ты, что мы все на планете одна семья, что нам всем вместе угрожает гибель, энтропия! Ведь неизвестно, есть ли еще где-нибудь в пространстве то, что мы называем разумной жизнью. А вдруг мы единственные?! *(Изрыгает в полной истерике.)* Мы! Единственные! На нас одних обращено Око Божие! А?

СТЕПАНИДА *(брезгливо).* Экая клерикальная чушь! Вконец ты запутался, Иван. Заврался, раздергался, в глаза народу смотреть не можешь. Нет, я этого так не могу оставить, мой долг — реагировать. Пойди-ка сюда! *(Подтягивает на шнуре обмякшее тело Моногамова.)*

    Близкий крик Цапли, зов. Все услышали. Степанида засовывает голову Моногамова себе под мышку.
    Все пытаются выбраться из пут телефонного шнура. Резкие безнадежные рывки. Наконец, группа фиксируется.
    На веранду поднимается Цапля. Прежние медлительные застенчивые движения, однако сквозь них на этот раз проглядывает какая-то решимость, как будто птица забыла о своих тощих коленках и о струйках болотной влаги, стекающей с клюва, с крыльев, с изжеванного и жалкого плащишки.

ЦАПЛЯ *(нелепо поднимая ноги, идет вдоль нашего "Лаокоона", посвечивает глуповатым своим круглым глазом, вопрошает скрипучим голосом).* Кто тут? Кто тут? Кто тут? Кто ту ест? Кто зовет? Кто во́ла?

    Все как будто онемели, никто не может ответить, хотя все как бы и пытаются.
    Дрожат спина и зад Моногамова.
    Понурив голову, Цапля уходит.
    Молчаливое неосмысленное движение вслед уходящей Цапле.
    Пауза. Статика.
    Через перила веранды вдруг бодренько перепрыгивают старики Ганнергейты.
    Приплясывая, проходят по сцене, ужимками, кивками жестами любовно адресуясь к Кампанейцу.

    На земле, на воде и в болоте
    Светит ласковый наш уголек!
    Если крылышки слабнут в полете,
    Залетай, светлячок, на чаек!
    Бомбовозы везут!
    Огнеметы метут!
    Проползают тяжелые танки!
    Если кончишь, мой друг,
    Свой нелегкий кунштюк,
    Залетай в легендарной тачанке!

    Леша-швейник ожил и подхватил зажигательный мотив на гармони. Смотрит на Розу, мягко улыбается.

РОЗА. Вы... импульсивный... вы неожиданный... Леша-швейник... *(Краснеет до слез.)*
ЛЕША-ШВЕЙНИК. Пойдем, Роза, ну, значит, нормальночка, в

общем, койку покажешь, где гарантированный отдых по закону природы.

Роза и Леша-швейник высвобождаются из пут шнура и покидают сцену.
Старики Ганнергейты снова на сцене со связкой огромных, каждый с валенок, белых грибов.
Леша-сторож вскочил, дрожа. Путы упали к его ногам.
Клава тоже свободна.

КЛАВДИЯ *(хватает друга за руку).* Леша, грибы-то какие!
ЛЕША-СТОРОЖ *(прячет волнение).* Чаво грибы... ничаво особенного... Эй, Кларенс, троячок, что ль?
КЛАРЕНС. Иа, иа, пан сторож! Троячок! *(Отдает связку.)*
КЛАВДИЯ. Теперь наше будущее обеспечено!

Клавдия и Леша-сторож убегают с грибами.
Старики Ганнергейты прячутся за телевизором. Кларенс вытаскивает свою рацию. Треск, шорох, голоса: "Ахтунг, ахтунг, говорит Ташкент."
Встрепенулись Боб и Лайма.

БОБ *(в отцовском пиджаке).* Тетя Лайма, сердечно благодарю вас за помощь в сохранении стабильности. В Ташкенте прыгну выше всех. Смотрите телевизор.
ЛАЙМА. Перед лицом разъяренной толпы, мой мальчик, помни, что я твой глубокий тыл.
БОБ. Еще раз спасибо. Привет моим родителям.

Они обмениваются рукопожатием. Боб прыгает через перила.
Лайма выходит за ним вслед.
Из всей скульптурной группы остались в центре лишь Кампанеец, Степанида и дрожащее тело Ивана Моногамова. Все трое переплетены телефонным шнуром.
Зиждется посредине величественная Степанида.
Дрожит спина Ивана Моногамова.
Кампанеец, боязливо оглядываясь на Степаниду, делает притворно строгие жесты старикам Ганнергейтам — повремените, товарищи!

Глухой голос МОНОГАМОВА. Цапля! Где ты? Отзовись!

Степанида молча придавливает его голову локтем.

КЛАРЕНС ГАННЕРГЕЙТ *(надевает наушники, выходит в эфир).* Бреслау, Бреслау... здесь Шварцвальд... швайген... *(Плачет.)*...

...Бристоль, Бристоль... здесь Блэквуд... сайланс... Дижон... здесь Форэ Нуар... силанс... *(Плачет.)* Одесса, Одесса... здесь Чернолесье... молчат... *(Рыдает.)* Гитлер капут... Сталин капут... Трумэн капут... Черчилль капут... мы забыты всем миром, экселенц... *(Плачет.)* ...ороговение кожи.,. *(Хихикает.)* ...копытца, рожки, хвостики... *(Хихикает.)* ...батареи садятся... *(Плачет.)* ах, экселенц, ваше превосходительство... какое было время, эти фирциге яарес... Второя Мировая Война! *(Плачет, уткнувшись в свою рацию.)*

7

ВТОРАЯ МИРОВАЯ ВОЙНА
(солдатская песня)

Запевала: Над статуями над римскими,
            Над колоннами афинскими,
            Да над шхерами над финскими
            Песня ласточкой летит!

Строй: Эх, Европа,
            Веселые поля!
            Идем всем скопом,
            Трясутся вензеля!
            Заложим мину
            Под Нотр-Дам!

Сестрица: И я тебе, любимый,
            В воро́нке дам!

Запевала: Над полями галицийскими,
            И над кирхами австрийскими,
            Над садами над английскими
            Песня ласточкой летит!

Строй: Штурмуем Припять,
            Весь экипаж вспотел,
            Готов я выпить
            Хоть Молотов-коктейль.

              В нас бьют все мимо!
              Разрушим Роттердам!

Сестрица: И я тебе, любимый,
              Под танком дам!

Запевала: Над песками над сахарскими,
              Над дымами сталинградскими,
              По-над джунглями вьетнамскими
              Песня ласточкой летит!

Строй: Эх, радистки,
              Встречайте с неба нас!
              Откройте виски
              И пригласите джаз!
              Вот на кусочки
              Мы разнесем Потсдам!

Сестрица: И я тебе, мой летчик,
              В турели дам!

Летчик *(басом)*: А я тебе, мой пончик,
              Отдам Потсдам!

ЦИНТИЯ *(ободряет Кларенса пинком в зад)*. Мон капераль, коммунике муа, силь-ву-пле! Бардзо хочется друга!

*Кларенс хихикает, выходит в эфир.
Телефонный звонок под рукой Кампанейца. Тот поднимает трубку.*

КАМПАНЕЕЦ. Кампанеец на проводе! Кто говорит? Калинин? Жданов? Ворошиловоград? *(Ждет, трепетно прислушиваясь к молчанию.)* Оно, наконец-то! *(Почесывает ногой задницу, лицо его озаряется дикой радостью.)*

ЦИНТИЯ. Си-си-ми-си-си-ва!

КЛАРЕНС. Глю-глю-глю-глю-глю!

СТЕПАНИДА. Филип Григорьевич, что с тобой?

КАМПАНЕЕЦ. Вызывают по вертушке! Надо лететь!

СТЕПАНИДА. Врете вы все! У вас здесь нет вертушки! Позорно себя ведете, а ведь я на вас равнялась!

КАМПАНЕЕЦ *(чертенеет все сильнее)*. Вжах! *(Бросает трубку.)* Не могу больше! *(Выскакивает из пут.)*

Под песенку "Бомбовозы везут, огнеметы метут" все три черта проходятся по сцене в легком танце, а потом,ухая, перепрыгивают через перила и исчезают в солнечном блеске.

СТЕПАНИДА. Дядя Филип, остановись! Дядя Филип! Пропал! *(Вздымает руки, как героиня античной трагедии.)* Горе мне горе! Горе! А ведь сколько говорил об идейной цельности! О нравственной чистоте! О сороковых! О тридцатых! Мужчины — безнадежны!

Покачиваясь, поднимается Моногамов, переступает через кольца телефонного шнура.

МОНОГАМОВ *(открывает свои огромные глаза, взывает).* Где ты? Где ты? Цапля, отзовись!
СТЕПАНИДА *(почти с омерзением).* Болотный вздыхатель! Сегодня же лечу в Москву и наведу о тебе кое-какие справки.
МОНОГАМОВ *(в полубреду).* Да-да, наведи. Мне нужны о себе кое-какие справки.
СТЕПАНИДА *(вынимает из лифчика документ).* Ну-ка подпиши доверенность на получение чеков Внешпосылторга.

Моногамов тут же подписывает доверенность.

Любопытно, любопытно, кто взял на себя ответственность за подбор таких кадров. *(Засовывает доверенность обратно в лифчик и, топая по-солдатски, пыхтя и грозя во все стороны света надменным ликом, уходит.)*
МОНОГАМОВ *(бредет, простирает руки, словно слепой).* Цапля! Цапля! Отзовись!

Далекий крик Цапли. Нежность. Тоска. Моногамов пытается подражать этому звуку.

Голос ЦАПЛИ. Где ты, россиянин?! Русский, отзовись!

Моногамов, будто прозрев и помолодев, радостно подхватывается и бежит в глубину сцены, к морю.
На сцене воцаряется странноватое волшебное освещение. В небе возникает готический мираж.

Декорация пансионата "Швейник" отъезжает.
Медленно выезжает декорация антракта.

ВТОРОЙ АНТРАКТ

8

ТЫСЯЧЕЛЕТИЕ

Варяги мирно плыли в греки, как будто бы не на разбой, когда к ним вышли человеки, светясь холщевой простотой. Они сказали:

Изобильно здесь зверь бежит, летает гусь, и пахарь успевает сильно, и все сие зовется Русь.

Молодчики у нас могучи, а старцы полны важных дум, скот на лугах пригож и тучен, но вот порядка не имум.

Сор из избы метем мы чисто, а лес не валим наобум. Девахи наши голосисты! А вот порядка не имум.

Века проходят за веками все без порядка, так нельзя. Придите, княжите над нами, голубоглазые князья!

Ей-ей, какие человеки, подумал головной варяг и вынес на речные бреги хвостатый полосатый стяг.

Стояла жаркая погода, вздымались стяги из травы. Безоблачное время года не предвещало татарвы.

. . . .

Тысячелетие России... Над тяжкой бронзой смуты шум иссяк. Века проколесили. Теперь порядок мы имум.

Навес автобусной остановки на фоне приморской равнины.
Шум сильного дождя. Далекие крики Моногамова и Цапли.
Быстро темнеет на сцене и быстро светлеет в зале.
Желающие могут отправиться в буфет. Любители эротики, должно быть, предпочтут остаться в зале.
По просцениуму проходит измученный, мокрый до нитки Иван Моногамов, заходит под навес остановки, пытается закурить и видит в углу прижавшуюся к стенке испуганную Цаплю.

МОНОГАМОВ *(бросается).* Вы?! Родная моя!

ЦАПЛЯ. О, Езу! Пане, я працуе в комбинате "Червона Рута"... Езус Мария!.. яка швачка... швейка...

МОНОГАМОВ. Цапля, я все понял сразу, с первого знака, с первого звука! Я твой! Я для тебя жил все свои сорок лет! В тебе моя мечта!

ЦАПЛЯ *(вся сжавшись).* Пшепрашем пана, без особистых контактов... не дотыкать реньками... Руками... Естем така мокра, вильготна... Пан шемь не бжиди?.. Не гадко пану?.. То деждь... то деждь... я не завше естем така...

МОНОГАМОВ. Не стыдись! Ты вильготна, но ты и должна быть влажной, вильготной, моя Цапля! Когда ты зовешь, все влажные рощи Европы чудятся мне, все ее ночные города... Ты — Европа, юность, мечта! Не стыдись своих крыльев, перьев!

ЦАПЛЯ. Прошем, нех шемь пан не смее над бедным дивчином... на комбинате плацем мы тилько девянтьдесонт рубли... на едзение выдае чтердести... пятнашче плаце за ноцлег... пан добже ве же райстопы коштуе седем пентьдесят...

МОНОГАМОВ *(сует ей мокрые деньги).* Возьми себе на райстопы, на проклятые колготки, любимая! Купи себе новый плащ!

ЦАПЛЯ. Естем девица, проше пана... я целка... хлопаки не звраце на мне уваж... гвидже на мне... в клубе никт не танче зе мно... *(Умоляюще.)* Проше пана без особистых контактов.

МОНОГАМОВ *(вне себя от страсти).* Молчи, любимая! Ты — не швачка! Ты — цапля! Ты — мечта всех русских мужчин! Любовь моя! *(Обнимает ее.)*

ЦАПЛЯ *(слабеет в его руках).* Пан ве, я ем жабы... лягушки... полыкам их живе... пан напевно мен бжиди... *(Обнимает Моногамова, закрывает его спину крыльями.)*

МОНОГАМОВ. Не бжиди... Мне гадко. Мне сладко. Мне грешно. Мне свято. Я о-бо-жа-ю тебя! *(Внедряется.)* Ты Цапля?

ЦАПЛЯ. Кохане, кто ты естешь? Россиянин?

МОНОГАМОВ. Ты — Цапля?

ЦАПЛЯ. Россиянин?

МОНОГАМОВ. Ты — Цапля?

ЦАПЛЯ. Россиянин?

МОНОГАМОВ. Ты — Цапля?

ЦАПЛЯ. Россиянин?

Эти вопросы, прерываемые иногда стоном и счастливым смехом, будут слышаться со сцены из полной темноты все оставшиеся пятнадцать минут антракта, поэтому все зрители, даже любители эротики, приглашаются развлечься, освежиться и пообщаться. Содержательный диалог будет транслироваться во все закоулки театра. Чудные вопли апофеоза вместе со звонком пригласят вас вернуться в зрительный зал.

В пятне лунного света Цапля и Моногамов. Они оправляют свое платье, смущенно и любовно друг на друга посматривают.

МОНОГАМОВ *(покашливает слегка формально).* Ну-с, расскажи мне, как ты жила, где училась.
ЦАПЛЯ. Чи то правда, же пан зна двадестя осемь ензыков?
МОНОГАМОВ. Теперь уже двадцать девять.

Смущенно оба смеются.

ЦАПЛЯ. Знесен пану яйко.
МОНОГАМОВ. Подумай, прежде чем это делать.
ЦАПЛЯ. Не-не, то юж постановёно.

Где-то вблизи начинает играть гармоника.
Сестры Кампанеец поют на три голоса "Налево мост, направо мост, и Висла перед нами".
Вспугнутая Цапля, грациозно подпрыгивая (ну, просто фламинго!) и поднимая крылья, удаляется в темноту.
Рядом, фосфоресцируя, как король-олень, движется Моногамов.
Гаснет свет в зале.

9

КОРНИ

Иван Владленыч Моногамов, увы, не знал своих корней. Загадочнее далай-ламы ему казались люди дней совсем не дальних, деды, бабки, не говоря уже про "пра", из тех, что не служили в главке, не укрепляли аппарат.

А между тем, совсем не худо вам, современный человек, извлечь "предулю" из-под спуда, который в свой дремучий век построил велопед из бочек и укатил спокойно в Рим, там поклонился Санта Кроче и возвратился невредим в свое село, где, сильно выпив, на ярмарке забушевал и приставу за грубый выпад всю бородищу оборвал.

Сними еще забвенья камень и не гони теней взашей. Каков сюрприз — из рода мамы аптекарь вынырнул Эпштейн. Быть может, повредит анкете честнейший этот господин, но пользу приносил он детям, сливал микстуры от ангин.

Копнешь поглубже, человече, и, может быть, увидишь там одно блаженное заречье, в котором жили, не переча, кузнец Абрам и рядом пе́чник Владлен Марленыч Моногам.

Ведь в самом деле за прелюдом вражды паршивенькой одной был некий мир, а в мире люди, они и нынче все с тобой.

АКТ III

Все та же веранда пансионата "Швейник". В течение этого акта мы будем менять время суток, не считаясь с реальной последовательностью, но в зависимости от нужд драматургии и режиссуры.

Пока — ночь, луна, блики, шорохи, шелесты, шепоты.

Клавишная игра в стиле барокко.

Наконец-то пригодились нам и маленькие клавесины. Задумчиво и меланхолично играет сейчас на этом инструменте Леша-швейник. Явно наслаждается одиночеством.

По винтовой лестнице тихо спускается Леша-сторож. Замечает Лешу-швейника, вставляет в глаз свое стеклышко.

ЛЕША-СТОРОЖ. Вивальди лабаешь, швейник?

Разоблаченный Леша-швейник вскакивает, позорно суетится, вытаскивает из-под стула гармонь, берет первые такты песни "От Москвы до самых до окраин", потом отбрасывает гармошку, идет к Леше-сторожу и кладет ему руку на плечо.

ЛЕША-ШВЕЙНИК. Я тебя только со второго взгляда узнал, чувак.

ЛЕША-СТОРОЖ. А ты лучше замаскировался. Я, только когда водку стали пить, понял, что ты тот самый. Вспомнил твою белиберду про Джойса. В 68-м, кажется, она ходила по рукам...

ЛЕША-ШВЕЙНИК. Вот именно по рукам пошла. Она так и называлась: "Девка под зонтиком". Позорная штучка!

ЛЕША-СТОРОЖ. Однако красивая. Все тогда просто влюбились в твою блядь.

ЛЕША-ШВЕЙНИК. А я вспомнил твою тогдашнюю песенку "Семь пятниц на неделе". Скажи, сторож, ты чего испугался?

ЛЕША-СТОРОЖ. Чугунной бабы.

ЛЕША-ШВЕЙНИК. А я живой бабы с огурцами. Была сумасшедшая ночь. Стихи орали, пели, ездили из дома в дом, пили джин с тоником... не помню, кто угощал, то ли иностранцы, то ли наши знаменитости... Все мы ошалели тогда от джина с тоником, какое-то свинское откровение обнаружили в этом напитке. Впрочем, мы свиньями и были, воображали себя баловнями цивилизации, трахались по всем углам, подблевывали, а можжевеловую эйфорию в раскачку с пивной хандрой принимали, видите ли, за особую отмеченность.

Под утро, помнится, купались мы в каком-то грязном котловане в Химках, не знаю, что нас туда занесло, кроме снобизма дешевого, а потом наняли какой-то грузовик и приехали на колхозный рынок. Этакая феллиниевская компания — девки в страусовых боа, шляпы, маски и джинсы, кто-то в смокинге, а кто-то голый, завернутый в одеяло. Почему-то нас не трогала милиция, может, из-за иностранцев, а может, из-за наших знаменитостей говенных.

Короче — хождение в народ! Жрали кислую капусту, рассол дули прямо из бочек. Видим, стоит чудненькая маманька с огурцами, сама доброта и всепрощение! Маманя, угости огурчиком! — вся херва полезла в бочку. Маманя возьми и швырни крышку нам на пальцы. Взгляд, как у Малюты Скуратова. Ой, маманя, злюка какая! — все прошли мимо, а я просто остолбенел.

Один огурец упал на пол, и она его давила ногой. Мы с ней смотрели друг другу в глаза, и я опадал, как огурец под подошвой. Всех бы вас так, прошипела она, и тогда я понял, что пришел конец моей свободе, юности, мечте, артистическому свинству... С тех пор я бросил проклятое дело.

ЛЕША-СТОРОЖ *(осторожно)*. Зачем же ты приехал сюда в самый разгар драмы? Не выдержал?

ЛЕША-ШВЕЙНИК *(испуганно)*. Что ты, что ты! Я в самом деле настоящий швейник. Из Париже-Коммунска. С путевкой. *(Заглядывает собеседнику в глаза.)* А вот ты зачем здесь варишь кашу?

ЛЕША-СТОРОЖ. Я настоящий сторож. Я здесь грибы сушу. Только и всего.

На лестнице появляется Лайма.
Мужчины, заметив ее, встают на четвереньки и ползут по полу.

ЛАЙМА *(торжественным жестом указывает на телевизор)*. Мальчики, Ташкент уже в эфире!

ЛЕША-СТОРОЖ. Гадом буду, вот гдей-то здеся чекушку я заховал.

ЛЕША-ШВЕЙНИК. Не по-товарищески получается. Где маленькая белого вина?

Ползут на четвереньках, натыкаясь друг на друга. Лайма, как под гипнозом, приближается к телевизору.
На обеих лестницах хлопают двери. Клавдия и Роза.

РОЗА. Клавочка, милая моя, золото мое — свершилось! Я счастлива!

КЛАВДИЯ. Тебе повезло, Розка! Твой грибов не собирает.

РОЗА. МОЙ ягоды хочет собирать! Для наливок!

КЛАВДИЯ. А я, между прочим, сестренка, давно уж была счастлива, да только стеснялась признаться. Как вы с Лаймой заведете "Варшава-Варшава", так и получается, что я вроде бы животное существо без духовных запросов.

РОЗА. А чего же нам Варшава, если и здесь хорошо.

КЛАВДИЯ. А чего же нам Варшава, если и здесь хорошо.

ЛАЙМА *(перед озаренным телевизором).* Ташкент! Ташкент!

ЛЕША-ШВЕЙНИК *(сталкивается с Лешей-сторожем).* Где маленькая белого вина?

ЛЕША-СТОРОЖ. Скрадена.

ЛЕША-ШВЕЙНИК. Возражаю. Давай искать, пока не найдем. Как в песне поется — ищи, товарищ!

Из туманных глубин выходит Иван Моногамов. Луч Венеры сопровождает его. Увидев романтическую фигуру влюбленного международника, все вздрагивают и застывают.

МОНОГАМОВ *(простирает руки, восторженно).* Спасибо, ночь! Спасибо, звезды! Спасибо, дождь! Спасибо, песок! Спасибо, болото! *(Замирает в очаровании.)*

КЛАВДИЯ. Со свидания пришел. Видишь, природу благодарит. Проняла его птичка.

РОЗА. Ах, этот Моногамов! Он влюблен больше всех!

КЛАВДИЯ. Рехнулась, Розка? Знаешь, какие будут последствия? Страшно подумать!

ЛАЙМА *(сжимает руки на груди).* Девочки, ко мне! Ташкент же! Ташкент в эфире!

Леша-сторож и Леша-швейник на просцениуме. Заговорили "тайными голосами".

ЛЕША-ШВЕЙНИК. Давай начистоту — у тебя что-нибудь было с этой Цаплей?

ЛЕША-СТОРОЖ. Она меня с ума сводила. Я боялся влюбиться. Больше ничего.

ЛЕША-ШВЕЙНИК. Боюсь, что я бы не испугался. Я бы загремел со страшной силой. К счастью, я приехал, когда все уже началось. Теперь уже ничего не поделаешь.

ЛЕША-СТОРОЖ. Он вовремя явился, этот международник. Теперь его разоблачат, а не меня.

ЛЕША-ШВЕЙНИК. Да, страшно даже подумать, что будет, когда вернется Степанида.

ЛЕША-СТОРОЖ. Послушай, а тебе не кажется...

ЛЕША-ШВЕЙНИК. Нет уж, милый! Хватит с меня раздавленного огурца. Мы тут бессильны. Ведь это же...

ЛЕША-СТОРОЖ. Вот именно. Нарушение вся-чес-ких норм!

МОНОГАМОВ *(внезапно оборачивается к ним, сияя огромными глазами).* Друзья, разделите со мной хоть немного счастья!

ЛЕША-ШВЕЙНИК. Чего ж тут делить-то? Одна была и та скрадена. *(Леше-сторожу.)* Где маленькая белого вина? *(Хватает его за грудки.)*

ЛЕША-СТОРОЖ. Человека убивают за чекушку.

Сплелись и катаются по полу в фиктивной драке.
На сцену, семеня, выбегают старики Ганнергейты.

ЦИНТИЯ *(виновато).* Алас, если имеем нах театр один штюк сцена...

КЛАРЕНС *(виновато).* Значит, нужна нах сцена айн штюк дер мауэр. *(Быстро водружает в углу сцены легкую фанерную ширму.)*

ЦИНТИЯ. Если зи хабе стена, значит. она хабе...

КЛАРЕНС. Гвоздь! *(Вбивает в стенку гвоздь.)*

ЦИНТИЯ. Иф ви хэв стена и гвоздь...

КЛАРЕНС. Надо повесить ружье! *(Вешает ружье.)*

ЦИНТИЯ *(печально смеется).* Если нах мауэр висель ружье...

КЛАРЕНС *(разводит руками).* Оно должен...

ЛЕША-СТОРОЖ *(хватает Кларенся за ногу).* Отдавай чекушку "столицы", Кларенс!

ЛЕША-ШВЕЙНИК *(хватает за ногу Цинтию).* Где маленькая белого вина, Цинтия?

Кларенс вынимает из своей торбы огромную, литра на три, "маленькую". Два друга в счастливом "отпаде".

ЛЕША-СТОРОЖ. Я ж тобе гуторил — черти скрали!

ЛЕША-ШВЕЙНИК. Но отдали же ж! Отдали! И за это им спасибо! Огромное спасибо!

Старики Ганнергейты, скромненько кланяясь, потихонечку отступают к телевизору.

МОНОГАМОВ *(перехватывает их).* Спасибо вам, милые мои старики Ганнергейты, суслики мои, чертенята мои, шпиончики, тени Великой Войны! Быть может, только вы одни и знали раньше мою Цаплю,

догадывались, что она не простая швея, каких вокруг сотни, и, когда она, стоя на одной ноге в болоте, грустно смотрела на этот пансионат, как на недоступный волшебный замок, вы иногда ободряли ее, приносили ей какой-нибудь скромный моллюск. Спасибо!
ИЗ ТЕЛЕВИЗОРА. Наши камеры установлены на Центральном стадионе Ташкента. Сейчас перед лицом разъяренной толпы состоятся соревнования по прыжкам в высоту на приз Ташкентского Землетрясения.
ЛАЙМА. Я без сознания.
МОНОГАМОВ *(к сестрам)*. Девушки, вам знакомо чувство любви?
РОЗА *(гордо)*. Да, Моногамов, я понимаю, о чем вы говорите.
КЛАВДИЯ. А чего это вы тут все ходите и всем свою любовь навязываете? *(Хохочет.)* Весь уже лягушками пропах!
МОНОГАМОВ *(восторженно)*. Да-да, я весь уже лягушками пропах!
ЛЕША-СТОРОЖ. А у ей хахаль в Польше, Вантяй!
МОНОГАМОВ. Да-да, в нее кто-то влюблен из Ольштынского воеводства. Мне жаль его.
ЛЕША-ШВЕЙНИК *(из-за бутылки)*. Бодай меня за пазуху, кажись, слаба она на передок?
МОНОГАМОВ *(радостно)*. Да-да, она слаба на передок!
ЛЕША-ШВЕЙНИК *(берет Моногамова под руку, отводит в сторону, тайным голосом)*. Старина, мне безотлагательно нужно с вами поговорить.
ИЗ ТЕЛЕВИЗОРА. В секторе для прыжков кумир молодежи Бобби Моногамов! Планка на высоте 2 метра 50 сантиметров!
ЛАЙМА. Он! Я без сознания! Все сюда! *(Моногамову.)* Забудьте хоть на минуту о вашей девке, нерадивый отец! Ваш сын у планки! Пожелайте ему удачи!
МОНОГАМОВ. Бог даст ему удачи, а не я.
ЛЕША-ШВЕЙНИК *(тайным голосом)*. Уши не изменяют мне? Вы произнесли Божье имя непринятым образом, с большой буквы.
МОНГАМОВ. Разве? Я не заметил.
ЛЕША-ШВЕЙНИК. Вы ведь кончали ВИЯК. В каком вы сейчас чине?
МОНОГАМОВ. Майор. Или подполковник. Не выше. Но и не ниже.
ЛЕША-ШВЕЙНИК. Я помню вас по прежней жизни. Вы были плейбой, гуляка, циник.
МОНОГАМОВ. Я себя таким не помню.
ЛЕША-ШВЕЙНИК. Старина, почему вы влюбились в Цаплю?
МОНОГАМОВ. Потому что прежде я не знал любви.
ЛЕША-ШВЕЙНИК. Вы объездили весь мир в разгар сексуальной революции.

МОНОГАМОВ. Это все не то. Я всюду искал то, что в юности предчувствовал.

ЛЕША-ШВЕЙНИК. Но почему животное?

МОНОГАМОВ. Потому что животное!

ЛЕША-ШВЕЙНИК. Почему птица?

МОНОГАМОВ. Потому что птица!

ЛЕША-ШВЕЙНИК *(оглядываясь по сторонам).* Старина, я вам ничего не говорил. *(Шепотом.)* Вы играете очень опасно, на грани огромного фола. Повторяю, я вам ничего не говорил, но... подумайте, прежде, чем вступят в силу железные законы драмы.

МОНОГАМОВ. Кто варит эту драму?

ЛЕША-ШВЕЙНИК *(оглядываясь).* Это ничтожество, так называемый сторож, не нашел в себе силы вас предупредить, а когда я прибыл, было уже поздно.

МОНОГАМОВ. Вы? Причем здесь...

ЛЕША-ШВЕЙНИК *(своим маскировочным голосом).* Причем, причем! Ты мне, кореш, мо́зги не долби! Я здесь по путевке право на отдых. Ты здесь по семейным обстоятельствам у пищеблока пригрелся, а я законно. *(Косолапит прочь, потом останавливается и с сожалением смотрит на Моногамова, протягивает бутылку.)* Хочешь из горла хлебнуть для храбрости?

МОНОГАМОВ. Чего мне бояться? *(Пьет из горлышка.)*

Яркией солнечный полдень воцаряется на сцене.
Сверху спускается Ф. Г. Кампанеец с папкой. По крыльцу на веранду поднимается Степанида с портфелем. Филип Григорьевич по сравнению с предыдущими актами изрядно уже очертенел: волосы закрутились в мелкие рожки, на губах плотоядная улыбка, взгляд блуждающий.
Женский деятель, напротив, прибавил в величественной округлости.
Занимают места во главе стола, за которым обычно проводились совместные трапезы пансионата.

СТЕПАНИДА *(строго).* Начинайте, начинайте, Филип Григорьевич! Хватит почесываться!

КАМПАНЕЕЦ. Личному составу! Прошу занять места за столом. Начинаем собрание... *(Старикам Ганнергейтам, подобравшимся к нему под бочок.)* Бомбовозы везут, огнеметы метут... *(Хихикает.)* Пока товарищи рассаживаются, Цинтия, спинку почешите по хребточку, под лопаточкой... ох... ох...

Все рассаживаются вокруг стола. Лайма, конечно, вполоборота к телевизору.

Ну, в общем, начинаем... *(Мрачнеет, скучнеет.)* собрание, очередное там или еще какое, экстренное, что ли, внеочередное или хер его знает там какое... *(Перебирает бумаги.)* В общем, по делу бывшего сотрудника ЮНЕСКО Моногамова Ивана Владленовича.

МОНОГАМОВ. Бывшего? Браво, Филип Григорьевич! Хорошая шутка!

СТЕПАНИДА. Рано радуетесь, господин Моногамов. Прелюбопытнейшие в центре выявились данные. Что же вы в своих безупречных анкетах ничего не писали об аптекарях, о своих фармацевтических родственничках? Прикидывается, что ничего и сами не знали? *(С нарастающей яростью.)* Так вот, теперь все всё знают! Личность ваша ясна. ЮНЕСКО отчислила вас из своих рядов!

МОНОГАМОВ. Позвольте, но у меня контракт!

ЛЕША-СТОРОЖ. Чаво изволите? Какой коньяк?

ЛЕША-ШВЕЙНИК. Контакт, деревня! Контакты у него! Сионист! Вот кого за границу посылают! Честных не посылают, а с контактами едут и гребут лопатой!

МОНОГАМОВ. Это противоречит международному праву, мадам.

СТЕПАНИДА. Я вам не мадам! Какая наглость! В лицо — мадам!

МОНОГАМОВ *(Кампанейцу).* Филип Григорьевич, я бы хотел все-таки знать, как формулируется против меня обвинение.

КАМПАНЕЕЦ *(роется в бумагах).* Ах, пропади ты все пропадом... Обвинение, обвинение... Дьявольски хочется датского пива "Карлсберг"! *(Мощная очистка рта.)* Вот оно, ваше обвинение. *(Читает, морщась.)* Цапля — редкий и хрупкий вид животного мира, подвергается хищническому истерблению в странах капитала. Только в условиях планово детально организованной охраны цапельного поголовья при развитом социализме... *(Ищет бумагу, тяжело кряхтит.)* ... В общем, вам, Моногамов, предъявлены обвинения в злостном нарушении экологического равновесия. *(Кряхтит, тяжело дышит, шепотом чертыхается.)* Признаетесь, что состоите с Цаплей в половой связи?

МОНОГАМОВ *(отнюдь не обескуражен, а вроде бы даже доволен вопросом, как это бывает при счастливой любви).* Это касается только нас с ней. Ее и меня!

СТЕПАНИДА. Видите, товарищи, какая наглость?

ЛЕША-ШВЕЙНИК. Что же, Ваня, мужества не хватает признаться?

ЛЕША-СТОРОЖ. Хотишь-не-хотишь, давай признанку, Вантяй! Здесь тебе не парламент!

КАМПАНЕЕЦ. Охо-хо, давайте уж на голосование. Кто за признание Ивана Владленовича?

Все поднимают руки, включая и самого Моногамова, но исключая стариков Ганнергейтов.

РОЗА. Признанье заблудшей души — это захватывает! Не комкайте ваш рассказ, Моногамов!
КЛАВДИЯ. Давай подробности! Как это у вас получается?
ЛАЙМА *(глядя в телевизор).* Опять фальстарт! Осталась последняя попытка! Иван Моногамов, не позорьте сына!
СТЕПАНИДА *(Ганнергейтам).* А вы почему ручки не поднимаете, хуторяне?
ЦИНТИЯ, КЛАРЕНС. Мы все зналь комплетно... аллес... эврисинг... мы никогда не голосоваль... мы нихт обожаль голосовательный демократия...
КАМПАНЕЕЦ *(мрачно).* На собрании надо ручки поднимать. Для чего же тогда собрания проводятся?
МОНОГАМОВ *(Ганнергейту с укоризной).* В самом деле, на собрании нельзя же не голосовать. Это же бессмысленно. Если все "за", то надо руки поднимать. Так положено.
КЛАРЕНС, ЦИНТИЯ. Корректман! Корректман! Зи вильде тойфель, немного забываль исторический урок. Мы — за!
МОНОГАМОВ *(встает).* Тогда я отвечу! Дамы и господа... простите ооновские привычки, товарищи, с волками жить — по волчьи выть... Итак, товарищи, жизнь моя складывалась странно. Я всегда жаждал моно-любви и потому редко участвовал в свальных оргиях моего военизированного студенчества. Увы, я быстро разочаровывался, и произошло это, конечно, не благодаря браку со Степанидой Власовной, но вопреки ему. Жизнь как бы померкла для меня, и я стал плейбой и циник, каким и запомнился тогдашней Москве.

Хочу подчеркнуть, что у меня никогда не было поползновений к выезду за пределы нашей родины, я очень трезвого мнения о своих способностях, а двадцать восемь языков — это чистейшая физиология, фактическая ошибка природы.

Как вдруг меня вызывают, подвергают проверке высшей сложности (ни о каких аптекарях, Степанида Власовна, и речи не было) и направляют в комиссию по борьбе с голодом при ООН, штаб-квартира в Лозанне...

Я не помню, когда и где это произошло... ночью на аэродроме в Дакаре?.. ранним утром на Амазонке?.. в закатный час на пляже Биг Сур?.. короче, в какой-то пронзительный миг я снова влюбился в жизнь, я почувствовал общность всей нашей живой среды, огромность ее и малость, хрупкость и эластичное растягивание. Мне кажется, что именно с того мига я стал слышать крики моей Цапли или что-то в этом роде, я стал ждать женщину своей жизни, птицу-юность. Я ждал и искал, господа, простите, товарищи. Только поисками я и объясняю столь длинный список медработников в рамках ООН, предъявленный мне нашими пытливыми кадровиками. Увы, я, кажется, был неправильно понят... увы...

СТЕПАНИДА. Поняты правильно. Могу поздравить: со вчерашнего дня вы — "не-выездной"!

МОНОГАМОВ. Простите, но это звучит несерьезно. Человек не может быть невыездным. *(Слегка по-горьковски.)* Человек — это всегда выездной! *(Задумывается, а потом вскрикивает, словно раненая птица.)* Как?! В твоем голосе, Степа, прозвучало сейчас что-то жуткое, то, о чем мы, советские международники, и думать боимся. Как?! Я рискую теперь никогда больше не увидеть ни Лондона, ни острова Мальты, ни Джакарты, ни Парижа?..

ЛЕША-ШВЕЙНИК. К нам, в Париже-Коммунск, оформляйся, друг. Будем проводить совместный до́суг.

ЛАЙМА *(истошно)*. Взял! *(Падает со стула.)*

ИЗ ТЕЛЕВИЗОРА. Победила советскам школа прыжков в высоту, делающая упор на левую толчковую с выносом вперед правой и плавным перекатом через планку.

Входит Боб с двумя большими чемоданами. Все поворачиваются к нему. Лайма скульптурно простирает руки.

БОБ. Весь мир ополчился против меня. Некий Девис. Некий Чевис. Некий Кроуфорд. Мы, советские прыгуны в высоту, должны знать, что у нас глубокий счастливый тыл.

ЛАЙМА. Он здесь, мой мальчик! Твой тыл здесь!

БОБ *(чуть поморщившись)*. Тетя Лайма, вы слишком буквально. У нас, прыгунов, чрезвычайно подвижные нервные структуры.

СТЕПАНИДА. Как мать и гражданин я горжусь тобой, Борис! Как гражданин и мать призывают тебя присоединиться к осуждению твоего отца, оторвавшегося от родной почвы.

БОБ. Однако я тоже оторвался от родной почвы. Два метра пятьдесят — сам не верю. У меня не было в Ташкенте никакой надежды на успех. Пропустил две попытки. Левая толчковая как будто налита свинцом, как будто чувствует чье-то глубочайшее несчастье. И вдруг... не знаю, что случилось... папа, мама, тетя Лайма... я будто услышал чей-то зов... меня пронизало ощущение чьего-то счастья... Оно возможно, сказал я себе, и тут как раз подошла моя попытка. Мировой рекорд пал! Что это было?

Смущенное молчание.

КАМПАНЕЕЦ. Так значит. *(Раздраженно шелестит бумагами.)* Есть все-таки предложение подвести черту. Так и в прозаседавшихся можно превратиться, нас предупреждали. *(Прикрывшись на секунду бумагами, перемигивается с Ганнергейтами.)* Итак, проект резолюции, будь он неладен. Собрание общественности пансионата "Швейник", персонал вместе с отдыхающим, решительно осуждает *(Частит все больше и больше.)* антиобщественное поведение И. В. Моногамова, выразившееся в нарушении равновесия окружающей среды, и предлагает ему в кратчайший срок прекратить половые отношения с зарубежным пернатым, а также обращается к соответствующим органам для принятия соответствующих мер в целях соответствующего укрепления воздушного пространства в районе границы дружбы с Польской Народной Республикой для пресечения проникновения определенного вида пернатых из зарубежных болот в отечественные. Кто за? Скорей, скорей, товарищи! Сколько же можно? *(Очищает рот.)*

ГАННЕРГЕЙТЫ *(подпрыгивают с поднятыми ручками).* Швидко, швидко, геноссен!

Все, включая и Моногамова, поднимают руки.

КАМПАНЕЕЦ. Кто против?

Все опускают руки.

Кто воздержался?

Идиотическое молчание.
Меркнет солнечный полдень. Снова лунный свет, шорохи, шелесты, сполохи.

КАМПАНЕЕЦ *(радостно).* Собрание закончено! *(Чешет ногой зад, подпрыгивает, перемигивается с Ганнергейтами, готовясь перескочить через перила и удрать.)*

МОНОГАМОВ. Значит, я могу идти? *(Смотрит на часы, быстро причесывается.)* Вот и отлично, и отлично...

СТЕПАНИДА *(поднимается, огромная и величественная).* Прекратите кощунство над общественностью! *(Перст на Кампанейца.)* Вы, Кампанеец, провели наше собрание с преступным равнодушием!

Вы более не руководитель! Вы банкрот!
КАМПАНЕЕЦ. А что такое? Чем вы недовольны? Собрание кончилось — все за! Заслужил я глоток отличного пивка, кусочек рыбы, могу я с друзьями-ветеранами в баньку? Я не банкрот, мне бы банку в рот! *(Совсем уже "поплыл", хихикает и подпрыгивает.)*
ГАННЕРГЕЙТЫ. Банку в рот! Банку в рот! Наш кнабе, наш душка, он все заслужил!

Все три черта, приплясывая, удаляются в угол веранды, где и устраиваются, как в финской бане, наслаждаясь друг другом и до поры не обращая на действие никакого внимания.

СТЕПАНИДА *(Моногамову)*. А вы, отщепенец, куда собрались? Голосовали за свое осуждение?
МОНОГАМОВ *(отчаяннно)*. Конечно, я голосовал "за". Как же иначе? Как же иначе можно на собрании? Но ведь я же... *(Прячет лицо в ладони.)*
БОБ. Кто-то тут опять фантастически несчастен. Ноги снова наливаются свинцом. Кто тут несчастен?
СТЕПАНИДА. Ты тоже голосовал "за"!
БОБ *(кричит)*. Да ведь собранье-то уже кончилось!
СТЕПАНИДА. Сын мой, голосуя "за", ты не просто совершаешь формальный акт единодушия. Соединяясь с другими, каждый из нас думает и о своем сокровенном. Вот например... *(Подходит поочередно к каждому присутствующему, нависая над каждым своими шарами и глядя тяжелым взглядом в глаза.)*
РОЗА. Я голосовала за любовь. Простую и волнующую.
КЛАВДИЯ. А я за то, чтоб не лезли всякие, чтобы мне своего разные умники не навязывали.
ЛЕША-ШВЕЙНИК. Нормальночка. Я за свободу Зимбабве.
ЛЕША-СТОРОЖ. За пыль, за пыльцу, за душу рассейску.
ЛАЙМА. За счастье, которое окрыляет!
МОНОГАМОВ *(глухо)*. Я понимаю вас всех, мои дорогие друзья. Я голосовал, как всегда, вместе со всеми, за всех, и я никогда...

Небо становится изумрудным. Розовые лучи то ли заката, то ли восхода косо ложатся на веранду. Поднимается ветер.
В трепещущих белых одеждах на веранду поднимается Цапля.
Моногамов вскрикивает и зажимает себе рот руками.

ЦАПЛЯ. И ты меня никогда не разлюбишь, мой россиянин!

МОНОГАМОВ. Никогда, моя Цапля! *(Ползет за ней на коленях, падает, простирает руки.)*
СТЕПАНИДА *(потрясенная, взирает на Цаплю словно дитя).* Нет, это не Цапля! Это что-то прекрасное! В детстве мне казалось, что это где-то есть, но я никогда этого не видела! Я просто не верю своему счастью! Что вы такое?
ЦАПЛЯ. Я — Цапля! *(Протягивает ей руку.)*

Степанида благоговейно берет ее руку, они идут рядом, слегка торжественно, будто в полонезе.
У Степаниды вдруг лопается одна из ее шаровидных грудей, потом другая, потом с шипеньем опадают обе ягодицы и живот. Одежды обвисают на ней, и она идет рядом с Цаплей, жалкая, застенчивая и вполне человечная.

ЛАЙМА *(Цапле).* Я должна вам сознаться. Я никогда в жизни не находила никакого минерала. Я не могу забеременеть. Если бы не ваш приход, я бы никогда не узнала, что в мире есть счастье. Что вы такое, ослепительное?
ЦАПЛЯ *(протягивает ей руку).* Я — Цапля!

Теперь уже троица шествует по сцене под еле слышные звуки полонеза. Счастливый сияющий Моногамов ползет за Цаплей, держа сверкающий белизной шлейф.
Все остальные движутся вокруг кругами, как бы притягиваемые магнитом.
Только лишь черти не обращают ни на кого внимания, наслаждаются друг другом, ловят кайф.

ЛЕША-ШВЕЙНИК *(бросается к Цапле, вопит).* Я не знаю, что вы такое! Никогда не предполагал, что вы появитесь в пьесе, т а к о е! Я должен признаться — я подделал путевку. Она — фальшивая! *(Горько рыдает.)* Я весь фальшивый!
ЦАПЛЯ *(протягивает ему руку-крыло).* Не плачь! Я — Цапля!
РОЗА. Мне тоже нужно признаться в чем-то, я еще точно не знаю, в чем. Я тоже всех дурачила, я саму себя дурачила. Корчила аристократку духа, а сама мечтала только о пенисе. Что бы вы ни были, могу я прикоснуться к вам?
ЦАПЛЯ. Можешь! Я — Цапля! *(Протягивает ей руку.)*
БОБ. Я счастья жаждал только для показателей в прыжках! Кто я? Чему служили мои ноги? Зачем я прыгаю выше всех? Скажите мне, если вы и вправду пришли!
ЦАПЛЯ *(протягивает ему край своего одеяния).* Узна́ешь! Я — Цапля!

КЛАВДИЯ. Пожалейте меня просто так! *(Плачет.)* Дуры-то имеют право на счастье? Дуры, нахалки, хапужницы? Вы, как вас звать-то?

ЦАПЛЯ *(протягивает ей край одежды)*. Я — Цапля!

ЛЕША-СТОРОЖ *(падая, катясь кувырком)*. Труса, труса пожалейте! Стихи писал — боялся, в Цаплю влюбился, в драму влез — перебздел до смерти, грибы сушу — и то боюсь! Пожалейте труса, Сиятельство! *(Выбрасывает свое стеклышко.)*

ЦАПЛЯ. Дай руку и ты, Леша-сторож. Я — Цапля! *(Протягивает ему уголок шлейфа.)*

Теперь уже все прикасаются к ней, кто к пальцу, кто к локтю, кто к белому оперенью. Всех она ведет за собой в тихом полонезе.
Наконец она останавливается в центре сцены, и все персонажи (за исключением чертей) садятся или ложатся рядом, располагаясь, как клумба вокруг скульптуры. Все смотрят на Цаплю с обожанием и счастьем. Лица светятся.

ЦАПЛЯ. А ты, мой россиянин, ты первый полюбил меня, и я первого полюбила тебя, но сейчас ты — один из них.

МОНОГАМОВ *(сияя)*. Конечно. Я понимаю, моя Цапля.

ВСЕ *(со вздохом полного счастья)*. Наша Цапля!

10

ВОЛШЕБНЫЙ МИР

Каков волшебный мир нам преподнес Творец! Сосна, сова, луна, автомобиль, дорога... Дано увидеть тем, кто не совсем слепец, дано услышать тем, кто слышит хоть немного.

Таков волшебный мир. Плетешься с рюкзаком. Восточный Крым, базар, початок кукурузы, похмельный ренессанс вдвоем со стариком, похожим на козла и Робинзона Крузо.

Таков волшебный мир. В Парижской Опера тонка, нервна, юна антрактов примадонна. Шиншиллы на плечах, шампанского игра, явленье волшебства плейбоям беспардонным.

Таков волшебный мир. Сосед ваш Иванов, с утрянки похаркав, уходит за газетой. Мясистое лицо еще во власти снов. С газетой под дождем он требует ответа.

Таков волшебный мир. Погибший в муках пес, пречистая душа, шотландский сильный сеттер, промчался через год и поднял чуткий нос и в некий песий рай прошелестел, как ветер.

Таков волшебный мир. Готический собор, торговый эпицентр, свободы баррикада, весенняя метель садовых липких спор, горластый саксофон, Джоан Баэз, баллада.

Таков волшебный мир. В нем властвует Господь. В нем ангелы поют, в нем заседают черти. Облачена в "деним", стареющая плоть, предполагает жить, не думая о смерти.

    Таков волшебный мир!
    Каков презренный танк?
    Таков волшебный мир!
    Каков презренный танк?
    Таков волшебный мир...

ЦАПЛЯ. Ну, вот теперь мы все вместе. Даже и черти наши рядом, усталые черти, спутники человечества. Сказано, что спасутся все. Вы спрашиваете подробности, но я не все знаю. Я знаю лишь, что вокруг вас ваш мир, дети мои. Песок и сосны, дети мои. Болота и море, дети мои. Дороги и государственные границы. Ночью, когда я взывала к вам, спали вокруг города, и шелестела листва. Вы просыпались, и на грани яви и сна вам казалось, что вы понимаете мой призыв, но явь сгущалась, и вы его теряли. Что мне нужно передать вам... *(Внезапно замолкает и опускает голову.)*

ВСЕ *(с нарастающей тревогой).* Что? Что? Что? Что? Что? Что? Что?

На сцену с вызывающими улыбочками и виноватыми поклонами к стенке с ружьем вытанцовывают черти.

ЦИНТИЯ *(кланяется зрителям и актерам).* Пшепрашем паньство, но если зи хабе нах театр айн штюк сцена...

КАМПАНЕЕЦ *(вздыхает).* К сожаленью, полагается...

КЛАРЕНС. Айн штюк мауэр, уолл, стена... *(Стряхивает слезу.)*

ЦИНТИЯ. Если сцена хабе стена...

КАМПАНЕЕЦ *(разводит руками).* По законам драматургии...

КЛАРЕНС. Имеет гвоздь! *(Хнычет.)*

ЦИНТИЯ. Иф уи хэв стена и гвоздь...
КАМПАНЕЕЦ *(смущенно покашливает)*. Объективная реальность, товарищи.
КЛАРЕНС. Висель ружье? *(Молча рыдает.)*
ЦИНТИЯ *(смущена до предела)*. Если нах мауэр висель ружье...
КАМПАНЕЕЦ. Простите, не я это придумал, но оно должно убить. *(Толкает стенку с ружьем, машет рукой и отворачивается в искреннем огорчении.)*

Стенка с ружьем начинает медленное вращение.

ВСЕ *(отчаянно)*. Нет!
КЛАВДИЯ *(истерично)*. Лешка, сделай что-нибудь!
РОЗА *(рыдая)*. Алексей, остановите вращение, я вас умоляю!

Леша-сторож и Леша-швейник становятся на колени.

ЛЕША-СТОРОЖ *(отчаянно)*. Что мы-то можем сделать против законов драматургии? Мы-то неумытые?
ЛЕША-ШВЕЙНИК. Для этого надо родиться другими!

Обнимаются и плачут.
Стенка с ружьем продолжает медленное вращенье.

ВСЕ. Нет! Нет! Нет! *(Вскакивают и загораживают Цаплю своими телами, скрывают ее от глаз.)*

Громоподобный выстрел.
Все разлетаются в стороны — и люди, и черти.
В центре сцены комок белоснежных одеяний — неподвижная Цапля.
У Б И Т А!
Застывшие позы почти непереносимой скорби.
Черти удаляются в глубину сцены и там, печально подпрыгивая, напевают свое любимое:

    Бомбовозы везут,
    Огнеметы метут,
    Проползают тяжелые танки.
    Если кончешь, мой друг,
    Свой тяжелый кунштюк,
    Залетай в легендарной тачанке.

Моногамов, тяжело кашляя, словно в последней стадии чахотки, выползает к рампе и смотрит в зал своими огромными глазами.
Куча белых перьев покоится за его спиной.

МОНОГАМОВ. Прощай! Прощай, моя молодость! Как долго ты тянулась, тебе не было конца, а вот теперь — прощай! Теперь я начинаю умирать. Сколько лет я буду умирать, десять, сорок, это неважно. Прощай, мой мир, теперь я уже тебя не увижу. В Африке, в Европе, в Азии, в Антарктиде, в Америке и в Австралии — я буду слеп. Прощай! Прощай, моя Цапля, мне нечего ждать, я тебя никогда не забуду, я тебя никогда не увижу! *(Опускает лицо в ладони и застывает.)*

Из кучи белых перьев поднимается прежняя нелепая жалкая птица с круглыми глупыми глазами. Она что-то держит под крылом.
Воцаряется ночь из первого акта: сполохи.
Цапля ковыляет в просцениум и кладет рядом с застывшим Моногамовым огромное белоснежное яйцо.

ЦАПЛЯ *(Моногамову)*. Россиянин!
МОНОГАМОВ *(в ужасе)*. Что?
ЦАПЛЯ. Т-с-с! Жди! *(Садится на яйцо и устраивается высиживать.)*

ЗАНАВЕС

11

ВОПРОС

Волна, проходящая вдоль волнореза, пройдя, угасает. Парус, бегущий над волнами резво, в конце концов убегает. Негр, поднимая уверенно ногу, вскоре ее опускает. Даже экскурсовод со своим монологом все-таки замолкает.
Все пролетает, тлеет, течет. Не удержать момента. Смена правительства часто ведет к гибели монумента.
При сотвореньи великих царств сотворены и капуты. Пьеса, которую ты созерцал, кончится через минуту.
То, что останется на века, через века и усохнет. То, что не стоит

даже плевка, и без плевка подохнет.

Пьесам бессмертие не грозит. Капает капля за каплей. Очень естественно в этой связи взять в героини цаплю.

В этой связи почему не связать рифмой экватор и кратер, выдать герою чужие глаза и начинать театр.

Театр начинается с вешалки и кончается ею. В середине туалет и буфет. Пигмалион полюбил Галатею. В зале зажегся свет.

Но самое забавное, быть может, и не конец, как некогда высказался один англичанин; начало вот подлинно делу венец, всяческое начинание всяческих начинаний.

Из темноты кто-то делает нос. Некто проходит, смеется. Встав на колени, ты спросишь всерьез: Что-нибудь остается?

1979, январь-апрель

СОДЕРЖАНИЕ

От автора   7

ВСЕГДА В ПРОДАЖЕ   9

ПОЦЕЛУЙ, ОРКЕСТР, РЫБА, КОЛБАСА...   77

ЧЕТЫРЕ ТЕМПЕРАМЕНТА   143

АРИСТОФАНИАНА С ЛЯГУШКАМИ   143

ЦАПЛЯ   313

HERMITAGE

ЭРМИТАЖ — Publishers of New Russian Books
2269 Shadowood, Ann Arbor MI 48104, USA. Tel (313) 971-2968

В 1981-1982 ВЫ МОЖЕТЕ ПРИОБРЕСТИ В НАШЕМ ИЗДАТЕЛЬСТВЕ:

АВЕРИНЦЕВ, Сергей. "РЕЛИГИЯ И ЛИТЕРАТУРА" (143 стр.)   7.00
   Сборник философских статей.

АКСЕНОВ, Василий. "АРИСТОФАНИАНА С ЛЯГУШКАМИ" (384 с.)   11.50
   Полное собрание пьес. Илл. Э. Неизвестного.   (В тв. обл. 20.00)

ВИНЬКОВЕЦКАЯ, Диана. "ИЛЮШИНЫ РАЗГОВОРЫ" (144 стр.)   7.50
   Тонкие психологические заметки, описывающие преломление в детском сознании проблем морали, религии, смерти, секса, политики. С иллюстрациями И. Тюльпанова.

ВЛАДИМОВ, Георгий. "ТРИ МИНУТЫ МОЛЧАНИЯ" (402 стр.)   15.00
   Новый, переработанный автором вариант знаменитого романа.

ЕЗЕРСКАЯ, Белла. "МАСТЕРА" (112 стр.)   7.50
   Сборник интервью с Бродским, Вишневской, Максимовым, Неизвестным, Ростроповичем и др. С фотопортретами.

ЕФИМОВ, Игорь. "ПРАКТИЧЕСКАЯ МЕТАФИЗИКА" (332 стр.)   8.50
   Философская система, анализирующая человеческие страсти,   (В тв. об. 16.00)
рассматривающая удовольствие и страдание как формы познания.

ЕФИМОВ, Игорь. "МЕТАПОЛИТИКА" (250 стр.)   7.00
   Под псевдонимом А. Московит.   (В тв. обл. 14.00)
Философская систематизация мировой истории.

ЗЕРНОВА, Руфь. "ЖЕНСКИЕ РАССКАЗЫ" (160 стр.)   7.50
   Первый прозаический сборник известной ленинградской писательницы, выпущенный ею после выезда в Израиль.

ЛЕЙТМАН, Игорь. "КОНТУРЫ ЛУЧШИХ ВРЕМЕН" (120 стр.)   7.00
   Политико-социальное исследование современного мира.

ЛУНГИНА, Татьяна. "ВОЛЬФ МЕССИНГ — ЧЕЛОВЕК-ЗАГАДКА" (270 с.)   12.00
   Рассказ бывшей московской журналистки о знаменитом   (В тв. об. 18.00)
телепате и маге. С фотографиями.

МИХЕЕВ, Дмитрий. "ИДЕАЛИСТ" (280 стр.)   9.00
   Роман, описывающий жизнь московского аспиранта в 1960-е годы.

РЖЕВСКИЙ, Леонид. "БУНТ ПОДСОЛНЕЧНИКА" (240 стр.)   8.50
   Новый роман, посвященный встрече второй и третьей волны русской эмиграции в Америке.

СУСЛОВ, Илья. "РАССКАЗЫ О ТОВАРИЩЕ СТАЛИНЕ И ДРУГИХ ТОВАРИЩАХ" (140 стр.)   7.50
   Сборник сатирических рассказов-анекдотов.

УЛЬЯНОВ, Николай. "СКРИПТЫ" (234 стр.)   8.00
   Сборник статей, посвященных судьбам России.

При отправке заказа просьба добавлять к сумме чека 1 доллар на пересылку (назависимо от количества заказываемых книг). При покупке трех и более книг — с к и д к а 20%.

LIBRARY OF DAVIDSON COLLEGE

Books on regular loan may be checked out for **two weeks.** Books must be presented at the Circulation Desk in order to be renewed.

A fine is charged after date due.

Special books are subject to special regulations at the discretion of the library staff.

JUN 9 1982			

ISBN 0-938920-07-03